Emile Ratelband

DER FEUERLÄUFER

Emile Ratelband

DER FEUERLÄUFER

So schaffst du, was immer du willst!

ECON

Titel der niederländischen Originalausgabe: »De Vuurloper«
Originalverlag: Ratelband Instituut, Oosterbeek
Übersetzt von: Alfons Schoenmakers und Marita Roth

Die Deutsche Bibliothek – CIP-Einheitsaufnahme

Ratelband, Emile:
Der Feuerläufer : So schaffst du, was immer du willst / Emile Ratelband.
[Übers.: Alfons Schoenmakers und Marita Roth]. – Düsseldorf : ECON, 1996
Einheitssacht.: De vuurloper <niederländ.>
ISBN 3-430-17653-0

Umschlagentwurf: Wolfgang Lauter, München
Fotos: Smulders-Ratelband Instituut, Oosterbeek (Niederlande)
Lektorat: Martina Rohfleisch, Torsten Leuchter, Jörg Martin
Gesetzt aus: Garamond und Frutiger, Linotype
Satz: Wiedemeier & Martin, Düsseldorf
Papier: Papierfabrik Schleipen GmbH, Bad Dürkheim
Druck und Bindearbeiten: Ebner Ulm
Printed in Germany
ISBN 3-430-17653-0

Ich möchte mich bei IHNEN bedanken,

weil Sie als Leser Kapital investiert haben und bereit sind, Zeit und Energie für dieses Buch aufzubringen.

Und wenn Sie das Buch als Geschenk bekommen haben, dann machen Sie sich bewußt, daß derjenige, der Ihnen dieses Geschenk gemacht hat, ein echter Freund ist.

INHALT

TEIL II

VORWORT

von
Vera F. Birkenbihl

Wie würden Sie folgende Frage beantworten: *Worin unterscheidet sich der Mensch vom Tier?* Wenn ich die Frage im Seminar stelle, dann tauchen unter den Antworten immer folgende zwei Aspekte auf:

- die Fähigkeit, lebenswichtige Entscheidungen selbstverantwortlich zu treffen;

- die Fähigkeit zu denken.

Theoretisch klingt das ja ganz nett. Tatsache aber ist, daß die meisten Menschen »gelebt werden«, weil sie weder Verantwortung für ihr Leben übernehmen noch über sich, ihre Situation und ihre phänomenalen Möglichkeiten nachzudenken bereit sind. Wenn etwas schiefgeht, dann suchen sie die Schuld im Außen (der fiese Chef, die furchtbare Marktlage, der unfaire Kunde, der ekelhafte Lebenspartner ...). Was sie dabei nicht begreifen (eben weil sie über sich und ihr Leben nicht wirklich nachdenken) ist die Tatsache, *daß diese Art, das Leben zu erleiden* (statt es zu meistern), uns zu *Opfern* macht.

Nun hat man sich ja nicht irgendwann einmal bewußt für diese Opferrolle entschieden, sondern die meisten Menschen haben in ihrer Kindheit und Jugend keine Anleitung für ein Leben erhalten, in dem sie nicht Zuschauer oder Komparse, sondern Regisseur sind. Wer nicht das große Glück hatte, im Elternhaus auf ein verantwortungsvolles Leben vorbereitet worden zu sein – in der Schule hat er es wahrscheinlich nicht gelernt. Dort lernen wir Wurzelziehen.

Nun gibt es noch einen wichtigen Unterschied, der uns vom Tier unterscheidet. Der alte Satz (»Was Hänschen nicht lernt ...«) ist nämlich schlichtweg falsch. Besser wird der Sachverhalt im Englischen beschrieben: You cannot teach an *old dog* new tricks (Einem *alten Hund* kann man keine neuen Tricks beibringen). Richtig. Wir *Menschen* zeichnen uns nämlich auch durch unsere *lebenslange Lernfähigkeit* aus. Das heißt, wir können uns *jederzeit* entscheiden, unser Leben selbst zu MEISTERN, Verantwortung zu übernehmen, Regie zu führen.

Je ungewohnter es für uns ist, wirklich über uns, unser Leben und unsere großartigen Möglichkeiten nachzudenken, desto hilfreicher sind »Wegweiser« auf unserem Weg. Dieses Buch ist ein solcher »Wegweiser«, der Ihr Leben dramatisch verändern kann.

Das Besondere daran ist, daß der Autor diese Strecke bereits gegangen ist. Er schildert Ihnen in rückhaltloser Offenheit seinen Lebensweg, mit außergewöhnlichen Höhen und Tiefen. Das macht Mut! Er nimmt Sie an die Hand und geht einen Teil des Weges mit Ihnen; nicht als theoretisierender »Autor«, sondern als Mitmensch, als Freund. In klarer und einfacher Sprache, so als säße er neben Ihnen und plauderte mit Ihnen, erzählt er Ihnen von seinem Erfolgsweg und zeigt Ihnen anhand etablierter NLP-Grundsätze nicht nur *daß*, sondern auch *wie* »es« funktioniert. Für jede/jeden nachvollziehbar. Ohne »große Worte«! Dieses Buch, das Sie in Händen halten, handelt nur von einem: *Ihrem Leben und was Sie ab heute daraus machen wollen.*

Vera F. Birkenbihl

Die Pyramide von Maslow verdeutlicht die hierarchische Ordnung der Grundbedürfnisse des Menschen

BITTE UM VERSTÄNDNIS

Menschen sind Männer und Frauen, nur stößt die deutsche Sprache an ihre Grenzen, wenn Personen beiderlei Geschlechts zugleich gemeint sind. Deshalb wird in diesem Buch oft ›er‹ geschrieben, wenn er/sie oder Mann/Frau gemeint ist. Ich bitte gerade Sie als Leserin um Verständnis für diese Vereinfachung.

Motivation.

Ich habe dieses Buch mit der Absicht geschrieben, in der denkbar kürzesten Zeit so viele Menschen wie nur möglich mit den Techniken des NLP vertraut zu machen – damit Sie auf eine schnelle und effiziente Weise Veränderungen erreichen und die Qualität Ihres Lebens und die von anderen verbessert wird.

Die Kraft des Geistes!

Darf ich Sie mitnehmen zu einem ganz besonderen Abenteuer? Jetzt, da Sie dieses Buch in die Hand genommen haben und es lesen, beginnen Sie mit einer neuen Phase in Ihrem Leben.

Indem Sie dieses Buch lesen, beginnen Sie mit der Verbesserung Ihrer Lebensqualität. Sie werden besser verstehen, weshalb Dinge oft gut, manchmal aber auch ziemlich danebengehen. Dieses Buch sagt Ihnen, was Sie machen müssen, um genau das zu bekommen, was Sie haben wollen. Sie werden erfahren, wie Sie Ihr Leben auf den Weg bringen, der Sie geradewegs ans Ziel Ihrer Träume und Wünsche bringt.

Mein Ziel ist es, aus Ihnen mit Hilfe dieses Buches einen noch glücklicheren Menschen zu machen. Sie werden verstehen und zugleich lernen, wie Sie das Heft in die Hand nehmen können, wie Sie einer Zukunft die Richtung geben, die Sie sich wünschen.

Ich werde Ihnen erklären, was Neuro-linguistisches Programmieren bedeutet und wie Sie es nutzen können, um selbst zu bestimmen, was mit Ihnen und mit Ihrer Umgebung geschieht. Diese neue Denktechnik möchte Sie einführen in die Wirkung Ihres Gehirns. Glauben Sie mir: Sie werden es danach einfach besser gebrauchen können. Nehmen Sie das einfach einmal so hin. Dennoch möchte ich Sie im voraus warnen: Dieses Buch wird Ihr Leben verändern.

Wenn Ihr Leben jetzt schon ein wunderbarer Traum ist, wenn Sie jetzt schon alles haben, was Sie sich jemals gewünscht haben: finanzielle Unabhängigkeit, eine ausgezeichnete Gesundheit, eine gute Beziehung zu Ihrer Familie und zu den Menschen um Sie herum, eine phantastische Anstellung, ein reiches geistiges Leben und was Sie selbst noch zu dieser Liste hinzufügen können – wenn Sie all das bereits Ihr eigen nennen, dann bedanke ich mich bei Ihnen dafür, daß Sie in dieses Buch investiert haben. Sie können jetzt aufhören zu lesen und das Buch ins Regal stellen, am besten so, daß es jedermann sehen kann.

Wenn es vielleicht dennoch etwas in Ihrem Leben zu verbessern gibt, dann setzen Sie einfach in die Praxis um, was ich hier für Sie aufgeschrieben habe, und zwar: GLEICH, SOFORT UND AB JETZT. Es ist ganz einfach. Sie müssen es einfach nur tun.

Ich möchte, daß Sie dieses Buch ruhig lesen, daß Sie jedes Wort verstehen und jedem Gedanken folgen, daß Sie sich eine bildliche Vorstellung von dem machen, was ich Ihnen mitteile, daß Sie fühlen: Dieses Buch ist für Sie geschrieben. Ich werde Sie dazu anregen.

Somit wird das Buch ein Teil von Ihnen, und Sie können es noch besser anwenden. Dadurch erreichen Sie das, was ich beabsichtige: Ich möchte Sie dazu bringen, Spaß zu haben und das zu bekommen, was Sie wollen, um dadurch aus dem Rest Ihres Lebens eine Erfolgsgeschichte zu machen.

Neuro-linguistisches Programmieren ist einfach. Es ist das alltägliche Leben. Dabei ist nur von größter Wichtigkeit, daß Sie selbst mitmachen.

Wenn Sie das folgende nur als eine Mitteilung betrachten, ist das Ihr gutes Recht. Dennoch wäre es schade. Sie werden Chancen verspielen, Möglichkeiten versäumen, und Sie werden ein Spielball im Auf und Ab des Lebens sein.

Aber wenn Sie tatsächlich machen, was Ihnen hier vorgeschlagen wird, werden Sie jeden Tag Ihres Lebens genießen. Dunkle Wolken ziehen dann schneller an Ihnen vorbei. Sie sind dann Ihr eigener Meteorologe.

Ich wünsche Ihnen wirklich das Allerbeste!

PS. Ich fände es schön, wenn wir Freunde würden. In diesem Buch erzähle ich rückhaltlos aus meinem Leben; ich öffne mich und spreche zu Ihrer Seele. Die Seele kennt jedoch kein ›Sie‹. Darf ich also ›du‹ zu Ihnen sagen? In den Niederlanden ist es ganz normal, sich sofort zu duzen. Ob im Geschäft, beim Bäcker oder auf der Straße, beim Small talk an der Ampel – das ›Du‹ schafft sofort eine freundliche Verbindung. Es ist einfach netter, fühlt sich besser an. Ich hoffe, Sie sind damit einverstanden? Falls nicht, bringen Sie das Buch wieder zurück.

Ich werde eine Weile mit dir leben.

Fürchte dich nicht, aber ich versetze mich in dich hinein. Ganz behutsam trete ich mit meinen Worten in dein Leben hinein. Dies ist ein ganz intimes, tiefes Erlebnis, dessen ich mir sehr bewußt bin. Die NLP-Geschichte hat solch eine Kraft, daß der Erzähler, in diesem Fall bin ich das, eine Weile mit dir leben wird.

Es wird ein ganz persönliches Erlebnis, wobei ich in den Hintergrund treten und dir das Gefühl geben möchte, daß dieses Buch – ganz persönlich – für dich von einem Freund geschrieben worden ist – und das ist die Wahrheit.

DER POFFERTJES-BÄCKER

Emile Ratelband stellt sich vor

I TEIL

Es scheint mir sinnvoll – und außerdem respektvoll gegenüber dir als Leser –, wenn ich mich dir vorstelle: Wer ich bin und was ich gemacht habe, um soweit zu kommen, daß ich dieses Bekenntnis zu Papier bringen konnte. Ich möchte dir gegenüber keine Geheimnisse haben. Deshalb erzähle ich zuerst etwas über mich, damit du weißt, wer dir mit diesem Buch gegenübertritt.

Frühmorgens um drei Uhr ging mein Vater zur Arbeit. Er war Bäcker im Nieuwstad-Viertel in Arnheim, Niederlande. Es war ein typisches Arbeiterviertel. Im Jahre 1949 wurde dies meine neue Welt: die Bäckerei und die Straße. Meine Mutter verkaufte das Brot von acht Uhr morgens bis abends um sechs. Mein einziger Bruder war zwei Jahre und

fünf Monate älter als ich. Mit ihm teilte ich das Schlafzimmer. Mein Vater sagte immer: »Jungs, wir sind bevorzugte Menschen, denn wir haben das größte Wohnzimmer in der Innenstadt.« Es war 15 Quadratmeter groß, aber in meiner Phantasie hatte es die Größe eines Ballsaales. Die Eltern meiner Freunde hatten in den meisten Fällen keine Küche und nur ein Schlafzimmer für die ganze Familie, ich fühlte mich deshalb steinreich.

Mein Vater hatte großartige Ideen und feuerte gerne seine Gedankenblitze ab. Er träumte in den schillerndsten Farben; leider war er nie in der Lage, auch hatte er nie die finanzielle Möglichkeit, seine Träume Wirklichkeit werden zu lassen. Er schaute auf schöne Häuser, hatte fabelhafte Pläne – er fing alles an, konnte aber nichts vollenden: Seine Kuchenfabrik ›Das Wappen von Arnheim‹, seine Entdeckung, die Pflanzen schneller wachsen ließ, sein kleiner Zwieback und seine Suppenstangen – alles blieb in den Kinderschuhen stecken. Mit seinen großartigen Phantasien brachte mein Vater mir jedoch eine unverstellte Sichtweise der Dinge bei.

»Dieser Mann hat nichts, wir können ihm das geben«

Mein Vater war ein sanftmütiger, guter Mann mit nur einer Schwäche: Er trank einfach zuviel. Am Sonntagmorgen besuchte ich mit meinem Vater das Lokal, wo der örtliche Mittelstand zusammenkam: das Musis Sacrum. Vor dem Lokal saß einmal ein heruntergekommener Penner, der sich über seinen Spazierstock beugte. Es war Winter, rauh und kalt. Der Streuner dachte, wenigstens mit seiner bis über die Ohren gezogenen Mütze einen sonntäglichen Eindruck machen zu können. Mein Vater gab mir zehn Gulden, die ich diesem Mann geben sollte; 1955 war das ein kleines Vermögen für mich. »Warum?« fragte ich. »Er wird sich davon nur Alkohol kaufen.« Mein Vater antwortete mir: »Dieser Mann hat nichts. Keine Frau, kein Kind, kein Zuhause. Nur Alkohol, um sein Elend vergessen zu können. Wir können ihm das geben.« Solche Erfahrungen haben mich geformt.

Ebenso prägend waren Erfahrungen mit meiner lieben Tante Eefje, die an Spiritismus, an Geister, glaubte. Bei ihr war ich fünf Tage im Jahr zu Besuch, aber die reichten aus, um von ihr erfahren zu können, daß es bei jedem Menschen viel Gutes zu entdecken gibt. Durch dieses Wissen wird man sanft. Selbst über Tante Ans, die ihr den ehemaligen Gatten ausgespannt hatte, sprach sie mit Liebe und Respekt. Dies hat auf mich, mit meinen damals 12 Jahren, einen tiefen Eindruck gemacht.

In der Schule gab es keine Hoffnung für mich

Die Schule 12 im Spijker-Viertel war für bessere Leute. Ich mußte diese Schule verlassen, als die neue Schule 15 gebaut worden war; die hohen Tiere der Stadt hatten das so bestimmt. Die neue Schule wurde vom Abschaum des Volkes besucht. Schüler kämpften mit Fahrradketten gegeneinander, und als ein 14jähriges Mädchen schwanger wurde, machte niemand große Augen. Der Lehrer teilte die Klasse in zwei Gruppen ein: Vier Kinder waren intelligent. Der Rest (36!) war minderbegabt. Mit der ersten Gruppe wurde für den weiterführenden Unterricht gepaukt, während die anderen – darunter auch ich – ihrem Schicksal überlassen wurden. Es gab keine Hoffnung für uns. Ich wog

85 Kilogramm, war 1,20 Meter groß, ständig krank, nervös und völlig bedeckt mit Ekzemen. Ich hatte viel Respekt vor denen, die besser waren als ich – und das waren alle.

Ich träumte davon, Priester zu werden

Mit viel Mühe gelang es mir, die Sekundarschule zu erreichen. Auf dem Schulplatz träumte ich davon, einmal Priester zu werden. Ich sah mich schon das Gewand anlegen, umgeben von Weihrauch und Weihwasser. Eigentlich war das völliger Unsinn, denn ich war nicht einmal römisch-katholisch erzogen worden. Doch seit diesem Augenblick habe ich meine Aufmerksamkeit darauf gelenkt, etwas für die Menschen zu tun. Mein Vater starb, als ich 13 Jahre alt war. In diesem Jahr hatte ich wieder katastrophale Noten in der Schule. Der Lehrer hatte nun einen Grund, mich die Klasse wiederholen zu lassen. Denn er meinte, daß sich ein 13jähriger, der gerade seinen Vater verloren hat, auf die Schulaufgaben nicht konzentrieren könne. Aber ich wußte es besser: Ich war nach wie vor nur zu faul gewesen. Meine Mutter setzte die Bäckerei mit einem neuen Brotbäcker fort. Sie brachte das Geschäft wirtschaftlich wieder in Gang und konnte den Personalbestand schon bald aufstocken. Als ich das Geschäft mit zwanzig Jahren übernahm, hatte ich die besten Aussichten für die Zukunft.

Mein Taschengeld reichte mir nicht …

Als ich vierzehn war und in der zweiten Klasse der Sekundarschule saß, bekam ich jede Woche einen Gulden Taschengeld. Das war mir zu wenig. Meine Mutter meinte, ich könne mir einen Gulden extra verdienen, wenn ich die Bäckerei scheuern, die Blechdosen einschmieren und den Wagen saubermachen würde. Keine angenehme Arbeit, dachte ich mir, und ein Gulden reichte mir überhaupt nicht. Daran wollte ich etwas ändern. Ich schlug meiner Mutter vor, neue Kunden zu werben. Zuerst schickte sie mich zu Herrn Wang. Der Chinese bestellte täglich fünf Brötchen, aber das war zu wenig, um dafür eigens den Auslieferer mit dem Wagen loszuschicken. Meine Mutter wollte Wang nicht enttäuschen, deswegen schlug sie mir vor, ihm die Brötchen zu bringen. Ich konnte den Umsatz von diesem Kunden in die eigene Tasche stecken – nur bekam ich dann von meiner Mutter kein Taschengeld mehr. So war allen dreien geholfen. Herr Wang wohnte schon 25 Jahre in den Niederlanden und war Eigentümer des chinesischen Restaurants Shanghai in der Koningsstraße; selbst aß er nur Reis. Ich überzeugte ihn davon, daß er sich anpassen müsse; er könnte z.B. Brot essen. Das machte er auch. »Bring mir täglich noch ein Brot«, sagte er, und so bekam ich jeden Tag noch ein Extragehalt von fünf Zehnern. Zudem kreierte ich noch einen Erdnußkuchen, den ich speziell für Herrn Wang backte. Ich gab ihm meine neue Kreation zum Kosten. Nach kurzer Zeit verkaufte ich ihm wöchentlich etwa 100 Stück. Nach vier Wochen verdiente ich an Wang wöchentlich schon zweiunddreißig Gulden, was für eine Rotznase wie mich viel Geld war.

Ich bot meiner Mutter an, mehr Kunden für die Bäckerei zu finden, aber sie wollte nur unter neuen Bedingungen zustimmen: Wir einigten uns darauf, daß ich 20 Prozent des Umsatzes selbst behalten durfte. Zwei Tage später vernahm ich, daß ein Kollege sein Geschäft aufgeben und den Umsatz seines größten Kunden – die Polizeischule – einem jüngeren Bäcker verkaufen wollte. Als ich zu Hause war, rief ich sogleich den Direktor der Polizeischule an. »Wann paßt es Ihnen, vorbeizukommen und ein Angebot zu machen, Herr Ratelband?« fragte mich der Direktor. Ich schlug meinen einzigen freien Mittag am Mittwoch vor. Er bestätigte, und schon hatte ich meinen Termin. Ich berechnete, daß 300 Schüler und Dozenten durchschnittlich sechs Brotscheiben täglich aßen. Insgesamt waren das rund sechzig Brote pro Tag, was einen wöchentlichen Umsatz von 150 Gulden bedeutet hätte. Das hieß: 30 Gulden für mich. Zusammen mit Wang würde ich 62 Gulden pro Woche haben. In Gedanken gab ich das Geld schon für ein neues Fahrrad, neue Kleider und ein neues Bett aus. Das motivierte mich noch mehr. An diesem Mittwoch breitete ich unser Brotsortiment in einem Korb aus und schob das Fahrrad zur Polizeischule. Unterwegs bereitete ich mich auf mein erstes Verkaufsgespräch vor: Was ich sagen, wie ich mich verhalten und auftreten sollte.

Ich träumte vom ganz großen Gewinn

Ich meldete mich beim Hausmeister. Er sah mich mißtrauisch an und fragte: »Du Rotznase, einen Termin mit meinem Direktor?« Seine Geringschätzung in Wort und Gestik ließ mich zusammenschrumpfen, und all meine positiven Vorstellungen schmolzen dahin wie Schnee in der Sonne. Aber er rief dennoch den Direktor an, der zu seiner Überraschung unsere Verabredung bestätigte. Die Schule befand sich in einem alten Kloster. Die Polizeischüler sahen arrogant auf mich herab, als sie mit Stolz und hoch erhobenen Hauptes an mir vorbeimarschierten. Der ganze Boden bebte. Ich lief durch die langen, hohen Flure, stieg die endlosen Marmortreppen hoch und fühlte mich mit jedem Schritt kleiner und kleiner.

Als ich vor der hohen Tür des Direktionszimmers stand, suchte ich nach allerlei Ausflüchten, um nicht hineingehen zu müssen. Ich hatte keinen Mut dazu. In mir klang eine dunkle Stimme, die mir sagte, was alles falsch laufen könnte; ich könnte ausgelacht oder abgewiesen werden, oder der Direktor könnte mich überheblich abfertigen. Ich stellte meinen Korb auf den Boden und sah hinunter, all mein Mut war weg. Ich fühlte Schmerzen in meinem damals noch schwachen Rücken. Deshalb reckte ich mich und streckte ihn. In diesem Moment änderte sich die Stimme in meinem Kopf. Leise sagte sie zu mir: »Was kann dir geschehen? Er kann schimpfen, aber er wird dich niemals schlagen.« Ich hatte eine Riesenangst vor Schlägen, denn mein Vater hatte mich öfters versohlt. Die Aussicht, daß ich ohne körperliche Folgen davonkommen konnte, gab mir Mut, und ich klopfte an die Tür.

Hinter dem Schreibtisch saß kein gemeiner Kerl, sondern ein sympathischer Mann. »Was für eine Überraschung«, sagte er zu mir, »der junge Herr Ratelband.« Seine freundliche Haltung ließ mich sofort ruhiger werden. Er informierte sich nach meinen Brotpreisen. Diese lagen zehn Prozent über den Preisen, die er jetzt bezahlte. Ich hätte sie senken müssen, war aber so auf das Einkommen fixiert, welches ich mir vorher ausgemalt hatte, daß ich meinen Preis aufrechthielt. Ich rechtfertigte den Preis mit der höheren Qualität, der pünktlichen Lieferung, der Frische unserer Brote usw. Der Direktor bat sich etwas Bedenkzeit aus. Er wollte entscheiden, ob meine Argumente diese zehn Prozent rechtfertigten. Drei Tage später rief er an, um mir mitzuteilen, daß dies nicht der Fall sei. Dieser Kunde ging mir verloren.

Ich war äußerst unflexibel und auf meinen Gewinn fixiert – so platzte mein erstes großes Geschäft

Ich denke, daß dies eine der wichtigsten Erfahrungen meines Lebens gewesen ist. Trotz aller Angst macht man, was man sich vorgenommen hat. Die Realität war vollkommen anders als die Vorstellung, die sich nach der Konfrontation mit dem Hausmeister in mir aufgebaut hatte. Wenn du dir das Allerschlimmste, was passieren kann, vorstellst, du andererseits aber weißt, daß es nicht geschehen wird – was hemmt dich dann?

Außerdem wurde mir bewußt, daß ich zu habgierig war. Jetzt weiß ich, daß ich bei Verhandlungen immer etwas in Reserve halten muß, sofern ich einen Vertrag abschließen möchte.

Meine Mutter arbeitete Tag und Nacht. Mein Bruder konnte das nur schwer ertragen; er wurde nervös und klagte über ständige Kopfschmerzen. Deshalb besuchte er dann eine Internatsschule. Seit jener Zeit ist er nicht länger als für zwei oder drei Stunden nach Hause gekommen. Ich hingegen fand den Streß meiner Mutter aufregend.

Im Armeekrankenhaus plante ich mein Leben

Als ich sechzehn war, fing ich an, in der Bäckerei zu arbeiten, damit ich das Handwerk lernte. Ich beantragte, meinen Wehrdienst früher ableisten zu können. Meinem Antrag wurde entsprochen. Ein paar Tage nach Dienstantritt bekam ich eine Bronchitis und lag sechs Wochen in einem Den Haager Armeekrankenhaus, ohne von jemandem besucht zu werden. So hatte ich Zeit, darüber nachzudenken, was ich eigentlich wollte. Ich entschied mich dafür, in meiner restlichen Dienstzeit (12 Monate) mindestens das Bäckerdiplom zu machen. Ich schaffte es. Normalerweise braucht man dafür sechs Jahre Ausbildung. Diesen Erfolg verdankte ich allein meiner Motivation, die in mir während des Krankenhausaufenthaltes wuchs. Dank dieser Wochen im Spital konnte ich mein zukünftiges Leben planen.

Vom Bäcker zum Reiseführer – Ich hatte einen Bombenerfolg

Bei der Diplomüberreichung wußte ich schon, daß ich nicht Zeit meines Lebens Bäcker sein würde. Ich wollte reisen. »De Magneet« in Alkmaar suchte einen Reiseführer. Beim Vorstellungsgespräch fragte man mich, welche Sprachen ich spreche. Ich spulte ein paar Sätze ab, die mir in den Kopf kamen, und schummelte mich durch. »De Magneet« nahm mich an und schickte mich zu Blanes an die Costa Brava, wo ich in zwei Hotels mit sechzig Gästen pro Woche helfen mußte. Ich merkte sofort, daß ich Menschen mochte. Ich wollte ihnen gerne geben, worauf sie ein Recht hatten, vor allem Aufmerksamkeit und Respekt. Ich war immer für sie da und beschäftigte mich sehr intensiv mit ihnen. Nach zwei Wochen bemerkte ich, daß der größte Teil der Reiseführer nur nach Spanien gekommen war, um die Sonne und Sex zu genießen. Die Gäste überließen sie mir. Deshalb vereinbarte ich mit den anderen Reiseführern, daß ich auch ihre Kunden für die Ausflüge aus Lloret de Mar und Malgrat holen würde. Die Folge war, daß meine Kollegen am Ende der Saison braungebrannt waren, nur ich war so weiß wie Kreide. Die Touristen jedoch trugen mich auf Händen.

Als ich zurückkam, lag ein ganzer Berg Dankesbriefe bei »De Magneet«, was bei meinen Kollegen noch nie der Fall gewesen war. Ich hatte 50.000 Gulden gespart, was 1972 noch eine größere Menge Geld war als heutzutage. Ich konnte jedoch auf das Angebot von »De Magneet«, Reiseführer in Indonesien zu werden, nicht eingehen, weil der einzige Bäcker von uns krank wurde und ich meine Mutter im Geschäft nicht alleine lassen wollte. Nach sechs Wochen fragte ich meine Mutter, ob ich das Geschäft übernehmen könnte. Sie verlangte eine sehr hohe Summe, trotzdem sagte ich zu. Die Anzahlung war mein Spargeld, den Rest lieh sie mir mit Zinsen. Ich sah eine große Zukunft für mich und die Bäckerei.

Unversehens arbeitete ich genauso hart und lange wie mein Vater, von morgens drei bis nachmittags um fünf – obwohl ich damals als Kind seine Arbeitswut verurteilt hatte. Nach sechs Wochen brach ich um fünf Uhr morgens zusammen und wurde ohnmächtig, wegen einer Herzstörung. Als dies

dann noch ein zweites Mal geschah, entschloß ich mich, zum Arzt zu gehen. Er untersuchte mich überhaupt nicht und stellte als Diagnose nur fest, daß ich zuwenig Schlaf hätte. Er empfahl mir einfach, früher schlafen zu gehen.

Meine gesundheitlichen Probleme hörten nicht auf, und weitere drei Tage suchte ich direkt eine Spezialistin auf. Sie ließ mich nicht einmal mehr nach Hause gehen, sondern schickte mich sofort ins örtliche Krankenhaus, wo man mir jedoch nicht helfen konnte und mich an das Wilhelmina-Gasthuis-Krankenhaus in Amsterdam überwies. Dort war man der Auffassung, daß ich katheterisiert werden müsse. Ich wurde auf einen stählernen Tisch gebunden, und der Arzt führte eine Sonde durch die Schlagader zu meinem Herzen. Seine Diagnose war katastrophal. »Herr Ratelband, Sie haben eine unheilbare Krankheit, wir können Ihnen nicht helfen. Sie leben noch maximal zwei Jahre.« Ich war 22 Jahre alt.

Der Schock meines Lebens: Der Arzt sagte mir, ich hätte nur noch zwei Jahre ...

Ich wurde auf die Intensivstation gelegt. Das war der absolut sicherste Platz des Krankenhauses, denn man wurde rund um die Uhr elektronisch überwacht. Aber in der ersten Nacht wurden zwei meiner drei Zimmergenossen mit einem Bettlaken über dem Kopf weggebracht. Am folgenden Morgen starb Nummer drei. Das war für mich ein Zeichen, mich anzuziehen und das Krankenhaus zu verlassen.

Drei Tote in einer Nacht – der Chefarzt konnte mir erzählen, was er wollte, für mich stand fest: »Ich bleibe nicht eine Minute länger.« Man zwang mich, allerlei Formulare zu unterschreiben. Ich erklärte damit, das Risiko meines weiteren Lebens auf mich zu nehmen.

Im Zug nach Arnheim fragte ich mich, was ich mit dem Rest meines kurzen Lebens tun könnte. Ich entschloß mich, die beiden Menschen, die ich am meisten liebte, gut versorgt zurückzulassen: meine Mutter und meine Freundin; ich wollte die Bäckerei in ein blühendes Geschäft verwandeln. Sie würden stolz auf mich sein, wenn ich begraben würde.

Meine Lieben daheim sollten stolz auf mich sein

Anderthalb Jahre später hatte ich sieben Bäckereien, der Umsatz hatte sich verzehnfacht, und ich beschäftigte viermal so viele Mitarbeiter wie früher. Ich hatte einen Kredit von einer halben Million zurückgezahlt. Der jährliche Gewinn betrug ungefähr 250.000 Gulden. Mir blieb noch ein halbes Jahr zum Leben übrig. Merkwürdig war, daß ich während all dieser Zeit keinerlei Beschwerden hatte. Ich fühlte mich topfit. In dem darauffolgenden halben Jahr baute ich mit einem Kompagnon noch eine Reihe von Textilgeschäften auf.

Nach zwei Jahren meldete ich mich wieder beim Professor. Seiner Vorhersage nach hätte mein Leben jetzt zu Ende gehen müssen. Ich wurde wieder komplett auf den Kopf gestellt, und die Mediziner sprachen von einem Wunder – die unheilbare Krankheit war verschwunden!

Jetzt weiß ich, daß du selbst deine Krankheit kreierst, sie aber auch selbst wieder rückgängig machen kannst. Damals schien das ein Wunder zu sein.

Du kreierst selbst deine Krankheit

Wegen meines angeblich bevorstehenden Todes hatte ich meine Geschäfte so geregelt, daß sie nun von anderen verwaltet wurden. So konnte ich für neun Monate nach Asien, u.a., um Handel zu treiben, aber mehr noch zum Vergnügen. In Thailand lebte ich eine längere Zeit in einem Kloster, gleichzeitig gründete ich eine Segelschule, kaufte Seide und tauschte diese gegen Süßwaren in Japan. Die Süßwaren wurden in China gegen Fahrräder eingetauscht, die wiederum in Australien verkauft wurden.

Mein erster Flop: 100.000 Brote für England …

Meine Freundin wollte nicht in Thailand leben, also kehrte ich nach den Niederlanden zurück. Meine Freundin wurde meine Frau, und wir bekamen Zwillinge, ein Mädchen und einen Jungen. Zu Hause genoß ich die Vaterschaft, aber die Ruhe nagte an mir. Ich wollte wieder etwas unternehmen. Zuerst exportierte ich Hunderttausende von Broten nach England, weil ich in der Zeitung gelesen hatte, daß es dort einen Bäckerstreik geben sollte. In England mit den 100.000 Broten gelandet, mußte ich feststellen, daß der Zeitungsbericht eine Ente war. Glücklicherweise fand ich die Hotelkette THF, die bereit war, den Brotberg zu einem Minimalpreis zu kaufen. Sie fror alles ein. Danach importierte ich 500 Sets Autofelgen aus Mailand. Die Italiener lieferten aber acht Monate zu spät; das Alfa-Romeo-Automodell war inzwischen aus dem Handel gezogen. Die Felgen waren speziell für dieses Modell konzipiert, so daß die ganze Sendung wertlos war – ein Haufen Schrott.

… der zweite Flop: italienische Autofelgen …

Dann fing ich mit der ersten Pommesbude »Haphoek« an. Sie lag zwischen zwei großen Warenhäusern in der Stadtmitte von Arnheim. Ein Raum von ungefähr vier Quadratmetern war mein neuer Arbeitsplatz. Von Anfang an verkaufte ich 2.000 Kilogramm Pommes pro Woche. Das ist viel, sehr viel, denn das bedeutet mehr als siebentausend zufriedene Kunden in sieben Tagen.

Doch etwas Merkwürdiges geschah. Je erfolgreicher ich mit meinen Geschäften wurde, desto unglücklicher fühlte ich mich. Ich hatte die ganze Zeit Bauchschmerzen, aber bei einer Untersuchung konnte der Arzt nichts finden. Als ich 32 war, dachte ich, daß mein Ende sich näherte; ich hatte schon immer die Befürchtung gehabt, nie alt zu werden. Hypotheken und Versicherungen hatte ich gemäß meiner Lebenserwartung abgeschlossen.

In jenem Jahr nahm ich an einem Sensitivity Training teil und sah mein eigenes Leben im Geiste an mir vorüberziehen – unter anderem, wie ich zweimal aus reiner Geldgier mein Bankguthaben verloren hatte. Das erste Mal ging ich auf den Rat eines Bankkaufmannes ein und kaufte Dollar. Die Währung stürzte daraufhin so tief, daß ich all mein Geld verlor. Danach bot man mir Weißgold zum Kauf an. Ein befreundeter Juwelier prüfte das Gold und schätzte seinen Wert auf das Dreifache dessen, was ich zu zahlen hatte. Ich mußte das Gold bar bezahlen, fuhr danach zur Amsterdamer Börse und machte die Entdeckung, daß ich eine Partie rostfreien Stahl gekauft hatte. Das bedeutete einen Schaden von fast 300.000 Gulden.

... der dritte und vierte Flop: Weißgold und die Welt-Expo ...

Als ich mit Hilfe des Sensitivity Trainings alles auf eine neue Art und Weise gesehen und erlebt hatte, wurde das zu einem Wendepunkt. Ich fing an, neu zu leben. Von diesem Moment an war Geld nicht länger Zweck, sondern lediglich ein Mittel. Am nächsten Tag hatte meine Frau Geburtstag. Statt den bestellten Diamantring beim Juwelier abzuholen, schnitt ich auf dem nächsten Acker ein paar Blumen und schenkte ihr den bunten Strauß. Ich begann, an mir selbst zu arbeiten. Nach dieser Entscheidung mußte ich keine Sekunde mehr über Bauchschmerzen klagen. Ich richtete meine Aufmerksamkeit nicht länger auf das Geld, sondern auf den Menschen. Ich achtete darauf, wie ich das Leben von anderen bereichern konnte und sie das meine.

Ich war jedoch noch immer aktiv in der Geschäftswelt und gründete in den Niederlanden und in Deutschland Pommes- und Poffertjes-Buden, Eiscafés und Croissanterien. Geschäftlich lief alles wie am Schnürchen. Aber als ich am Silvesterabend 1985 mit dem Auto nach Hause fuhr und auf den Kilometerzähler blickte, sah ich, daß ich in dem Jahr mehr als 140.000 Kilometer gefahren war. Das konnte nicht das Ziel eines Menschenlebens sein. Deshalb ging ich gerne auf den Vorschlag eines Bekannten ein, die Poffertjes nach dem McDonald's-Konzept auf der Welt-Expo 1986 in der kanadischen Stadt Vancouver vorzustellen. Dieses Unternehmen würde so viel Geld einbringen, daß ich endlich die Ruhe bekäme, von der ich glaubte, daß sie für meine eigene Entwicklung nötig sei. Ich war damals noch der Ansicht, daß Geschäfte zu machen und zu einem höheren geistigen Niveau zu gelangen, nicht miteinander zu vereinbaren sei. Sachverständige berechneten, daß mir dieses Abenteuer einen Umsatz von 2.500.000 kan. Dollar innerhalb von nur sechs Monaten garantieren würde. Die Wirklichkeit sah aber vollkommen anders aus. Am ersten Tag betrug der Umsatz 389 kan. Dollar, und er sollte danach nie auf einen höheren Betrag als 275 kan. Dollar kommen. Eine finanzielle Katastrophe! Die Rechnung der Sachverständigen, die ich im voraus bezahlen mußte, kostete mich alleine schon 35.000 Gulden.

Mein Interesse für das Tiefere und Geistige geriet wegen der großen Sorgen vollkommen in den Hintergrund. Ich wurde mürrisch und ungenießbar für meine Umgebung. Meine Kinder (Minou und Rolls, damals beide acht Jahre, und Charles, vier Jahre) fühlten sich nicht wohl. Sie waren den ganzen Tag allein, besuchten eine Schule, in der Englisch gesprochen wurde, was sie nicht verstanden, hatten keine Freunde, keine Großeltern, die zu Besuch kamen. Sie wurden, ohne daß sie gefragt wurden, aus ihrer vertrauten Umgebung in dieses waghalsige Abenteuer mit hineingerissen. Das Geld war aufgebraucht. Was mir blieb, war ein alter Pontiac im Wert von 125 Dollar, ein paar Poffertjesherde und 5.000 Kilogramm Poffertjesmehl auf dem Kai. Ich lud einen Herd, 100 Kilogramm Mehl und einen Quirl in den alten Pontiac-Station-Wagon ein, und wir fuhren mit der ganzen Familie in Richtung Los Angeles.

Ein alter Pontiac im Wert von 125 Dollar blieb mir nach dem Abenteuer

Sechs Wochen lang verkauften wir unterwegs an Straßenecken Poffertjes. Von dem Geld konnten wir uns gerade mal das Benzin leisten. Um unseren Hunger zu stillen, aßen wir ausschließlich die unverkauften Poffertjes. In Los Angeles, ganz in der Nähe von Venice Beach, wollte uns ein

Polizist verhaften, weil wir ihm die Aufenthaltsgenehmigung, die Green Card und die nötigen Gesundheitspapiere nicht zeigen konnten – wir hatten sie schlicht nicht. Doch im Nu wendete sich das Blatt. Ein prominenter Regisseur, der in Santa Monica gerade Superman drehte und Poffertjesfan war, half uns aus dieser Situation heraus. Er führte uns auch in die Burbank-Studios in Hollywood ein, wo wir dem Business-Manager von Michael Jackson begegneten.

›Superman‹ kam, sah und half

Dieser Mann (Greg Gaylor) bat mich ein paarmal, Probe zu backen. So verkaufte ich auf seinen Parties, in Restaurants, auf der Kirmes und in der Shopping-Mall Poffertjes. Auf diese Weise wollte er prüfen, ob mein Konzept in Kalifornien gut ankommen würde.

In Farmer's Market sollte ich einen Pilot-Shop eröffnen, doch der Shop war zu klein. Wieder einmal platzten meine Pläne wie eine Seifenblase. Ich ging, wie immer in einer solchen Situation, zur nächsten Buchhandlung und suchte nach Büchern zum Thema Motivation und geistiges Wachstum. Dabei stieß ich auf ›Unlimited Power‹ (›Grenzenlose Energie‹) von Anthony Robbins. Dieses Buch wirkte wie eine Bombe, die in mir mit aller Macht explodierte.

›Unlimited Power‹ explodierte wie eine Bombe in meinem Kopf

An jenem Abend las ich in unserem Zelt auf einem Campingplatz in Malibu ›Unlimited Power‹ in einem Zuge durch und setzte NLP sofort in die Praxis um. Ich veränderte meine Körperhaltung, meine interne Repräsentation, meinen Fokus und fing an, anders zu essen und etwas für meine Fitneß zu tun. Ich konzentrierte mich auf meine Atmung, stimulierte dadurch mein Lymphdrüsensystem, so daß die aufgebrauchten Zellen gut abgegeben werden konnten; ich hörte mit dem Rauchen auf und hatte am 5. Dezember 1986 das erste Training bei Anthony Robbins. An diesem Abend lief meine Familie zum ersten Mal über brennende Holzkohlen mit einer Temperatur zwischen 600 und 900 Grad Celsius – Minou lief als erste, danach kamen

Rolls und Jenny. Da konnte ich natürlich nicht zurückbleiben. Charles hatte mehr ›Glück‹, er schlief im Wagen, es war drei Uhr nachts.

NLP war für mich das Modell der Zukunft

Für mich stand meine Zukunft in diesem Moment haargenau fest. Ich wußte, daß dieses Training mir das Modell lieferte, mit dem wir dem Jahr 2000 entgegengehen konnten. Nie zuvor sah ich so deutlich, was ich tun wollte. Meine alte Sehnsucht nach der Priesterschaft kam wieder empor, jetzt aber in einer ganz anderen Form.

Meine Frau hielt mich für einen Irren. Aber das hat sie immer schon, sobald ich etwas Neues anfing. Das jedoch motivierte mich nur, weil ich ihr zeigen wollte, daß ich es schaffen konnte. Mit der neuen Energie und Erkenntnis, die ich aus der ersten Begegnung mit NLP geschöpft hatte, verkaufte ich die Franchisekette der Poffertjesbuden – es war nur eine Idee – für einen ordentlichen Betrag an den Manager von Michael Jackson.

Weihnachten 1986 feierte ich in den Niederlanden. Die Inspiration aus Los Angeles reizte mich dazu, innerhalb von einigen Monaten in den Niederlanden das Geschäftliche wieder in Ordnung zu bringen. Mein erstes Ziel war, im Juli 1987 nach Kalifornien zurückzukehren, um dort die ›NLP-Certification‹ von Anthony Robbins zu erhalten. Das habe ich getan. Das hieß: drei Wochen lang Arbeit von morgens sieben bis nachts drei Uhr. Nach dieser Zeit ist man ein richtiges ›NLP-Tier‹. Man kennt alles, man weiß alles und hat alle Theorien auf der Straße praktisch angewandt – auf Süchtige und Penner. Ich hatte mich neu programmiert, um erfolgreich zu sein und anderen helfen zu können. Als ich nach diesen Wochen in die Niederlande zurückkehrte, glaubte ich, jeden ändern zu können. Ich war durch meinen schrecklichen Fanatismus gefährlich, denn ich vergaß das Wichtigste der NLP-Lehre: Rapport zu machen; Gleichwertigkeit zu kreieren, um optimal kommunizieren zu können. Ich war überüberzeugt von mir selbst und so

Ich war überüberzeugt und für meine Mitmenschen die absolute Katastrophe

aggressiv, daß niemand etwas mit mir zu tun haben wollte. NLP machte mich einsam.

Ich verfiel in ein altes Verhaltensmuster. Ich gab anderen die Schuld, weil sie mir, wie ich dachte, nicht zuhören wollten. Dadurch erlag ich fast der Versuchung, in ein anderes Muster zurückzufallen: nämlich zu arbeiten bis zum Zusammenbruch. Mein Grundsatz dabei war, daß der Geist keine Zeit hat nachzudenken, wenn der Körper beschäftigt ist, und das Problem sich auflöst, wenn man es vor sich herschiebt.

Zum Glück erkannte ich dieses Muster rechtzeitig wieder und realisierte, daß ich hiermit auf dem Holzweg war. Ich überlegte und stellte fest, daß ich zwischen einer geschäftlichen Karriere und einer geistigen Vertiefung nicht zu wählen brauchte, ich konnte beides zusammenbringen. So wurde ich wieder aktiv. Ich würde Anthony Robbins bitten, mich zu unterrichten, und ich nahm mir vor, meine Geschäfte gleichzeitig weiterzuführen.

Am 2. Januar 1988 flog ich nach San Diego und klopfte beim Robbins Research Institute an. Ich konnte den Präsidenten davon überzeugen, daß er mir fünf Minuten seiner Zeit widmen mußte. Sie weiteten sich aus auf drei Stunden, in denen er mir sein Wissen und seine Erkenntnisse übertragen konnte. Ich wollte ihn modellieren, das heißt, ich mußte sechs Monate lang in seiner unmittelbaren Nähe sein. Er bestellte mich für den 1. Februar um zwölf Uhr mittags, um mit der Ausbildung anzufangen. Am 4. Januar war ich in den Niederlanden und erzählte meiner Familie und meinen Freunden stolz, daß ich mit Robbins sechs Monate zusammensein würde. Keiner sagte: »Prima, fabelhaft.« Alle

hatten sie Bedenken und wollten mich von meinem Entschluß abbringen: »Man kann doch den Amerikanern nicht trauen« – »Du brauchst nichts dafür zu bezahlen, sagt er jetzt, aber wenn du da bist, dann bist du dran« – »Er spielt mit dir, er läßt dich arbeiten ohne Gehalt und beutet dich aus« – »Wieviel Geld kostet denn das überhaupt?«

Ich hatte die Aufnahmeprüfung mit Bravour bestanden

Am 1. Februar punkt zwölf Uhr meldete ich mich im Büro des Robbins-Instituts, La Jolla, Kalifornien. Robbins war nicht da, und die Mitarbeiter wußten von nichts. In meinem Kopf kamen alle Warnungen meiner Familie und Freunde zurück. Auf einmal sagte eine Stimme in meinem Kopf: »Es soll eine Bedeutung haben, aber welche?« Eine andere Stimme antwortete: »Das weißt du nicht. Es gibt nur eine Person, die dir das sagen kann, und das ist Tony Robbins. Also warte auf ihn.«

Jeden Tag ging ich ins Büro, saß in seiner Bibliothek, las die Bücher, die er gelesen, sah die Videos, die er gesehen und hörte die Tonbänder, die er sich angehört hatte. Am 22. Februar stand er plötzlich vor mir im Lesesaal und sagte: »Was dir zustößt, bedeutet nichts; es kommt nur darauf an, was du daraus machst. Du hast es verstanden. Das war die Aufnahmeprüfung, jetzt fangen wir an.«

Ich folgte ihm überall hin. Wenn er ein Seminar hielt, stand ich hinten im Saal und ahmte ihn nach, kopierte ihn. Ich tat alles, was er auch tat. Wenn er lachte, lachte ich auch. Seine Mimik wurde die meine. Anthony sprang auf, ich sprang auf. Somit wurde ich der Schatten von Anthony Robbins. Auch während seiner Therapien war ich anwesend. Er wies mich bei der Behandlung auf die spezifischen Aspekte von NLP hin, wie man schnell Modalitäten wiedererkennt und wie man Rapport macht. Ich sah, wie er mit seiner Verfahrensweise 100 Prozent Erfolg hatte. In der Zwischenzeit aß ich, was er auch aß, ging um dieselbe Zeit schlafen wie er und trug die gleiche farbenfrohe Krawatte wie er.

Am 7. Oktober jenes Jahres gab ich mein erstes Training in den Niederlanden für fünfzehn eingeladene Mitarbeiter einer Firma. Das war der Start, und ein wenig später wurde ich von einer Luxemburger Firma angerufen. Sie hatte in Kalifornien vernommen, daß sie nicht nach San Diego kommen mußte, sondern sich direkt an den ›niederländischen Anthony Robbins‹ wenden konnte. In Luxemburg wurde dann geregelt, daß ich in Brüssel, London und Paris, aber auch in Kuala Lumpur und Bahrein Seminare halten konnte – was ich auch tat.

Am 7. Oktober 1988 gab ich mein erstes NLP-Seminar

Anfang 1990 entschied ich mich für die Niederlande als Stützpunkt in Europa. Zuerst wollte ich eine Reihe erfolgreicher Europäer modellieren. Ich fragte sie, wie sie sich ihren Erfolg und ihre soziale Stellung erklärten. Einer von ihnen gab mir ein gutes Modell: »Man muß von oben an die Menschen herankommen. Fang beim Topmanagement an. Daraufhin kommt man an die mittleren Kader, und über diesen Weg erreicht man schließlich alle.« Das habe ich sofort in die Praxis umgesetzt. Ich gab Seminare für große Firmen, Universitäten, Rotary Clubs, Lion's und dort, wo sich die Intelligenz heute und in der Zukunft aufhält.

Die Anzahl der Seminarteilnehmer, differenziert nach dem Themenangebot

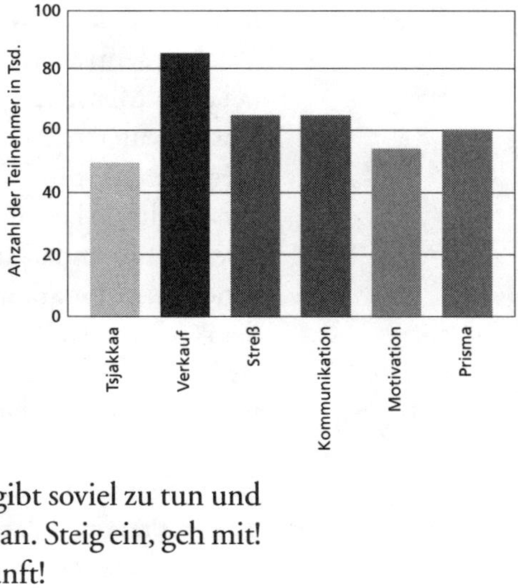

Mein Traum wird zur Wirklichkeit. Ich suche nicht länger – ich finde. Ich bin leidenschaftlich, und das ist für mich eine unerschöpfliche Energiequelle. Ich bringe NLP so vielen Menschen wie möglich nahe, so daß sie die Qualität ihres eigenen Lebens verbessern können. Es funktioniert. Dieses Buch ist ein Beispiel, die Tonbänder, die CDs, Videos und Seminare gleichfalls.

Dennoch ist das nur der Anfang. Es gibt soviel zu tun und soviel zu verbessern. Fangen wir doch an. Steig ein, geh mit! Dies wird die Reise zu unserer Zukunft!

DIE SPRACHE DES GEISTES

Wie NLP entstanden ist

»Wie bitte? Neuro-linguistisches Programmieren? Das ist eher etwas für Akademiker und Hochbegabte, das ist doch gar nichts für mich.«

Durch NLP hast du handfeste Vorteile, ein glückliches Leben und reichlich Erfolg

Vielleicht erscheint es dir so, aber Neuro-linguistisches Programmieren ist eine neue Denkweise, die sich jeder aneignen kann. Es ist die Kunst, mit Hilfe der Sprache den Geist so zu beeinflussen, daß du daraus Vorteile ziehen kannst. Eigentlich tun wir es bereits Tag für Tag – wir achten nur nicht darauf. NLP hilft dir, damit bewußt umzugehen. Dieses Buch zeigt dir wie.

Zum Begriff: *Neuro* verweist auf unser Nervensystem und die Funktionen des Gehirns, *Linguistisch* auf die Worte, die Stimme und die Körpersprache. *Programmieren* bedeutet die Lenkbarkeit von beidem – daß ein bestimmter Plan oder eine bestimmte Prozedur ins Gehirn ›installiert‹ wird. Wir gehen davon aus, daß das Nervensystem, einschließlich der Wirkungsweise des Gehirns, bei allen Menschen absolut identisch ist – ähnlich den Körperfunktionen, die bei allen Menschen nach dem gleichen Schema ablaufen. Das bedeutet, daß dein Gehirn auf dieselbe Weise funktioniert wie das von ... (hier kannst du z.B. den Namen einer Person, die du bewunderst, eintragen). Er oder sie programmiert es nur anders und handelt deshalb auf seine/ihre eigene Weise. Programmiertest du auf genau dieselbe Weise dein Gehirn, würden sich für dich dieselben Ergebnisse einstellen wie für den- oder diejenige(n), dessen oder deren Namen du gerade eingetragen hast.

Es ist sogar so, daß du schneller dasselbe Ziel erreichst, weil du den Preis, den der/die andere an Inspiration, Transpiration, Energie, Zeit, Geld, Gesundheit, Schmerz und Erfahrung schon bezahlt hat, nicht mehr entrichten mußt. Du vermeidest diesen langwierigen Weg von Versuch und Irrtum. Du erntest nur, was der andere gehegt und gepflegt hat.

Alles hängt davon ab, ob du dein Nervensystem zu dirigieren vermagst

Unsere Fähigkeit, etwas auszuführen oder zu unternehmen, hängt völlig von der Fähigkeit ab, ob wir unser Nervensystem zu dirigieren vermögen. Wer sich dessen nicht bewußt ist, bleibt eine Marionette seiner Stimmungen und Emotionen. Jeder, der seinen neurologischen Verbindungen im Gehirn eine Richtung gibt, steuert seine eigene Existenz. Du erzielst nur dann Ergebnisse, wenn du ganz spezifisch über dein Nervensystem Befehl führst. Jedermann tut es, aber nicht jeder weiß, wie es funktioniert. Darüber geht es in diesem Buch.

NLP ist die Wissenschaft von deiner innerlichen, geistigen Struktur und deren Beherrschung. Es bietet ein System, mit dem du die Wirkung des Gehirns (die neurologischen Verbindungen) selbst steuern und beherrschen kannst. Dadurch kannst du schließlich erreichen, was du willst. Dein Gehirn führt deine Arbeit aus, vorausgesetzt, daß du die richtigen Anweisungen gibst. Auf diese Weise überprüfst du nicht nur deine eigene Stimmung und dein eigenes Verhalten, sondern auch das von anderen.

Du kannst alles, was ein anderer auch kann

Die Neurologie deines Nachbarn, deiner Freundin oder deines Vorgesetzten ist genau dieselbe wie die deine. Wenn du gerne am frühen Morgen frisch und fröhlich aus dem Bett kommen willst, es bisher aber nicht geschafft hast, dann brauchst du einfach nur die komplette Handlungsabfolge eines Frühaufstehers zu kopieren. Das kommt dir vielleicht einfach vor, aber das ist es auch. In diesem Buch lernst du, wie du das machen kannst. Du kannst alles, was ein anderer auch kann. Hierzu ist es aber notwendig, in derselben Denkweise und in derselben Reihenfolge zu handeln wie er. Vielleicht hat er Jahre gebraucht, um zu dieser erfolgreichen Strategie zu kommen. Du aber kannst das

innerhalb einiger Stunden, wenn du die Denkweise und die Körperbewegungen deines Modells genau übernimmst und sie nachahmst.
Ist das eine gute Aussicht?

Die Entwicklung von NLP durch Grinder und Bandler.

NLP entstand in den siebziger Jahren durch die Arbeit der Herren John Grinder und Richard Bandler, einem Sprachwissenschaftler und einem Mathematikprofessor. Sie hatten dasselbe Problem: Beide hatten bemerkt, daß nur ein Teil der Studenten ihre Vorlesungen sinnvoll in die Praxis umsetzten und dadurch erfolgreich werden konnte. Das Wissen, das sie in den Seminaren vermittelten, wurde, so folgerten sie, von den Studenten je individuell interpretiert. Das war das Problem, mit dem die Professoren sich intensiv beschäftigten und das sie zugleich frustrierte.

Grinder erinnerte sich an seinen Vater (er war Schreiner), der sich auf seinen Arbeitstag immer optimal vorbereitet hatte: Mußte er ein Fenster produzieren, dachte er im voraus schon daran, Glas zu bestellen, sollte er eine Tür einhängen, nahm er Scharniere und Türangeln mit. So ging bei ihm die Arbeit reibungslos über die Bühne. Offenbar hatte Vater Grinder sich angewöhnt, vorausschauend zu handeln, um mit der Arbeit schnell und effizient fertig zu werden. So entstand die Idee bei beiden, ob es vielleicht bestimmte Muster gab, um ein positives Verhalten zu produzieren. Wenn ja, dann sollte es auch bestimmte Lehrmuster geben.

Nach anderthalb Jahren Forschung hatten sie noch immer keine nachprüfbaren Hinweise; sie konnten nichts finden.

Dennoch ließen sie nicht von der Frage ab. Beide kündigten, so daß sie sich dieser Materie völlig widmen konnten. Sie suchten nach Modellen, die meßbare Ergebnisse versprachen. Dr. Milton Erickson, ein bekannter Hypnotherapeut, war bereit mitzuarbeiten. Er glaubte, aus diesen Erfahrungen lernen zu können. Erickson war hervorragend in seinem Metier, denn er hatte bei 98 Prozent seiner Fälle Erfolg beim Heilungsprozeß. Seine Patienten wurden meist von Ängsten und Phobien gequält. Erickson konnte fast jeden davon befreien. Das ist ein nachweisbares Faktum, das man nicht leugnen kann.

Wenn du Angst hast vor Spinnen, und eine Woche später spielst du mit ihnen, ist das ein deutliches Ergebnis und ein eindeutiger Fakt. Wenn du mit dem Rauchen aufhören möchtest und schon alles ergebnislos versucht hast, Erickson dich aber davon binnen zwei Wochen befreit, ist das nachprüfbar.

Der Erfolgreiche weiß zunächst nicht, nach welchen Mustern er handelt

Grinder und Bandler wollten von Dr. Erickson wissen, was er genau mit seinen Klienten tat. Zu ihrem Erstaunen antwortete der Hypnotherapeut: »Das weiß ich nicht.« In der Tat, fast niemand weiß genau, was er tut, wenn er Erfolg hat. Wir alle haben für alles, was wir machen, bestimmte Muster entwickelt, weil wir bestimmte Erfahrungen haben. Wenn wir dann jedoch irgendwann meinen, ein für uns selbst befriedigendes Niveau erreicht zu haben, hören wir zu experimentieren auf. Wir vergessen angeblich, was wir genau gemacht haben, um dieses Ergebnis zu erreichen. Wir beschreiten einen Weg, von dem wir annehmen, ihn im Ziel schon vergessen zu haben.

Die einzige Lösung für die Professoren war, wenn es denn eine gab, die Strategie und Handlungsmuster von Erickson zu beobachten. Was stellte sich heraus? Milton hatte die *Überzeugung,* immer Bescheid zu wissen. Er war selbst zu 100 Prozent davon überzeugt, daß er eine Lösung finden würde und dem Klienten helfen könnte. Es war seine Überzeugung, daß er trotz der Schwierigkeiten und der Widerstände, wie auch immer sie aussahen, das Problem aus der Welt schaffen könnte. So suchte er eben so lange, bis er bei seinen Klienten ein klares Ergebnis erreicht hatte.

Grinder und Bandler entdecken das Erfolgsgeheimnis Ericksons

Doch war das noch nicht das ganze Geheimnis seines Erfolges: Erickson hatte früher an einer Polioinfektion gelitten, seitdem war er auf einen Rollstuhl angewiesen und konnte nur undeutlich sprechen. Deswegen mußte man sich anstrengen, um ihm, während er sprach, folgen zu können. Er hatte also aus seiner Behinderung – dem Rollstuhlfahren und Nuscheln – eindeutig einen Vorteil gemacht. Er wird bis heute, obwohl bereits verstorben, als der erfolgreichste Hypnotherapeut der Welt betrachtet.

Was außerdem für eine erfolgreiche Behandlung notwendig war, so registrierten Grinder und Bandler, war das *Spiegeln* des Klienten. Erickson machte das unbewußt. Er holte auf dieselbe Weise Atem und ahmte die Körperspannung, den Augenaufschlag und die Haltung des Menschen nach, der neben ihm saß. Auf diese Weise knüpfte er ein Band der Gleichartigkeit, wodurch der Klient Vertrauen zu dem Mediziner faßte. Er fühlte sich wohl und konnte ungehemmt und aufrichtig über seine Ängste und Probleme sprechen.

Erickson fragte ständig, warum der Klient sich mit dem Problem herumschlug. Dank des Vertrauens zu Erickson – ein Band, das durch das Spiegeln entstand – konnte der Klient tiefer als vorher in sich selbst nach dem Motiv suchen, das er dann auch immer fand und Erickson erzählen konnte.

Die Frau, die anderen Hypnotherapeuten gegenüber lediglich das abscheuliche Aussehen der Spinnen für ihre Phobie verantwortlich machte, erzählte Erickson, daß sie es haßte sauberzumachen. Deshalb führte sie ihre Angst vor Spinnen als Alibi dafür an, in ihrer Wohnung nicht putzen zu müssen. Nun konnte Erickson ihr helfen, weil er wußte, welcher spezifische Teil von ihr geheilt werden sollte.

Der Klient selbst offenbart die Lösung seines Problems

Ericksons Klienten waren erstaunt über sich selbst, weil sie beim Erzählen erkannten, was ihren psychischen Problemen zugrunde lag. Die Klienten selbst brachten Licht ins Dunkel und konnten ohne Hemmung ihre Erinnerung benutzen. Durch das Spiegeln *folgte* Erickson seinem Klienten und *führte* ihn danach in die tiefere, innere Welt.

Der Teil der Klientin, der die Angst vor Spinnen hervorrief, war sozusagen in einer Schachtel verschlossen. Die Klientin konnte das aber nicht sehen. Sie sah das Problem von innen und hatte deshalb keinen Einfluß darauf. Erickson sorgte zuerst für eine *optimale Stimmung* bei der Klientin, wodurch sie den Mut hatte, sich mit der Angst und deren Gründe zu konfrontieren. Die Klientin verstand jetzt, daß die Angst nur durch einen verborgenen Teil in ihr selbst ausgelöst wurde und nicht ihre ganze Person betraf. Erst als der verborgene Teil ›aus der Schachtel‹ genommen war, konnte sie die Gründe für ihre Angst sehen. Dies führte zu einer ganz neuen Bewertung des Problems. Diese neue Methode war der Schlüssel zu Besserung und Genesung.

Der positive Anker macht den Therapeuten nach und nach entbehrlich

Sobald dieser Einblick getan war, fing Erickson an, seinen Klienten *positiv zu ankern*: Er brachte ihnen bei, wie sie immer wieder zu ihrer optimalen Stimmung, in der sie das meiste erreichten und ihre Angst bezähmten, zurückkehren konnten. Mit Hilfe des positiven Ankerns (eine Handlung, wie zum Beispiel das Ballen der rechten Hand zur Faust, wird an den Moment eines zuvor erlebten positiven Gefühls gekoppelt) konnte der Patient sich immer wieder in dieses optimale Gefühl zurückversetzen. Mit dem Positivankern entsteht eine neurologische Verbindung zwischen der Handlung und einem guten Gefühl bzw. der optimalen Stimmung.

Natürlich war der Rückfall in die frühere Stimmung, Depression oder Angst unvermeidlich, zumal im Alltag, wenn Erickson nicht anwesend war. Aber Erickson hatte seinem Klienten beigebracht, wie er den positiven Anker benutzen mußte. Der Klient ballte zum Beispiel die rechte Faust, richtete sich auf und kam auf diese Weise wieder zu seiner positiven Stimmung. So war der Klient imstande, das negative Gefühl aus eigener Kraft ›aus der Schachtel‹ zu holen, sich damit zu konfrontieren und es neu zu bewerten. Durch die Wiederholung dieses Prozesses verschwand die Angst schließlich vollkommen. Der Klient hatte seine eigene Entscheidung für die Verbesserung seiner Lebensqualität benutzt.

Die Vokabeln des Erfolgs: Überzeugung, Rapport, Folgen, Führen und Ankern

Bandler und Grinder stellten also nach einiger Zeit eine bestimmte Strategie Ericksons fest. Er besaß *Überzeugung*, machte durch das Schaffen einer Gleichartigkeit *Rapport* mit seinem Klienten, *folgte* und *führte* ihn (bis zur Außenseite der Schachtel) und *ankerte* ein positives Gefühl.

Einige Zeit später machten Grinder und Bandler dieselbe Entdeckung bei Virginia Satir, einer Familientherapeutin, die ebenfalls den Ruf hatte, sehr große Erfolge zu erzielen. Es stellte sich heraus, daß diese Frau ebenfalls bestimmte Überzeugungen hinsichtlich ihrer Klienten und ihrer Therapieerfolge vertrat. Sie war davon überzeugt, daß Menschen immer imstande seien, eine gute Beziehung aufzubauen; sie war sich sicher, ihren Klienten immer helfen zu können, und schließlich gab es ihrer Meinung nach immer eine Möglichkeit, Probleme zwischen Partnern aus der Welt zu schaffen. Von all dem war sie fest überzeugt. Ganz fest.

Das Erfolgsrezept der Familientherapeutin Virginia Satir

Und so überzeugte sie auch ihre Klienten. Auch sie spiegelte, folgte, führte und ankerte positiv. Genau wie Erickson gab sie vor, nicht zu wissen, was sie tat. Es war ihr klar, daß in einer gestörten Beziehung die negativen Anker (Streit und Frustration) vorherrschten. Diese mußten also vernichtet und durch positive Anker – wie z. B. das Erkennen von Sympathien – ersetzt werden. Diese neue Betrachtungsweise, die es den Klienten erlaubte, aus der ›Schachtel des gegenseitigen Konflikts zu kriechen‹, machte die Partner zu neuen Geliebten.

Bandler und Grinder brachten ihre Erkenntnisse zu Papier und begannen, die Strategien von Erickson und Satir an Instituten für Hypnotherapie zu lehren: Die *Überzeugung*, jemandem helfen zu können, steht an oberster Stelle. Anschließend wird *Rapport* gemacht, dann kommt das *Folgen*, das *Führen* und schließlich das *positive Ankern* einer *optimalen Stimmung*. Daraufhin muß der positive Anker überprüft werden: Der Klient wird ›aufs neue in die Schachtel gesteckt‹, ankert sich dann positiv und kann so seinem Problem unbefangen gegenüberstehen. Auf diese einfache Weise wird es ihm möglich, das Problem zu bewältigen.

Jede Lösung für ein persönliches Problem steckt in der Person selbst. Man ent-wickelt sich selbst. Ständig mit einer Lösung zu kommen, ist für die problembeladene Person nicht unbedingt sinnvoll. Auch wenn der Rat gut gemeint ist – derjenige, der mit einem Problem ringt, muß ein eigenes Verständnis dafür entwickeln. Das wird durch die eigene Bewertung mit Hilfe des positiven Ankers, der ihn in eine positive Stimmung bringt, möglich.

Du bestehst aus verschiedenen Persönlichkeiten

Jeder Mensch besteht aus einer großen Anzahl von verschiedenen ›Persönlichkeiten‹. Es gibt Teile in dir, die nur Probleme machen. Aber es gibt auch immer eine Person in deinem Geist, die eine Lösung vorschlägt. Die negativen Stimmen und Stimmungen überwiegen, wenn in der Dunkelheit von Angst und Depression kein Licht entzündet wird. Mit dem positiven Ankern jedoch kommt ein heller Schein ins Dunkel, und die negativen Persönlichkeiten werden in den Hintergrund gedrängt. Je öfter das geschieht, desto schneller wirst du deine Probleme lösen können und desto häufiger erscheinen die positiven Persönlichkeiten in dir selbst.

Es ist wichtig zu verstehen, daß alle Personen in dir – auch die negativen – die besten Absichten mit dir haben. Nur die Art und Weise, wie du diese Impulse der Person interpretierst, macht den Unterschied.

Die Stimmen deiner Eltern trägst du in dir; sie bestimmen dich noch immer

Ein Beispiel: Du bist zu dick, und was immer du machst, um abzunehmen, es gelingt dir nicht. Nach zahllosen Diäten weißt du, daß das Problem tiefer liegt und in deine Vergangenheit zurückreicht. Deine Mutter ist schuld daran, daß du zu fett bist. Früher hatte sie dich dazu gedrängt, alles aufzuessen. Nun hast du ihre Stimme noch im Kopf, die dir sagt: »Iß soviel du kannst, die schlechten Zeiten kommen bestimmt wieder.« Du kannst also nichts dafür, es sind die noch wirksamen Worte deiner Mutter.

Sie aber hat es aus der Überzeugung heraus getan, daß es gut für dich sei; sie hat es aus Liebe gemacht. Im Krieg mußte sie auf all diese herrlichen Sachen verzichten, deswegen gab sie dir zuviel des Guten. Die Mutter hat also nicht schlecht gehandelt, sie hat es getan im Glauben, es sei gut für dich.

Alle Persönlichkeiten in dir lieben dich

So gibt es auch Teile (Persönlichkeiten) in dir, die früher gebildet wurden und noch heute das Beste mit dir vorhaben. Du hast dich zwar weiterentwickelt, aber die Persönlichkeiten in dir haben sich nicht geändert. Sie lieben dich. Sie möchten, daß es dir gutgeht. Die guten Absichten all dieser Teile in dir können jedoch ein Verhalten produzieren, daß du heutzutage negativ empfindest. Die Angst, in der Öffentlichkeit zu sprechen, wird von einer Person in dir verursacht, die dich vor einer erneuten Blamage schützen möchte. Verlegenheit wird von einem persönlichen Teil in dir verursacht, der dir erzählt: »Wenn du etwas sagst, ist es möglich, daß jemand dir wehtut, genauso wie damals.« Dieser Teil möchte nicht, daß du wieder gekränkt wirst, und ist verantwortlich für dein verlegenes Verhalten; er hat selbst einmal eine negative Erfahrung gemacht, die verdrängt worden ist und in das Unterbewußtsein gelangte. Er liebt dich so sehr, daß er dir nicht erlaubt, diese Erfahrung aufs neue zu machen. Es ist somit ein positives Verhalten (Verlegenheit ist Selbstschutz), das in dir ausgelöst wird, aber selbst erfährst du es als ein negatives. Du empfindest es in diesem Moment als eine Last.

Eine Lösung, die der Patient selbst erreicht, wird deutlich illustriert durch einen Fall, den Bandler und Grinder von einem sogenannten Geisteskranken berichteten. Er dachte, er sei Jesus Christus. Keinem einzigen Psychiater war es gelungen, diesen Mann von seiner Wahnidee zu befreien, mit anderen Worten: einen Teil in diesem Mann zu entdekken, der bereit war, an der Erkenntnis mitzuarbeiten, daß er nicht Jesus sei.

»Jesus, es ist soweit. Leg dich aufs Kreuz«

Der Geisteskranke bat die beiden Wissenschaftler, die ihn in seiner Zelle aufsuchten, nur um Fisch und Brot – um diese Nahrungsmittel zu vermehren. Er wollte, daß sie ihm auf eine Wange schlagen, um ihnen die andere hinhalten zu können. Der Jesus-Patient sprach nur und wollte nicht zuhören. Deshalb versuchten Grinder und Bandler eine nonverbale Methode. Die beiden gingen kurzerhand zum Baumarkt, kauften zwei Balken, eine Säge und die größten Nägel und kehrten zum Jesus-Patienten zurück. Ohne etwas zu sagen, fingen sie quälend langsam mit der Anfertigung eines Kreuzes an. Der Patient saß still in einer Ecke und sah zu. Als das Kreuz fertig war, sagte Grinder: »Jesus, du weißt, es ist nun soweit. Du weißt, was dir bevorsteht und was du tun mußt. Leg dich aufs Kreuz.«

Die Androhung eines schmerzhaften Todes am Kreuz war so schrecklich, daß in diesem Moment ein Teil in dem Jesus-Patienten erwachte und ihm sagte: »Du bist nicht Jesus. Du bist du selbst.«

Der Mann teilte diese Erkenntnis Bandler und Grinder nonverbal mit. In diesem Augenblick ankerte Bandler den Mann positiv, indem er kurz klatschte. Jedesmal, wenn

Bandler von nun an in seine Hände klatschte, würde der Teil im Mann erwachen, der ihm sagte: »Du bist nicht Jesus. Du bist du selbst.« Durch Wiederholung wurde diese Selbsterkenntnis schließlich so stark und stabil, daß die Wahnidee keine Chance mehr hatte. Der Mann wurde inzwischen für gesund erklärt.

Erfolgsquote: 100 Prozent

Bandler und Grinder unterrichteten Studenten in den Strategien dieser Modelle (Erickson und Satir) und brachten ihnen bei, was sie selbst herausgefunden hatten. Sie konnten dabei feststellen, daß der Erfolg bei 100 Prozent lag. Mit einem Schlag war jeder so erfolgreich wie Milton Erickson und Virginia Satir. Wenn die Studenten den Strategien bzw. Handlungsmustern exakt folgten, konnten sie nicht scheitern. Das war eine aufsehenerregende Entdeckung in der Welt der Verhaltensforschung. Bandler und Grinder bestätigten ihre Befunde auf wissenschaftlichem Niveau. Damit lieferten sie einen wesentlichen Beitrag für die Entwicklung der Psychotherapie, für die Sigmund Freud den Grundstein gelegt hatte. Doktoren und Psychologen gründeten auf diese neuen Einsichten eine Hilfswissenschaft.

Die Weiterentwicklung von NLP durch Anthony Robbins.

Anthony Robbins lernt NLP kennen

1982 trafen Bandler und Grinder auf einen 23jährigen Mann, der Anthony Robbins hieß. Um gut zu verdienen, hatte er schon alle Verkaufskurse, die nur denkbar sind, absolviert. Dennoch hatte er bei jedem Kurs das Gefühl gehabt, in eine Sackgasse zu geraten. Sein Freund Richard Green wies ihn auf die neue Wissenschaft des Neuro-linguistischen Programmierens hin. Robbins war am Anfang für diese neue Methode auf beiden Ohren taub, weil ihm als Verkäufer Hypnotherapie nicht paßte. Doch war er zu dieser Zeit fast am Ende, hatte all sein Geld verloren und war dementsprechend bereit, alles zu tun, um aus diesem Tief zu kommen. Green überredete ihn, sich eine Lesung über

NLP von John Grinder anzuhören. Anthony war von Grinders Geschichte fasziniert und sah sofort, daß er NLP nicht nur als therapeutisches Mittel nutzen, sondern auch als Denk- und Überzeugungssystem auf das Geschäftsleben übertragen konnte. Er sah die Möglichkeiten, die ihm NLP in der Beziehung zwischen Verkäufer und Käufer bot.

Der Heilungsprozeß wurde zum Verkaufsprozeß.
Der Patient wurde zum Kunden.

Ein Verkäufer, der von den eigenen Fähigkeiten und vom eigenen Produkt überzeugt ist und der eine Gleichwertigkeit mit dem Kunden erzeugen kann (Rapport), wird immer erfolgreich sein. Er ist imstande, dem Kunden zu folgen und ihn zu einer alles vermögenden Stimmung zu führen, in der das Produkt unwiderstehlich und der Kauf beschlossen wird.

Robbins ging bei Grinder in die Lehre und fing an, mit dem Material, das ihm zur Verfügung stand, zu experimentieren. Er holte die Materie aus der wissenschaftlichen, therapeutischen Sphäre und präsentierte sie auf eine verständliche Weise für Nichtakademiker, Verbraucher und Geschäftsleute. Er erkannte, daß einen *Rapport zu machen* nichts anderes ist als eine Technik, mit deren Hilfe eine Gleichwertigkeit hergestellt werden kann. Ein Gefühl von Vertrautheit ist die Folge. Wenn man jemanden gern hat, funktioniert der Prozeß des Folgens und Führens automatisch. Denn Menschen, die einander sympathisch finden, machen das völlig unbewußt.

Du praktizierst NLP bereits – ohne dir dessen bewußt zu sein

Robbins machte die Materie für viele zugänglich und einsehbar. Er verdeutlichte, daß wir eigentlich alle Erfolgselemente aus NLP schon benutzen, ohne daß wir uns dessen bewußt sind. Sich dieser Techniken aber bewußt zu werden bedeutet, sie optimal nutzen zu können, was für den, der sie anwendet, viele angenehme Folgen hat.

1984 gründete er sein eigenes Institut und begann mit der Entwicklung von NLP für Hausfrauen, Erzieher, Geschäftsleute, Bauern etc. Der Grundgedanke ist, daß jeder Mensch mit seinem Gegenüber eine Art Verkaufsbeziehung unterhält. Ob Lebenspartner, Kollege, Freund oder Fremder – mit allen stehst du ständig in einer ökonomischen Beziehung. Bevor du jedoch einen anderen Menschen von deinen Ansichten, Meinungen oder deiner eigenen Persönlichkeit überzeugen kannst, mußt du diese Dinge zuerst dir selbst ›verkaufen‹. Nur so wirst du deinen Gesprächspartner für dich und deine Probleme einnehmen können.

Durch das Veranstalten von Seminaren und durch die Fragen, die dabei geäußert wurden, wurde Robbins eines klar: Er mußte etwas schaffen, an dem der Effekt von NLP unumstößlich festgestellt werden konnte. Ihm war bewußt, daß zwar viele Menschen die Theorie verstehen, aber nur diejenigen tatsächlich erfolgreich sind, die dazu bereit sind, aktiv zu werden. So machte er aus dem heiligen Feuerlauf eine Metapher: Auf einer Strecke von drei Metern muß der Kandidat barfuß über glühende Kohlen laufen. Das ist möglich und hundertfach dokumentiert. Und wenn jemand anders es kann, kannst du es auch. Du mußt es nur genauso machen wie derjenige, der diesen Gang über die Kohlen hinter sich hat, und die Angst vor dem Feuer in dir selbst überwinden. Das ist ganz wichtig.

Robbins entdeckt den Feuerlauf für das NLP

Der Feuerlauf erreichte die breite Öffentlichkeit. Zugleich wurde die Kritik an Robbins laut, er habe dem NLP Schaden zugefügt, weil er eine Show mit großem Trara usw. daraus gemacht habe. Dabei sollte man sich vor Augen halten, daß er der erste war, der NLP visuell, auditiv und kinästhetisch auf wirksame Weise verkaufte. Das heißt: Rapport zu machen mit allen, anstatt à la Bandler nur mit Audio- oder, wie Grinder, nur mit Kino-Leuten.

Robbins störte sich gar nicht an der Kritik. Er machte in der Überzeugung weiter, daß es richtig war, was er bis dahin gemacht hatte, und er auf diese Weise Millionen Menschen erreichen würde, denen er sonst dieses wertvolle Material nicht vermitteln könnte. Er war überzeugt von der Wirkung und den heilsamen Effekten dieser neuen Methode – nicht nur in geschäftlicher Hinsicht, sondern auch in persönlicher.

Das große Verdienst des Amerikaners Anthony Robbins ist, diese Erkenntnis, die sich im Elfenbeinturm der Wissenschaft festgesetzt hatte, wieder auf die Erde geholt und an die Praxis gebunden zu haben.

Dank Robbins kann nun jedermann von NLP profitieren

Jetzt ist das Ziel des Robbins Research Institute, La Jolla, Kalifornien, in möglichst kurzer Zeit möglichst vielen Menschen, die mit Hilfe von NLP ein höheres Niveau erreichen und glücklich mit ihrem Leben sein wollen, entsprechende Kenntnisse zu vermitteln.

Robbins griff die Theorie auf, daß grundsätzlich zwei Motivationsstrukturen in die Neurologie eines Menschen eingelagert sind, die dafür sorgen, daß ein Mensch motiviert werden kann:

a) Spaß zu haben,
b) Schmerz zu vermeiden.

Die Eckpfeiler der Motivation: Spaß und Schmerz

Jeder Mensch hat spezifische Strategien entwickelt, mit denen er ein bestimmtes Ziel erreichen will und die gemäß dieser Strukturen, also entweder ›zum Spaß hin‹ oder ›weg vom Schmerz‹ verlaufen.

1987 veränderte Robbins den Namen NLP für sein Institut in ›Neuro-Code-System‹. Für ihn umfaßte der Name NLP nicht mehr alle Facetten. Robbins vertrat nun die Auffassung, daß man von Kindesbeinen an von der Umgebung und dem, was in ihr geschieht, programmiert wird. Auf diese Weise werden neurologische Codes in deinem Gehirn verankert, die dir beigebracht werden oder die du während deines Lebens aufnimmst. Sie sind nichts anderes als Überzeugungen, sowohl in negativer als auch in positiver Hinsicht; sie bestimmen dein Verhalten, und sind sie einmal da, ist es sehr schwierig, sie zu verändern. Es ist jedoch möglich – mit dem System, das Robbins entwickelt hat.

Vom ›Neuro-Code-System‹ zum ›Neuro-Associative-Conditioning‹

Später kam er zu der Erkenntnis, daß der Werdegang eines Menschen sehr stark von der Richtung seines Blickfeldes beeinflußt wird. Deine Sehweise bestimmt, ob dein Weg eher ein mühsamer und schmerzvoller oder ein leichter, spaßiger ist. Diesen Weg gehst du selbst, du hast die Möglichkeit, deinem Leben die Richtung zu geben. Worauf du dich fokussierst, was dein geistiges Blickfeld ist, wird von den Fragen bestimmt, die du dir selbst stellst. Die Fragen können inhaltlich positiv oder negativ sein.

Diese Entwicklung sprengte inhaltlich das Neuro-Code-System, und er veränderte den Namen wiederum. Dieses Mal in ›Neuro-Associative-Conditioning‹. Damit ist gemeint, daß man immer die Wahl hat, sich anders zu konditionieren, um damit ein anderes Verhalten zu produzieren. Du hast alles selbst in der Hand, was in deinem Kopf geschieht. Die Assoziationen – die Verbindungen – zwischen Vorurteilen und deinem Verhalten können von dir manipuliert, also verändert werden.

Du siehst, daß NLP immer weiterentwickelt wird. Meiner Meinung nach ist es im Grunde sehr einfach aufgebaut, und das muß auch so bleiben, damit so viele Menschen wie möglich daraus ihre Vorteile ziehen können. Ich möchte nun diese Materie den Menschen zugänglich machen. Der Wert von NLP ist gigantisch. Für jeden.

Voraussetzung ist allerdings deine Überzeugung, daß NLP ein Handbuch für dein Gehirn ist, mit dem du gezielt aktiv werden und automatisch Ergebnisse erreichen kannst.

Ohne deinen Einsatz geht es nicht

In den nächsten Kapiteln werden alle Aspekte von NLP intensiver ausgearbeitet und erklärt. Im Teil II des Buches werden dann die Techniken behandelt. Jeder kann sie sich aneignen. Niemand muß zurückbleiben. NLP ist keine geheime Zauberformel. Du mußt nur daran glauben, daß du dich verändern kannst. Die Überzeugung, daß du bekommen kannst, was du möchtest, und daß du sein kannst, wer du sein möchtest, mußt du in dir stärken. Es ist nicht so, daß du nur mit dem Finger zu schnipsen brauchst und alles, was du willst, geschieht. Du mußt aktiv werden. Vergiß dabei nie, daß Disziplin nur ein paar Gramm wiegt, während Reue ein Gewicht von mehreren tausend Kilogramm hat. Mit anderen Worten: Letztendlich steht das Maß an Anstrengung in keinem Verhältnis zur Reue und Frustration, die du empfindest, wenn du nicht erreichst, was du dir schon immer erträumt hast. Mit NLP kannst du dich in Bewegung bringen.

Du kannst dich motivieren, den ersten Schritt in eine neue Richtung zu setzen und dich auf den Weg zu einem neuen

Zukunftsbild zu machen. Es ist möglich, Strategien zu durchbrechen, um aus der jetzigen Situation neue Chancen zu entwickeln.

Befreie dich vom eingerosteten Denken! Du bist auf dem Weg zur Meisterschaft

Bevor du mit diesem Buch angefangen hast, warst du vielleicht in alten Mustern und Systemen gefangen, die dich daran hinderten, aus deinem Leben ein Fest voller Aktionen und Erfolge zu machen. Mit Hilfe von NLP kannst du dich vom eingerosteten Denken (oder eben Nichtdenken) befreien und dauerhaft auf die Suche gehen nach neuen Methoden, die für dich wirksam sind. Du wirst geistig flexibler werden. Du wirst ein Meister deiner eigenen Stimmung sein.

Ab heute bist du auf dem Weg zur Meisterschaft. Es gibt Leute, die diesen Zustand schon erreicht haben. Schau hin, wer sie sind. Wenn du genau nachahmst, was sie machen, wirst du in einer viel kürzeren Zeit dasselbe Niveau erreichen. Die Technik dieses *Modellierens* lernst du später in diesem Buch.

Drei Aspekte sind von größter Wichtigkeit. Erstens das Überzeugungssystem: Was du glaubst, zu können oder nicht zu können, bestimmt, was du machst oder nicht machst. Wenn du dir selbst sagst, daß du scheitern wirst, blockierst du dich und wirst letztendlich nichts machen. Wenn du dir aber sagst: »Ich möchte, ich kann!«, dann öffnest du das Tor für neue Möglichkeiten. Mach dir die Überzeugung von jemandem, der dir mit dem, was er erreicht hat, ein Vorbild ist, zu eigen. Übernimm sie, und du wirst auch so erfolgreich sein – schließlich hast du nun im Gegensatz zu früher viel Energie eingesetzt.

Der zweitwichtigste Aspekt ist die *mental syntax* (die geistige Satzlehre) einer Person, die den Erfolg, den du dir wünschst, schon erreicht hat. Diese mentale Syntax ist die Reihenfolge, in der dein Vorbild seine Gedanken ordnet. Vielleicht hast du jetzt schon dieselben Gedanken wie dein erfolgreiches Idol, aber in einer anderen Reihenfolge. Deshalb hast du noch nicht das gleiche Ergebnis erzielt. Wenn du aber herausfindest, welche Schritte er – step by step – in seinem Gedankenmuster setzt, kannst du seiner Fußspur folgen und denselben Punkt erreichen.

Der dritte Aspekt ist die Körpersprache. Die Physiologie ist zusammengesetzt aus Atmung, Körperhaltung, Gesichtsausdruck, allgemeiner Muskelspannung und Bewegung. Deine Körpersprache bestimmt die Stimmung, in der du dich gerade befindest. Durch die Veränderung deiner Körpersprache wird sich deine Stimmung ändern und somit auch dein Verhalten. Denk nicht, daß du es nicht kannst. Es gibt kein ›Nicht‹ beim NLP. Du kannst diese drei Aspekte an hervorragenden, aber auch gescheiterten Vorbildern entdecken und analysieren. Jetzt hast du die Wahl, das gute Benehmen zu modellieren.

Du hast bereits alles in dir

Modellieren ist nicht schwierig. Du bist schon seit deinen frühesten Kinderjahren damit beschäftigt. Deshalb sprichst du Deutsch, kannst gehen, und sogar Radfahren hast du modelliert. Deshalb folgst du der Mode, rauchst, treibst einen bestimmten Sport und kaufst ein bestimmtes Automodell. Du hast deine direkte Umgebung modelliert, und bewußt oder unbewußt bist du noch immer damit beschäftigt. Wenn du ab heute nach Männern und Frauen, die für dich den Erfolg repräsentieren, auf die Suche gehst, erreichst du damit ohne Zweifel ihren herausragenden Status. Das steht auch dir bevor. Dazu sind Konzentration und der Wille, es zu können, erforderlich. Die Motivation entwickelst du durch das Weiterlesen. Du bist bereits auf dem Weg zu der Entdeckung, daß du alles, um erfolgreich und glücklich zu werden, schon in dir hast. Du bist dir dessen vielleicht noch nicht so sehr bewußt: Aber du wirst dir selbst deine eigene Potenz und Kraft offenbaren.

Zieh daraus deinen Vorteil. Profitier davon. Deine Chance liegt jetzt vor dir, um von dir ergriffen zu werden.

WAS BIN ICH?

Auf dein Selbstbild kommt es an

Was hast du gemeinsam mit einem Eskimo? Gibt es einen Zusammenhang zwischen dir und dem Präsidenten der Vereinigten Staaten? Gibt es Gemeinsamkeiten zwischen dir und einem Japaner? Gibt es Gemeinsamkeiten mit deinem Nachbarn?

Du bist ein Mensch der absoluten Superlative

Die gibt es tatsächlich. Menschen sind gleich, was ihre physische Beschaffenheit angeht. Wir haben nicht nur alle zwei Augen, eine Leber und zehn Zehen. Wir haben ein Herz, das 26.280.000mal im Jahr klopft und in dieser Zeit 210.240.000 Liter Blut durch den Körper pumpt. Wir haben 100.000 Kilometer an Adern und Haargefäßen. Unsere Blutzirkulation besteht aus 22.000.000.000.000 Blutzellen. Eine Blutzelle hat 1.000.000 Moleküle, in denen sich die Atome 10.000.000mal pro Sekunde bewegen.

Im Atom bewegen sich die Protonen, Neutronen und Elektronen. Der Zwischenraum zwischen dem Atomkern und dem nächsten Elektron ist hundertmal so groß wie ein Elementarteilchen. In jeder Sekunde sterben 2.000.000 Blutzellen und werden zugleich durch 2.000.000 neue Blutzellen ersetzt.

Unser Gehirn hat 23.000.000.000.000 Nervenzellen. Jede hat die Möglichkeit, sich mit 23.000.000 anderen Nerven zu verbinden. Das heißt, wir können mehr Verbindungen im Kopf herstellen, als es Atome im All gibt. Unsere Denkkapazität ist unendlich groß.

Pro Jahr nimmst du 1248 kg Nahrung zu dir, während du nur 500 Gramm zunimmst. Unser Körper hat weit mehr als 4.000.000 Schmerzpunkte, über 500.000 Tastpunkte und 200.000 Temperaturpunkte. Die Energie in unserem

Körper ist während eines Lebens imstande, zwanzigmal eine Stadt mit 10.000.000 Einwohnern zu bauen und mit Energie zu versorgen.

Sei dir deines phantastischen Körpers bewußt

Unvorstellbare Zahlen! Das bist du. Alles steckt in dir, und deshalb bist du wunderbar. Du bist ein phantastischer Teil der Schöpfung und die Krönung der Evolution. Du bestehst aus rund 200 kompliziert gebildeten Knochen, aus 500 in unglaublicher Weise zusammenarbeitenden Muskeln.

Dein Auge besteht zu 98 Prozent aus Wasser und ist trotzdem zusammengesetzt aus 130.000.000 Lichtempfängern. Wenn es möglich wäre, eine Kopie des menschlichen Auges zu machen, würden die gesamten Produktionskosten 150.000.000.000 DM betragen. Du bist einmalig, herrlich! Sei dir deines Körpers, deiner Schönheit und deiner menschlichen Kraft bewußt.

Wir sind alle gleich geschaffen

Diese Fakten treffen auf alle Menschen zu. Daß wir alle gleich sind, ist dennoch schwer zu glauben. Schließlich sehen wir so viele Unterschiede bei den Menschen um uns herum, so viele Beispiele von gut und böse, von dumm und klug, daß solch eine Aussage schwer zu akzeptieren ist. Betrachte es so: Wir sind alle gleich geschaffen: mit Ohren, Zehen, Gedärmen, Herz, Lungen und der gleichen Menge an Gehirnzellen. Wir sind in physischer Hinsicht alle gleich und haben aus dieser Sicht – auch was die Hirnfunktionen betrifft – dieselben Möglichkeiten. Niemand ist dumm. Jeder Mensch hat 23 Trillionen Gehirnzellen, und nur die Weise, wie man damit umgeht, bestimmt, ob man etwas erreichen wird. Es gibt für jedes Problem eine Lösung – wenn man das Gehirn nicht nur mit sich herumschleppt, sondern es auch benutzt.

Wenn du ehrlich glaubst, daß du einem anderen ebenbürtig bist, denkst du: »Was er kann, das kann ich auch.« Das verschafft dir automatisch viele Möglichkeiten. Wie oft

Eine Bitte: Stelle dein Licht nicht unter den Scheffel

lassen wir uns von falschen Gedanken entmutigen. »Er ist viel intelligenter als ich« oder: »Das ist keine Kunst, seine Eltern haben viel Geld« oder: »Logisch, denn sie ist viel hübscher« oder: »Er hat mehr Beziehungen« oder: »Er kann sich so klar ausdrücken« oder: »Er ist so klug.«

Diese Auffassungen entwickeln kein positives Verhalten. Es ist sehr gut möglich, daß ein anderer hübscher, reicher, klüger und sozialer ist. Trotzdem kannst du auch, was er kann, denn alle Menschen sind grundsätzlich gleich. Viele Leute weigern sich jedoch, das zu glauben. Nur die unterschiedliche Art und Weise, mit den verfügbaren Möglichkeiten umzugehen, unterscheidet sich von Mensch zu Mensch. Dadurch aber wird das Maß an Erfolg bestimmt.

Was für ein Mensch bin ich?

Du bist, was du von dir denkst

Die Antwort auf diese Frage ist geheimnisvoll und verborgen zugleich: Du bist, was du von dir denkst. Wenn du dir sagst: »Ich bin ein Gewinner«, dann bist du ein Gewinner. Denkst du: »Ich bin ein Verlierer«, wirst du eben das sein. Das Handeln folgt dem Denken. Du bist schön, wenn du denkst, daß du schön bist, und häßlich, wenn dieses Urteil über dich deine eigene Anschauung ist. Wahre Schönheit kommt von innen.

Als Kind sagtest du schon, wenn auf dich geschimpft wurde: »Was du sagst, bist du selber!« Wußtest du eigentlich, daß du damit etwas sehr Vernünftiges sagtest? Was du sagst, wie du dich selbst siehst und fühlst, bist du selbst. Das bestimmt dein Maß an Aktion oder Hilflosigkeit. Erzähl dir nur die ganze Zeit, daß du zu dumm bist, diesem Kurs zu folgen. Was ist die Folge? Du wirst – auch wenn du ihm folgst – dann nicht soviel erreichen. Dein Gehirn ist so programmiert, daß der Effekt, den du selbst vorhergesagt hast, auch eintritt. Wenn du das Gegenteil mit Überzeugung zu dir sagtest, würdest du in kurzer Zeit dein Diplom erwerben. So einfach und direkt wirkt die Botschaft, die du deinem neurologischen System, das ist ein komplexer Name für dein Gehirn, gibst.

Erfolgreiche Menschen haben ein starkes Selbstbild. Sie projizieren es in ihren Geist und handeln entsprechend selbstbewußt.

Mit einem starken Selbstbild lebt es sich besser

Auch du kannst solch ein Bild in deinen Geist projizieren. Es ist deinem Gehirn völlig gleich, mit welchen Selbstbildern du es bedenkst. Das einzige, worauf es wartet, ist der Reiz, den du ihm gibst. Wenn du unzufrieden bist mit dir, macht dein Gehirn dementsprechend seine Arbeit und gibt die negative Botschaft an deine Ausstrahlung durch: Du erscheinst matt, geduckt, ängstlich und unsicher. Findest du dich selbst dagegen schön, reagiert dein Gehirn auch auf diesen Impuls. Es wird daraufhin dein ganzes Wesen durchstrahlen; du wirst überzeugend und selbstbewußt wirken.

Die Wahl triffst du selbst. Was teilst du dir selbst mit? Was es auch sein mag, dein Gehirn wird damit arbeiten. Gib ihm deshalb positive, aufgeweckte und aufregende Impulse. So entsteht ein positives Selbstbild, und das bestimmt, was du bist.

Die Ausprägung des Charakters ist von Mensch zu Mensch verschieden.

Die NLP-Merkmale:

Mit Hilfe von NLP lassen sich verschiedene Typen von Menschen unterscheiden. Überleg einmal, welche der folgenden Merkmale auf dich zutreffen. Es gibt zum Beispiel *visuelle, auditive* und *kinästhetische* Menschen. Diese Begriffe werden später (ab Seite 184) ausführlich erläutert.

›In-Zeit‹ oder ›Durch-Zeit‹ …

Es gibt ›*In-Zeit*‹- und ›*Durch-Zeit*‹-Menschen. Ein In-Zeit-Mensch lebt hier und jetzt im Augenblick. Der Moment ist wichtig. Er denkt nicht an gestern oder morgen, sondern an heute. Eines seiner Kennzeichen ist, daß er immer pünktlich zu Verabredungen erscheint.

Ein Durch-Zeit-Mensch denkt nicht an heute, sondern an gestern und morgen. Er regt sich über alles auf, was gestern schiefging, und macht sich schon Sorgen darüber, was ihm morgen bevorsteht. Erzähl ihm etwas und frag einen Moment später: »Was habe ich eben gesagt?« Er wird es nicht mehr genau wiederholen können. Zeit ist für ihn nicht wichtig; er vergeudet sie und kommt oft unpünktlich.

… aktiv oder passiv …

Menschen können auch in *aktiv* und *passiv* unterschieden werden. Der aktive Typ hört nie auf, arbeitet immerfort, kreiert mit einer unzähmbaren Schöpfungskraft. Er motiviert sich selbst und andere.

Der passive Typ dagegen regt sich nie auf. »Wir werden schon sehen«, sagt er – man muß ihn buchstäblich vorwärts peitschen.

Der aktive Typ und der passive Typ passen nicht zusammen – es sei denn, sie machen Rapport, um gemeinsam an einer Sache zu arbeiten.

... der interne oder externe Bezugsrahmen ...

Manche Leute haben einen eher *internen*, andere einen eher *externen Bezugsrahmen*. Jemand mit einem starken internen Bezugsrahmen, der alles an sich selbst überprüfen und anhand seiner eigenen Werte und Einsichten abschätzen kann, wird einen anderen nicht so schnell fragen: »Was hältst du davon?« Er wird sich selbst die Frage stellen, ob es gut oder schlecht ist, ob es ihm hilft und das Erreichen seines Zieles befördert. Er gibt sich selbst die Antwort und kommt auch ohne Komplimente aus, denn er weiß um seine Stärken.

Hat man einen externen Bezugsrahmen, ist die Abhängigkeit von der Meinung eines anderen entsprechend groß. »Nicht gut«, sagt der Partner – und das Ganze wird verändert. »Prima«, sagt der Arbeitskollege, und schließlich wird noch der Nachbar gefragt. Diese Leute brauchen ein Kompliment. Deswegen frage ich immer die Menschen, bevor sie über die glühenden Kohlen laufen: »Willst du im stillen laufen, oder sollen wir dir zujubeln?«

... kopflastig oder bauchlastig ...

Es gibt Leute, die aus ihrem *Verstand* heraus operieren, während andere aus ihrem *Gefühl* heraus handeln. Das kannst du leicht bei dir selbst feststellen. Wenn du für alles einen guten Grund brauchst, wenn alles stimmen, der Beweis direkt geliefert werden muß, und du ohne Beweis nichts annimmst, bist du ganz klar ein Verstandesmensch. Spürst du deutlich, was du möchtest, und setzt du dich sogar über rationale Bedenken hinweg, um aus deinem Gemüt heraus zu entscheiden, dann verläßt du dich eher auf deine Intuition. In diesem Fall bist du eher ein Gefühlsmensch.

... matchen oder mismatchen ...

Bist du ein *Matcher* oder ein *Mismatcher*? Ein Matcher sieht alles groß und denkt groß. Er nimmt nur seine Möglichkeiten wahr. Probleme sind für ihn Herausforderungen, und er geht sofort auf sie zu.

Wenn ich einen Matcher bitten würde, morgen um halb fünf mit mir in einer alten Ente nach Südfrankreich zu schaukeln, würde er direkt »Ja« sagen. In den buntesten Farben stellte er sich eine Terrasse am Mittelmeer vor, riefe begeistert einen Bekannten an, verabredete sich dort mit ihm und freute sich darauf, gleichzeitig zu arbeiten und Spaß zu haben.

Ein Mismatcher befiele sofort eine leichte Panik, denn er fragte sich, was er dort eigentlich tun solle, ob es nicht zu teuer sei und überhaupt: ein so klappriger Wagen, hält der wohl durch ... und so weiter. Er sähe nur Schwierigkeiten, Probleme, Fußangeln, Klemmen und Fallstricke.

Die Zusammenarbeit von einem Matcher und einem Mismatcher ist übrigens häufig besonders fruchtbar – sie ergänzen einander in vorteilhafter Weise. Wenn sie jedoch nicht wissen, daß sie einander brauchen, haben sie dauernd Streit.

... Aktion oder Ergebnis

Und noch eine Typisierung, in der du dich selbst finden kannst. Bist du auf *Aktion* oder auf ein *Ergebnis* hin ausgerichtet? Wenn es dir um die Aktion geht, ist es dir nur wichtig, daß du betriebsam und beschäftigt bist. Dann bist du glücklich. Der resultatgerichtete Mensch benutzt die Aktion nach einer vorgezeichneten Linie, um ein festes Ziel zu erreichen. Glück stellt sich dann ein, wenn das Ziel mit Glanz und Gloria erreicht ist.

Auf die Vollständigkeit kommt es an.

Alle gerade beschriebenen Eigenschaften sind auch Teil deiner Persönlichkeit. Du bist niemals vollkommen der eine oder vollkommen der andere. Du bist im Prinzip alles, es kann nur sein, daß sich eine Eigenart deutlicher präsentiert als die andere. Du entwickelst stärker die Eigenschaft, mit der du dich gut fühlst. Das kannst du mit der Benutzung deiner rechten und linken Hand vergleichen. Der Rechtshänder benutzt die rechte Hand für alles mögliche. Die linke Hand ist ihm offenbar fremd. Wenn er links schreiben, rauchen, Kaffee trinken, sich selbst befriedigen würde, empfände er das so, als lenke ein anderer seine Hand.

Aktiviere deine vernachlässigten Eigenschaften

Du kannst dich nach dieser Erkenntnis dafür entscheiden, alle diese Eigenschaften zu nutzen. Wenn du ein *Mismatcher* bist, kannst du bewußt zu *matchen* anfangen, wenn du eher passiv bist, kannst du deine aktiven Teile aktivieren und umgekehrt.

Neulich hielt ich ein Seminar für hundertfünfzig Studenten. Nach der Hälfte der Zeit bat ich sie, kurz zu tanzen. Sie weigerten sich en bloc. Sie waren in einer Audiostimmung, mismatchten kollektiv, waren passiv und richteten sich völlig nach ihrem Verstand. Ihre Aktionsbereitschaft reichte nicht weiter als bis zum Murren. Ich stellte ihnen in Aussicht, daß sie sich auf diese Weise garantiert ihre Füße beim Feuerlauf verbrennen würden. Das half. Sie wurden immer mehr In-Zeit und hörten mit ihrem Gefühl auf mich; außerdem sahen sie die Möglichkeiten, die diese Metapher in sich barg, auch wenn sie eine Weile Schwierigkeiten damit hatten.

Die Universität fördert die ›Tunnel-Sicht‹

Dasselbe war mir an einer anderen Universität aufgefallen. Ich finde es traurig, daß Männer und Frauen um die Zwanzig schon so festgefahren sind, daß ihnen der Zugang zu ihren nicht alltäglichen Anteilen teilweise versperrt zu sein scheint. Immer mehr bin ich dazu geneigt, Kinder nach einer weiterführenden Schule nicht zur Fachhochschule oder Universität zu schicken. Es sieht so aus, als ob sie dort eine Art ›Tunnel-Sicht‹ entwickeln. Dadurch sind sie dermaßen eigensinnig, daß sie den Rest ihres Lebens nicht mehr davon befreit werden können. Das verursacht auf die Dauer Frustration, Streß und dadurch Krankheit. Diese Aussichten hat die Blüte der Nation meiner Meinung nach nicht verdient. Sei jung, tobe und sei ausgelassen. Denkst du nur an früher, bist du alt; hast du noch Ziele, bist du jung.

Das Ziel: Der vollständige Mensch

Du bist also wie du denkst, daß du bist. Du verfügst selbst über die Fähigkeit zu entscheiden, was du denken möchtest. Du kannst wählen, du kannst dich für Aktion, Matchen und Resultat entscheiden – auch wenn dein Inneres sagt: »Das bist du nicht!« Höre nicht auf diese Stimme. Du hast alle Persönlichkeiten ganz sicher in dir und kannst sie nutzen – so wirst du ein besserer und vollständigerer Mensch sein, für dich selbst und für deine Umgebung.

Herkunft und Zukunft.

Wo kommst du her? Man sagt, daß man Herkunft und Milieu nicht leugnen kann. Du kommst aus einer bestimmten Nachbarschaft, du bist zu einer bestimmten Schule gegangen, und du hast Eltern mit bestimmten Auffassungen. Betrachtest du deine Vergangenheit mit positiven Gefühlen? Oder hast du immer bestimmte negative Gefühle deinen Eltern, deinem Expartner, deiner Vergangenheit gegenüber?

Du hattest die beste Kindheit, die man sich nur wünschen kann

Laß mich dir erzählen, daß du die phantastischsten Eltern hattest, die du dir nur vorstellen kannst. Die Nachbarschaft, in der du aufgewachsen bist, war die angenehmste, die du dir wünschen konntest. Deine Schule war die beste und die anregendste. Es ist egal, ob du darüber anders denkst. Nimm doch von mir einfach an, daß es so ist. Auch das ist eine Überzeugung, die dir dient. Deine Eltern schlugen einander vielleicht die ganze Woche den Schädel ein und waren fünf Minuten pro Jahr sehr lieb zueinander. Konzentriere dich dann nur auf diese fünf Minuten. Erle-

be diese Wärme und Liebe noch einmal. Nur diese fünf Minuten sind wichtig. Der Rest ist nichts.

An der Vergangenheit kannst du nichts mehr ändern. Dein Hintergrund und deine Herkunft liegen hinter dir. Das einzige, was du daran noch ändern kannst, ist die Erinnerung an früher. Wenn du unangenehme Gefühle und Geschehnisse in dein Blickfeld rückst, kommst du in eine negative Stimmung. Warum solltest du das tun, wenn du sowieso nichts mehr daran ändern kannst! Denke, daß deine Heimat der herrlichste Ort auf dieser Welt ist, ein Ort, den du jedem nur ans Herz legen kannst. Ich sehe das Zimmer von 15 Quadratmetern, in dem ich aufwuchs, als wäre es ein Ballsaal. Es ist genauso gemütlich wie das Wohnzimmer von 85 Quadratmetern, das ich jetzt habe.

Das einzige, was du an der Vergangenheit ändern kannst, ist die Erinnerung an sie

Natürlich könnte ich meine Vergangenheit auch aus einer rabenschwarzen Perspektive betrachten. Nur gibt mir das ein schlechtes Gefühl, also warum sollte ich das tun? Ich weiß, daß der Ort, wo ich herkomme, gut war, weil ich das so denken möchte. Dies beeinflußt meine Stimmung und mein Verhalten auf eine positive Weise.

Du bestimmst den Kurs in deinem Leben

Wo du hingehen möchtest, bestimmst nur du. Du kannst festlegen, wo du herkommst, und auch, wo du hingehst. Das gibt dir einen Halt. Du wählst deine eigene Vergangenheit und zugleich deine Zukunft. Niemand braucht vom Schicksal abhängig zu sein. Auch wenn dir etwas Schlimmes passiert, kannst du im nachhinein feststellen, daß du dich selbst dafür entschieden hast, in eine solche Situation zu geraten. Man muß, was dies betrifft, sich selbst gegenüber ehrlich sein. Man muß manchmal den Kurs ändern, in eine andere Richtung gehen – aber was immer auch geschieht: Du hast dein Ziel bestimmt und gehst darauf zu. Du entscheidest die ganze Zeit, etwas zu tun oder nicht zu tun. Jede Entscheidung ist gut, denn sie bringt dich weiter. Du bist es, der ganz allein den Kurs bestimmt.

Mach dir klar, wie vielseitig du bist und über welch großes Potential du verfügst. Jeder verfügt darüber, aber längst nicht jeder benutzt es angemessen und intensiv. Die Macht deiner Persönlichkeit reicht viel weiter, als du dir bisher vorstellen konntest.

Spaß und Schmerz – die Grundvokabeln der Motivation.

Weshalb spielt das Geldverdienen für manche Menschen eine so zentrale Rolle? Zum einen möchten sie vielleicht ihr Leben genießen und Spaß haben – das kostet eben Geld. Zum anderen wollen sie aber vielleicht auch nur die Armut ihrer Kindheit vergessen, also die Schmerzen der Vergangenheit vermeiden. Das sind die zwei Grundmotivationen. Wir bevorzugen natürlich den Weg der Freude. Auf ihm wird man alles gelöster und glücklicher betrachten. Zwei

Kreise wirken in deinem Geist. Der eine ist darauf gerichtet, Schmerzen zu vermeiden: weg von der negativen Emotion, der Sorge, dem Kummer und den Problemen. Das bedeutet, daß man Schmerzen ausweicht und versucht, den Magneten, der dich zum Elend hinzieht, auszuschalten; entschieden und verbissen kämpfst du gegen diesen Sog an, denn wer möchte schon im Elend hocken?

Du wirst lernen, daß es möglich ist, sich in den anderen Kreis einzuschalten, wobei deine depressive Stimmung in ein Gefühl der Aufregung, des Glücks und der kindlichen Freude verwandelt wird. Dies ist der Kreis, der zum Spaß, zur Freude führt. Diese Veränderung ist ein Umschalten auf eine andere *interne Repräsentation.* Du gibst dich selbst einfach einer anderen internen Vorstellung hin. Du bist der Architekt deiner eigenen Gedanken. Sende diese in Richtung eigenes Glück.

Flexible Begriffe: Glück und Schmerz.

Ob du Schmerzen hast oder nicht bestimmst du selbst

Wenn du in einem Armenviertel aufgewachsen bist, geschielt hast, gequält wurdest, dein Vater arbeitslos wurde und deine Eltern sich trennten, dann hast du das alles sicher unter großen Schmerzen ertragen. Diese Lebensumstände könnten dich aber auch dazu inspiriert haben, Freude oder Glück stärker zu empfinden als andere. Ob du Schmerzen hast oder nicht bestimmst im wesentlichen du selbst – oftmals ohne dir dessen bewußt zu sein.

Früher sah ich gerne amerikanische Filme, in denen die Stars in großen glänzenden Straßenkreuzern kutschierten. Ich dachte damals: »Das möchte ich auch.« Wenn du jetzt einen Blick in meine Garage wirfst, siehst du darin jene Luxuskarossen. Ich habe mich ganz bewußt für den Weg zu meinem Glück entschieden. Ein Schulfreund von mir besitzt auch eine Vorliebe für amerikanische Autos. Er hat sie, weil seine Eltern kein Auto besaßen. Sie konnten nirgendwohin. Das sollte ihm nicht widerfahren. Mein Schulfreund erreichte dasselbe Ziel wie ich, aber aus einer anderen Motivation heraus: Er wollte sich vom Schmerz der Erinnerung befreien.

Wie du Schmerz oder Glück empfindest, liegt in deiner Hand

Drohender Schmerz oder erhofftes Glück können uns also gleichermaßen motivieren. Du bestimmst selbst, was für dich Schmerz und was Glück ist. Von jetzt an wählst du das bewußt. Wenn du den Schmerz als eine Lehre des Lebens auffaßt, interpretierst du ihn als ein positives Erlebnis, das du brauchst, um stärker zu werden. Auch wirst du so schneller mit dem Schmerz fertig. Wenn du Glück hast und das als Zufall betrachtest, interpretierst du Glück als ein Erlebnis, für das niemand verantwortlich ist – schade.

Es ist deine Entscheidung, wie du Schmerz oder Glück empfindest. Du klebst ein eigenes Etikett darauf. Dieses Etikett ist dein Wegweiser. Es zeigt, auf welche Seite du dich stellst.

Schmerz will neu bewertet werden.

Ohne Schmerzen geht es nicht, aber …

Es liegt ganz deutlich auf der Hand: Schmerz ist eine intensivere Erfahrung als Glück und Freude. Er geht tiefer und verwundet deine Seele. Schmerz tut weh, und du hast Angst davor. Der körperliche Schmerz ist die eine Seite. Die grausamere Seite ist meist die psychische Gewalt: sei es Liebeskummer, Einsamkeit oder anderer psychischer Terror. Schmerz erfährt jeder. Er ist Bestandteil des Lebens, das ist nicht abzustreiten.

Reine Genußmenschen, die sogenannten Hedonisten, versuchen leidenschaftlich, jede Art von Schmerz aus ihrem Leben zu verbannen. Das aber kann nicht der Weisheit letzter Schluß sein: nur des Glücks wegen zu leben. Meist führt dies zu einer ›leeren Existenz‹, substanzlos und hohl zugleich. Es ist besser, Schmerz zu akzeptieren, ihn aber zugleich neu zu bewerten. Dadurch wird er eine positive Erfahrung für dich, ein Pflasterstein für deinen Weg zur Freude.

Der Geschäftsmann, der seine schlechten Erfahrungen als schmerzvolle deutet, wird das Geschäftsleben als einen Krieg empfinden. Für ihn gibt es nur Gewinner und Verlierer. Deswegen frißt eine solche Einstellung Energie. Wer seine Erfahrungen mit ›Glück‹ etikettiert, betrachtet das Geschäftsleben eher als einen bunten Wettbewerb, als Spiel, mit dem man immer wieder neu anfangen kann. Da kommt doch richtig Freude auf.

Ein persönliches Gleichgewicht ist der Schlüssel zum Erfolg.

In deinem Gehirn sitzt, um es einfach zu sagen, die Vernunft links und die Emotion rechts. Du hast die Wahl, eine Weile linkslastig oder rechtslastig durchs Leben zu gehen, je nachdem, wie es dir in den Kram paßt. Danach jedoch findest du sofort wieder den richtigen Kurs, weil du das Gleichgewicht halten kannst. Du bist innerlich ausgewogen; du selbst und andere werden das schätzen.

Dein Gleichgewicht lebt von den Polen ›Gefühl‹ und ›Vernunft‹

Dein Gleichgewicht hat nur dann eine Chance, wenn du sowohl emotional als auch rational reagieren kannst. Gleichgewicht bedeutet nicht, beide Seiten zu unterdrükken. Vielmehr lebt es von den beiden Polen, Gefühl und Vernunft, und von deren ausgewogenem Verhältnis zueinander.

Eine Warnung: Menschen, die stolz darauf sind, im Gleichgewicht zu sein, sind es in den meisten Fällen überhaupt nicht. Ihnen fehlt wahrscheinlich generell die Fähigkeit, emotional zu agieren. Sie sind deshalb leer, zu nichts imstande und sitzen fest. Gerade Menschen, die sich alt fühlen, leiden daran. Sie denken, daß sie alles wissen. Wenn nur der Rest der Welt auf ihre Ratschläge hörte. Dann würde alles besser werden! Sie sind sich ihres Starrsinns oft nicht bewußt. Aber sie riskieren aus mangelnder Flexibilität nicht mehr Kopf und Kragen. Deshalb ist ihr sogenanntes Gleichgewicht nicht von Bedeutung.

Man muß schon den Mut aufbringen, aus dem Gleichgewicht zu geraten, um ein neues Gleichgewicht auf einer anderen Stufe zu erreichen.

WOHIN STREBST DU?

Deine Träume – deine Ziele

Gretel und Hänsel sitzen auf der Bank und schauen sich ›Gute Zeiten, schlechte Zeiten‹ und die ›Traumhochzeit‹ an. Der Blumenkohl, das Würstchen und die Kartoffeln haben geschmeckt. Gleich noch ein Pils, und das Leben ist wunderbar, traumhaft. Hin und wieder fahren sie mit dem Wohnwagen auf den Campingplatz. Er ruft manchmal auf der Arbeit heimlich eine Sexnummer an. Sie geht am Samstag allein zum Markt und macht die Einkäufe, während er vor der Haustür seinen Opel wäscht. Zum Wochenendritual gehört das Ausschlafen, das ausgiebige Studium der Wochenendzeitung, das Rasenmähen und – natürlich – der unvermeidliche Streit darum, was noch zu tun und wer noch zu besuchen ist. Einmal im Monat gibt es den ›verbotenen‹ Videoabend, so daß beide angeregt werden und es noch einmal probieren können. Auf Geburtstagsfesten spricht er mit den Männern über die neuesten Automodelle und die heutige Arbeitslosigkeit, die er unter Beifall auf die billigen Arbeitskräfte aus dem Osten zurückführt … Sie tratscht derweil mit ihren Freundinnen über Krankheiten und den Sommerurlaub, erzählt, daß Linda de Mol letztlich doch schwanger geworden ist, Heino neue Gläser und Diana zehn Millionen für die Trennung bekommen hat.
Ein Zustand, mit dem sich gut leben läßt!?

Kennst du Hänsel?

Arbeitest du vielleicht mit Gretel zusammen?

Frag Hänsel doch mal, was er sich wünscht, und er wird dich mit zusammengezogenen Augenbrauen anschauen. »Na ja, vielleicht ein anderes Auto? Neue Kleider? Die neue elektrische Gartenheckenschere? Ich weiß es wirklich nicht.« Ob er mal über die Möglichkeit nachgedacht hat, gemeinsam und in Harmonie glücklich und gesund alt zu werden? »Nein, so weit denk' ich nicht. Was soll ich auch dafür tun?«

Weißt du, was du dir wünschst?

Frag dann Gretel und du wirst ähnliches zu hören bekommen. Es gibt keinen Traum, kein heiliges Feuer, keine Leidenschaft und Ambitionen. Sie sind zufrieden – ausgezeichnet, hervorragend! Gretel und Hänsel sind auf ihre Weise glücklich.

Jetzt frag dich selbst. Weißt du, was du willst? Manche werden sofort eine Antwort geben. Andere müssen eine

Weile suchen, weil sie vielleicht ihren Traum in einer verstaubten Ecke ihres Gehirns versteckt haben. Schließlich gibt es die Redensart, daß Träume Schäume seien. Vielleicht wirst du auch sagen: »Ich weiß eigentlich nicht, was ich mir wünsche. Aber so weiterwursteln wie jetzt – das möchte ich auch nicht.«

Jeder Mensch hat Träume. Du hast dir selbst früher einen bestimmten Platz und eine bestimmte Situation vorgestellt – vielleicht sahst du dich, mit aller Macht ausgestattet, in der Politik, als erfolgreichen Bankier, allein auf deiner eigenen, unbewohnten Insel, als wilden Künstler im Atelier oder was auch immer.

Du darfst dich ruhig fragen: »Wo ist mein Traum geblieben?« Ich weiß, was damit geschehen ist: Jemand hat dir einmal gesagt: »Stell dich nicht so an! Träume sind etwas für Kinder. Jetzt bist du groß (6), und du sollst wissen, daß Träume nur Betrug sind.« Dann hast du auch noch angefangen, dir selbst zu sagen, du seist zu faul, zu müde, zu dumm zum Lernen oder zu häßlich. Du fandest dich zu dick und warst ständig pleite. Das Bild, das du immer sahst und in dem du deine phantastische, von dir erwählte gesellschaftliche Rolle glänzend spieltest, ist durch die störenden Ansichten von anderen und von dir selbst verschwunden.

Dennoch steckt in dir der Modegestalter, der das Niveau eines Karl Lagerfeld hätte erreichen können. Du hättest Minister des Auswärtigen Amts werden können, wenn du diese Berufung gefühlt hättest und du in der Politik kraftvoll in Erscheinung getreten wärst. Besser Schlittschuh zu laufen als Katharina Witt gehörte zu deinen Möglichkeiten – wenn du ein Spitzensportler hättest werden wollen und bereit gewesen wärst, ein hartes Training und das Sichabrackern als Preis zu zahlen. Wer davon träumt, ein Popstar zu werden, muß nicht unbedingt in die Fußstapfen von Paul McCartney treten, er kann sich z.B. auch beim Reden vor großen Gruppen sehr wohl fühlen. Pfarrer oder Gewerkschaftsmann? – Das ist die Frage, wie der Traum verwirklicht wird.

Jeder hat das Recht, seinen Traum in die Tat umzusetzen

Es ist dein Geburtsrecht, deinen Traum zu verwirklichen. Denk an deine Kindheit, als du noch genau wußtest, was du wolltest. Damit meine ich nicht die Feuerwehr- und Düsenjägerambitionen von nahezu allen Jungen oder die

Stewardeß- und Pflegerinnenwünsche vieler Mädchen. Du stelltest dir einmal einen bestimmten Arbeitsbereich und eine bestimmte Position in der Gesellschaft vor. Was waren das für Träume? Und wo sind sie geblieben?

Wenn du weißt, was du willst, setzt du deinem Leben ein Ziel

Wissen, was du willst, bedeutet, deinem Leben ein Ziel zu setzen. Dieses Ziel kann sehr unterschiedlich sein. Siehst du einen Geldschrank mit Geldscheinen? Einen kleinen Bauernhof mit Tieren, einen Gemüsegarten? Eine schöne Frau mit langen Beinen? Einen Prinz auf einem weißen Pferd? Einen Porsche? Eine Begegnung mit Brigitte Nielsen?

Mal es dir nur aus. Die Liste mit Traumvarianten ist endlos. Jeder bestimmt das für sich. Dieser Traum kann imposant sein (»Ich möchte in einem Schloß wohnen«) oder eher bescheiden (»Ich will den Aufschlag«), das ist egal. Wichtig ist nur eines: Alles, was du willst, kannst du verwirklichen.

Wirf die sogenannte Zufriedenheit über Bord und stelle fest, was du willst. Bis ans Ende deiner Tage mit RTL-Television, Bier und Cocktailnüssen weiterzuwurschteln ist nicht das Leben, das du haben möchtest. Denn es ist kein Zufall, daß du dieses Buch liest.

Wenn du dein Gehirn mit alten Zeitungen zugeklebt hast, reiß sie ab, laß einen frischen Wind durch deinen Kopf wehen und nimm den Plan an, den du schon immer ausführen wolltest. Tu es jetzt und denke nur an die Möglichkeiten – du hast schon zuviel Zeit damit verspielt, dir die Unmöglichkeiten vor Augen zu führen.

Die Träume reisen durch den Kosmos.

Unser Körper, unser Gehirn und unsere Stimmungen sind auf die eine oder andere Weise an die Batterie des Weltalls, an den Computer des Kosmos angeschlossen. Es gibt ein höheres Existenzniveau, aus dem unser Geist schöpfen kann. Durch die Beschränkungen, die der Verstand uns auferlegt, haben wir normalerweise keinen Zugang zu dieser Urquelle. Wissenschaftler nennen sie ›das kollektive Unbewußte‹. Mit dessen Hilfe kann es geschehen, daß an verschiedenen Orten in der Welt dieselbe kreative Idee geboren wird. Das Auto z.B. wurde gleichzeitig in Deutschland, England und Amerika erfunden, die Entdeckung des AIDS-Virus gaben französische und kanadische Wissenschaftler am gleichen Tag bekannt, und das Pasteurisieren wurde nicht nur von Herrn Pasteur in Frankreich entwikkelt, sondern zeitgleich auch in Deutschland und Amerika.

Die kosmische Urquelle: das kollektive Unbewußte

Wir können diese Quelle nach Herzenslust anzapfen, aber nur dann, wenn unser Geist sich dafür öffnet. Das hängt von der Verfassung des Körpers, des Gehirns und deinen Stimmungen ab. Das Maß an Harmonie in und mit dir selbst bestimmt, inwieweit aus dieser Kraftquelle geschöpft werden kann. Bist du in einer vermögenden Stimmung, wirst du einen engeren Anschluß ans kollektive Unbewußte finden. Das Wort besagt es schon. Jedermann hebt seine Daten, Sehnsüchte und Träume darin auf, und du, ich, wir alle können diese Inhalte anzapfen. Dieses kollektive Unbewußte wird mit deinen Eingaben arbeiten. Deshalb gibt es keinen Zufall. Wenn du der richtigen Person begegnest und im richtigen Moment an der richtigen Stelle bist, ist das dem kollektiven Unbewußten zu verdanken. Denn dieses ermöglicht eure Zusammenkunft und läßt eure Wege zusammentreffen. Vorausgesetzt, daß deine Wünsche von Leidenschaftlichkeit unterstützt werden.

Wenn der Geist ein spezifisches Ziel hat, steuert er es an, bis das Ziel erreicht wird. Deutlich umschriebene Ziele und Träume werden von deinem Geist in das kollektive Unbewußte lanciert und gehen auf Reisen durch den Kosmos. Wenn dein Ziel nicht definiert ist, bröckelt es ab und pulverisiert. Für das Erreichen eines Zieles ist es erforderlich,

Dein Gehirn muß die Botschaft, die durch den Kosmos auf Reisen gehen soll, klar formulieren

daß dein Gehirn die Botschaft klar formuliert. Du mußt ein Bild davon haben, mit dem du sozusagen die Zukunft in die Gegenwart holst. Damit baust du jetzt schon deine eigene Zukunft auf, denn dein Gehirn setzt alle Signale auf die Spur deines Zukunftsbildes.

Deine Gedanken, die du auf Reisen schickst, sind unwahrnehmbare Energie; wandle sie durch deine Taten in wahrnehmbare Energie um.

Der Brennstoff für deinen Weg zu den Sternen: Leidenschaft und Verlangen

Wissen, was du willst, ist das Gegenteil von Verwirrung und Zweifel. Ordne dein Wunschpaket für dieses Leben. Viele Träume schweben im Geist. »Es wäre schön, wenn ...«; »Ich hoffe, daß ...«; »Ist es denn möglich ...?« Es wird dir klar werden, daß dies kein inspirierender Auftrag für das kollektive Unbewußte ist. Erst wenn ein Ziel klar und genau beschrieben worden ist und du deinen Brennstoff ›Leidenschaft‹ und ›Verlangen‹ hinzufügst, kann der Weg zum gestellten Ergebnis gebahnt werden.

Formuliere dein Ziel mit positiven Begriffen

Dein Ziel mußt du zu jeder Zeit mit positiven Begriffen formulieren. Sage, was du willst, und nicht, was du nicht willst. Fast jedermann weiß, was er nicht will. Aber: ›Nicht‹ gibt es nicht.

Sei dynamisch und genau. Setze dir zum Beispiel eine praktikable Deadline. 10 Kilogramm abzunehmen innerhalb von zehn Tagen ist nicht realistisch. Setze dir ein Zehnwochenlimit – jede Woche ein Kilo, das heißt am Tag 143 Gramm. 1.000.000 Mark in dreißig Jahren sind zu schaffen, wenn du jede Woche 200 Mark zurücklegst. Du solltest auch für eine Möglichkeit sorgen, um das Ergebnis zu überprüfen. Du mußt ja erkennen können, ob dein Ziel erreicht ist. Überlege dir also einige Anhaltspunkte, anhand derer du dein Ziel auch erkennst, wenn du dort ankommst.

Achte bei deiner Zielvorgabe auch darauf, daß du dich auf deinem Weg dorthin nicht von anderen abhängig machst.

Dann bist du selbst verantwortlich und kannst anderen nicht die Schuld geben.

Letztendlich sind Ziele, durch die du dich selbst und andere glücklich machen kannst, ohne deiner Umgebung zu schaden, am effektivsten.

Niemand glaubte 1950, daß man eine Meile in vier Minuten laufen, weiter als 7,8 Meter springen und 100 Meter in weniger als zehn Sekunden sprinten könnte. Die Athleten, die diese Rekorde brachen, hatten alle einen Traum. Sie stellten sich den Wettkampf vor, erlebten die sportlichen Leistungen in ihrem Geist so kongruent und intensiv (mit allen Submodalitäten), daß sie in ihrer Phantasie den Weltrekord bereits gebrochen hatten.

Seit diesem Moment war ihr Gehirn unbewußt programmiert. Danach ließen sie es in Ruhe, trainierten aber jahrelang weiter – bis zu dem Moment, da sie den Wettkampf ihres Traumes imitierten. Sie hatten ein Déjà-vu-Erlebnis, denn sie hatten den Sieg schon früher erlebt, damals aber nur in ihrer Phantasie. So werden Weltrekorde gebrochen. Innerhalb von einigen Monaten wurden diese Rekorde wieder von anderen übertrumpft. Sie hatten ihr Ziel anläßlich früherer Rekorde angepaßt. Der Fortschritt hat kein Ende: noch schneller, noch höher, noch weiter. Grenzen gibt es nicht; nur Grenzen, die du in deinem Kopf ziehst.

Merke: Grenzen gibt es nur in deinem Kopf

Ein Junge erzählte seinem Vater, daß er Sänger werden wollte. Es gab nur ein Problem: seine Stimme. Sie glich zu sehr der Stimme eines Schwarzen. Sein Vater sagte zu ihm: »Wenn du ein Sänger werden willst, mußt du üben, üben und nochmals üben.« Der Junge sang im Badezimmer, auf dem Fahrrad und in seinem Traum. Er sang und sah sich schon als den größten Sänger aller Zeiten. Zudem fing er noch an, Gitarre zu spielen. Er spielte so schön, daß sein Talent nicht lange unentdeckt blieb. Er ging zu einem Plattenstudio, um ein Lied für seine Mutter aufzunehmen.

Diese Platte wurde ›zufällig‹ von Colonel Parker gehört, der aus Elvis Presley einen Megastar und eine Musiklegende machte.

Wenn Elvis nach dem Erreichen dieses Ziels neue Ziele geträumt und damit seinem Leben inhaltlich mehr Wert gegeben hätte, würde er jetzt wahrscheinlich noch leben.

Der Traum von Joost Hartog.

Ich war mit der Absicht, NLP zu verbreiten, als Gast in einer niederländischen Fernsehshow. Im nachhinein stellte sich heraus, daß mein Gang zum Fernsehstudio eine tiefere Bedeutung hatte, denn Joost Hartog war damals auch eingeladen. Dieser junge Mann war kopfüber in ein Schwimmbecken mit nur 30 Zentimeter Wassertiefe gesprungen und hatte sich dabei lebensgefährlich verletzt. Nun saß er querschnittsgelähmt im Rollstuhl, sein Gesundheitsprozeß zeigte aber keine Fortschritte. Er beschloß damals, nachdem wir uns unterhalten hatten, daß er im August 1996 wieder würde gehen können. Du liest richtig. Er wird bald wieder gehen können. Jeder sagt, daß wir verrückt sind. Noch glaubt er den anderen Menschen, aber ich überzeuge ihn davon, daß es geht. Er wird daran glauben, daß es möglich ist.

Für seine Genesung sind ein paar Faktoren von größter Bedeutung. Er muß sich zunächst selbst davon überzeugen, daß der Unfall eine Wahl war und einen Zweck hatte. Sobald er diesen kongruent zu verstehen lernt, hat er eine der Lektionen, die jeder Mensch im Leben zu lernen hat, verstanden.

Mediziner sind der Meinung: »Das ist unmöglich.« Ich sage: »Es geht.« Joost selbst hatte den Traum, 1996 wieder gehen zu können. Nur bittet ihn seine ganze Umgebung, sich nichts vorzumachen, denn es ist im Laufe der Geschichte noch nie passiert, daß jemand mit einer derartigen Querschnittslähmung wieder laufen konnte. Das hört sich an wie: »Du darfst dich nicht so anstellen!«

Er muß den roten Faden dieses Traumes wieder aufgreifen, dann wird er auch wieder gehen können!

Die Realität folgt dem Traum

Das ist die Macht des Gehirns. Ich glaube, daß diese positive Überzeugung letztlich dafür sorgt, daß neue Zellen in dem verwüsteten Nervensystem erzeugt werden. Das Gehirn macht ja das, was du ihm befiehlst. Joost muß seinem Gehirn nur die Befehle geben – und er wird wieder gehen. Glauben bewirkt Wunder.

Verändern bedeutet Leben.

Bist du mit deinem Leben nicht zufrieden – oder willst du es verändern?

Es gibt eine Stimme in dir, die sagt: »Ich bin nicht (ganz) zufrieden mit der Art, wie ich jetzt lebe.« Du hegst also den Wunsch, dein bisheriges Leben zu verändern. Sonst würdest du dieses Buch nicht lesen. Nicht zufrieden zu sein ist eine negative Assoziation, und verändern zu wollen ist eine positive. Das ist der natürliche Lauf des Lebens. Verändern ist Wachsen. Verändern ist Leben – sobald es aufhört, ist man tot.

Ich selbst bin der Beweis dieser These. Ich erinnere mich noch ganz genau an den Moment, als ich mit meinem Freund Dickie Bos über den Schulplatz ging und mich in einer Vision als Priester sah, der Menschen zusprach und Mut machte. Es war ein Gedankenblitz von wenigen Sekunden, der mich von Grund auf belebte. Der Traum entstand, weil Dickie Bos eine Brotscheibe hatte, ich aber nicht. Er brach das Brot entzwei und gab mir die Hälfte. Dieser Priesteramtstraum hat sich nachher als Metapher herausgestellt, denn NLP hat nichts mit Religion zu tun. Es ist eine Wissenschaft, die vielen Menschen helfen kann. Wenn ich jetzt vor einer großen Gruppe spreche, denke ich oft an diesen Schulplatz zurück und an den Weg, den ich bisher zurückgelegt habe; ich habe gelebt, ich habe mich immer wieder verändert. Jetzt ist es mein neuer Traum, so schnell wie möglich so vielen Menschen wie möglich NLP zu lehren. Deshalb habe ich dieses Buch geschrieben, CDs und Tonbänder aufgenommen, deshalb auch erscheine ich regelmäßig und mit großem Hallo auf dem TV-Bildschirm sowie im Radio. Das Ziel wird nie in einer geraden Linie erreicht, aber dein Gehirn hält deinen Traum auf Kurs. Sei davon überzeugt!

Schreib deine Träume auf.

Was willst du in deinem Leben erreichen, was willst du haben?

Wenn du herausfinden möchtest, was du von deinem Leben noch erwartest, mußt du dir nur zehn Minuten Zeit nehmen. Schreibe alle Gedanken zu diesem Thema auf Papier. Nur so spezifiziert man seine Ziele. Mach eine Wunschliste, in der alles auftauchen darf; alles, was du haben oder erreichen willst.

Frag ein Kind, und es schreibt auf: einen Düsenjäger, einen neuen Vater, einen schwarzen Bruder, einen Comic strip und einen Panzer. Es wird nicht gehemmt von Gedanken an den Preis, den zeitlichen Aufwand etc.

Auch dich behindert nichts und niemand beim Aufschreiben deiner Ziele. Laß dich völlig gehen! Schütte dein Herz aus. Du wirst dich über deine Kreativität und deine Wünsche wundern, wenn du den Hahn wirklich ganz aufdrehst. Mit einem neuen Auto wird die Liste sicher nicht enden. Wenn du unbefangen aufzählst, was du willst, werden deine Wünsche das gesamte Spektrum deiner persönlichen, sozialen und beruflichen Existenz abdecken.

›Wohnen im Weißen Haus‹ würdest du vielleicht später durchstreichen, weil ›gesund zu bleiben‹ wichtiger ist. So ein Wunsch könnte dich aber wohl auf eine neue Idee bringen: den Garten neu zu bepflanzen, die Garage zu fliesen, einen offenen Kamin zu bauen. Und so lernst du auch noch, wie du auswählen kannst, welche Träume und Ideale zentral sind. Schließlich bleiben ein paar Wünsche übrig, denen du wirklich leidenschaftlich gegenüberstehst.

Bestimme die Reihenfolge deiner Wünsche und Träume

Gib dir eine Frist, bis zu der du das Ziel erreicht haben willst, und setze Prioritäten. Füge deine Motive hinzu. Nur zu sagen, daß du reich werden willst, ist keine Botschaft, die sich in deinem Hirn einpflanzt. Sei so vollständig wie möglich, und untermauere deine Wünsche mit Hingabe.

Setze dir realistische Fristen

Überlege dann, welche Dinge dir den Weg zum Ziel erleichtern. Du hast Qualitäten und Fähigkeiten, die du nutzen kannst. Wenn du dein Gehirn darauf hinweist, beschleunigst du den ganzen Prozeß. Denk auch an alles, was du bisher erreicht hast. Es gibt nur Erfolge in deinem Leben. Erinnere dich daran, und nähre deinen Geist mit dieser Inspiration.

Auf welche Dinge, Erfahrungen, Ressourcen kannst du zurückgreifen?

Denk danach an einige Menschen, die vielleicht schon erreicht haben, was dir vor deinem geistigen Auge erscheint. Was würden sie dir sagen, um dich zu motivieren oder dir zu helfen? Schreib es auf. So zwingst du dein Gehirn, Möglichkeiten zu entdecken, an die du noch nicht gedacht hast. Jeder hat einen eigenen Blick. Wenn du die Perspektive eines anderen einnimmst, wirfst du ein anderes Licht auf deinen Weg zum Ziel.

Diskutiere deine Ziele

Nutz also die nächste Seite dafür, deinen persönlichen Wunschzettel zu schreiben. Fang sofort damit an!

Beispiel: »Ich möchte 2.000 Mark in der Woche zur Verfügung haben.«
»In welchem Zeitraum möchtest du das Ziel erreicht haben?« – »Innerhalb von sechs Wochen.«
»Warum?« – »Meine Frau braucht dann nicht mehr zu arbeiten, und ich bin finanziell unabhängig.«

»Was gibt es dir?« – »Meine Frau ist dann immer für mich da, und ich habe die Freiheit zu kommen oder zu gehen, wann ich will.«

Dein Ziel?	**Bis wann hast du es erreicht?**
Warum möchtest du das Ziel erreichen?	**Was gibt dir das?**

Der ideale Tag und die ideale Umgebung.

Beim Aufstellen deiner sehnlichsten Wünsche kannst du auch zwei Ziele mit einbeziehen, auf die man nicht so schnell kommt. Zum einen ist das die Vorstellung von einem idealen Tagesverlauf. Zum anderen ist es das Bild einer idealen Umgebung.

Sei so sorgfältig wie nur möglich bei dieser internen Kommunikation. Nimm dir ruhig die Zeit, denn es wird sich herausstellen, daß es die Mühe wert ist.

Auf den nächsten beiden Seiten findest du Platz für diese beiden Wunschzettel der besonderen Art.

Versetz dich doch mal in einen Tag, wie er für dich ideal verlaufen würde.

Sei so genau wie nur möglich.

Wie spät stehst du auf?

Was machst du?

Was ißt du?

Wem begegnest du?

Was geschieht alles?

Beim Aufbau einer idealen Umgebung stellst du dir vor, an einem Ort zu sein, an dem du dich besonders wohl fühlst.

Ergänze das Bild mit möglichst vielen Einzelheiten.

Was befindet sich um dich herum?

Wen hast du um dich versammelt?

Wie sitzt oder stehst du?

Welche Farben siehst du? Welches Licht?

Was hörst du?

3M-Klebezettel als Gedächtnisstütze.

Jetzt, da du weißt, was du willst, fordere ich dich auf, folgendes zu tun.

1. Schreib deinen Traum auf. Benutze diese gelben Klebezettel. Häng sie an Stellen auf, an denen du ständig vorbeikommst. Wenn du am Morgen aufwachst, siehst du den Zettel mit deinem Traum. Auch über dem Waschbecken ist einer an den Spiegel geklebt. In deinem Wagen, auf dem Armaturenbrett, auf deiner Arbeit und wo auch immer findest du ein kleines Kärtchen, auf dem dein Ziel geschrieben steht. Über dem Fernsehgerät, an der Innenseite der Toilettentür, überall begegnest du ihm. Immer wieder wirst du an diesen Traum erinnert. Dein Gehirn hat keine Chance, diesen Traum zu den anderen schon vergilbten Illusionen zu stellen. Dieser Traum lebt.

Verteile deine Gedächtnisstützen strategisch im ganzen Haus

2. Wenn du die Zettel aufgehängt hast und einen davon bewußt siehst, dann nimm dir ruhig mal die Zeit, um deine Träume nochmals in deiner Phantasie auszumalen.

Stell dir vor, wie du einen Geldschrank öffnest und von den Geldscheinen nur so überhäuft wirst. Knistern die Banknoten? Sind sie druckfrisch oder abgegriffen? Oder du wechselst alle Noten in Münzen, wirfst sie in deine Badewanne und nimmst ein herrliches Bad. Wie fühlt sich das an? Wie hört sich das an?

Stell dir vor, wie du dem Papst im Vatikan begegnest. Welche Farbe hat seine Mitra? Ist gregorianische Musik im Hintergrund zu hören? Und wie fühlt es sich an, wenn die Menschen dich erkennen und sich fragen, wer der Mann neben dir ist?

Bist du mittlerweile schon Schloßherr in deiner Phantasie? Hörst du deine Wachhunde in der Auffahrt bellen? Oder arbeitest du auf einem kleinen Bauernhof? Trägst du gelbe Gummistiefel oder gehst du barfuß?

Dein Traum fängt in deinem Kopf zu leben an. Du fügst möglichst viele Details an Farbe, Geräusch, Geschmack, Duft und Gefühl hinzu (*Submodalitäten*). Du steckst mittendrin, bist die Hauptperson des Films in deinem Kopf. Hör nur auf die eigene Stimme in diesem Moment. Erlebe das Gefühl von Freude, das du haben willst. Es wird mehr und mehr ein Teil von dir. Hör auch auf das, was die Leute um dich herum über dich sagen. Fühl dich von ihren Komplimenten und bewundernden Bemerkungen geschmeichelt. Du hast es geschafft! Du hast bekommen, was du wolltest. Du hast den Respekt der anderen verdient.

Visualisiere deinen Traum, und er wird Realität

Diesen Vorgang nennt man *Visualisieren.* Wenn du es konzentriert machst, erlebst du deinen Traum mit allen Sinnen. Er wird Realität, denn du hast Farben, Düfte, Geräusche und Gefühle hinzugefügt. Steckt der Geruch des Düngers in deiner Nase oder der frische Duft des kürzlich gemähten Rasens? Ist die Luft trocken oder feucht? Scheint die Sonne, oder regnet es? Was siehst du in der Ferne? Was hörst du: Ist es Vogelgezwitscher, sind es Pferdehufe oder ist es das Blätterrauschen? Zu deinem Traum paßt eine bestimmte Landschaft. Je genauer du diese Umgebung erlebst – du

steckst mittendrin, und mit all deinen Sinnen nimmst du wahr, was dort geschieht –, desto nachdrücklicher richtet sich dein Traum auf die zukünftige Realität. Wenn du das konzentriert gemacht hast (der Geschmack liegt noch auf deiner Zunge, der Duft steckt noch in deiner Nase), bitte ich dich, dasselbe am nächsten Tag noch einmal zu tun, aber jetzt noch intensiver.

Begib dich in deiner Phantasie wieder in den Traum, und versetze dich in ihn hinein. Füge danach möglichst viele zusätzliche Sinneseindrücke hinzu. Nimm dir die Zeit. Und das ist leicht, denn es macht Spaß. Bemühe dich um absolute Ruhe, wenn du in deiner Zukunft bist. Gib all deine Energie an das gegenwärtig Wichtigste. So kannst du die Zukunft schon in der Gegenwart erleben. Übe nochmals, denn ich möchte, daß du es in der Woche darauf noch einmal versuchst. Krieche so tief wie möglich in deinen Traum hinein. Mache deinen Traum zur Wirklichkeit.

Dein Gehirn wird deinen Auftrag ausführen

Irgendwann siehst du die Zettel um dich herum nicht mehr. Durch das Visualisieren bist du vollkommen mit dem Bild aus deinem Traum verbunden. (Du warst ja schon da.) Nun kannst du den Traum ruhig wieder vergessen. Dein Unterbewußtsein ist programmiert, wenn du das Obenstehende wirklich *kongruent* ausgeführt hast. Wenn du kongruent bist, dann kannst du ohne Ablenkung 10 Minuten in diesem Traum verweilen. Du hast dir eine Zukunft und eine geistige Verfassung gegeben. Dein Gehirn macht nur eines: Es sorgt dafür, daß der Auftrag, den du ihm gegeben hast, ausgeführt wird. Danach wirst du in allem, was dir widerfährt, nur noch eine Bestätigung für dieses Muster sehen. All das, was deinem Ziel im Wege steht, siehst du nur noch als eine Herausforderung und eine Hürde, die du ohne Probleme nehmen kannst.

Kannst du Skifahren, dann hast du genau die eben beschriebene Strategie schon erfahren. Als du es lernen mußtest, fielst du die ganze Zeit hin. Du hast Unterricht bekommen, hast dir andere angeschaut und sahst dich in Gedanken schon den Hang hinuntergleiten. Was für eine phantastische Aussicht! Jede Minute, die du länger auf den Brettern stehen konntest, sahst du als Bestätigung: Bald würdest du sicher und schwungvoll Skifahren können.

Hast du das Ziel ins Auge gefaßt, erträgst du alle Unannehmlichkeiten

Du bist zahllose Male hingefallen, aber jedesmal bist du wieder aufgestanden, um es aufs neue zu versuchen. Kälte, Feuchtigkeit und Schmerzen gehören einfach dazu. Du hast sie unbewußt neu bewertet. Dein Blickfeld war auf das Erreichen des Zieles gerichtet, und dadurch ertrugst du all die Unannehmlichkeiten.

Der Traum will gelebt werden.

Jeder Mensch kennt seine Kindheits- und Jugendträume noch, unabhängig vom Alter. Hat man jedoch sein ganzes Leben die Träume unterdrückt, so wird es schwierig, sie wiederzubeleben. Hast du hingegen ein Leben lang an deinen Träumen festgehalten, wirst du dir nicht vorstellen können, wie man sie nur vergessen, geschweige denn ohne sie leben kann.

Du wirst die Leute, die dich deinem Ziel näher bringen können, unterwegs finden. Zahlreiche Türen zum Erfolg werden sich auftun. Dessen kannst du sicher sein. Es ist natürlich sehr wichtig, daß dein Gehirn registriert, welche Person oder Chance dazu dient, das Ideal zu erreichen. Alle angeblich zufälligen Ereignisse haben ihren Sinn. Du begegnest der richtigen Person zur richtigen Zeit und am richtigen Ort. Wenn du nicht weißt, was du willst, gehst du blind an dieser Möglichkeit vorbei. Du wirst sie nicht einmal bemerken. Allein deine geistige Verfassung entscheidet darüber, ob du die Möglichkeiten oder die Schwierigkeiten siehst. Du kannst die Verfassung selbst ›aktivieren‹ und für dich arbeiten lassen.

Wenn du jetzt damit anfängst, deinem Leben ein Ziel zu geben, dann begreife, daß deine gesamte bisherige Lebenserfahrung dazu notwendig war, um jetzt die Entscheidung zu treffen. Dein Leben ist eine Schule.

Eine Dame von 73 Jahren entschloß sich, mit einem Studium anzufangen. Ihr Umfeld erklärte sie für verrückt, aber sie machte es trotzdem und gab ihrem Leben eine positive Wendung. Endlich hatte sie wieder Glücksgefühle. Schon ihr ganzes Leben lang hatte sie studieren wollen, aber zuerst fehlten ihr die finanziellen Mittel, und später mußte sie ihre Kinder betreuen. Sie hatte versucht, sich ihren Traum aus dem Kopf zu schlagen, doch der Wunsch zu studieren war immer geblieben. Endlich, im hohen Alter, schuf sie selber die Möglichkeit und nutzte sie.

Es ist deine Entscheidung …

Es ist deine Entscheidung, in deinem Traum die Haupt- oder im Traum eines anderen die Nebenrolle zu spielen. Die Entscheidung kannst du jetzt fällen. Das einzige, was du brauchst, ist ein wenig Mut. Du mußt etwas dafür tun. Dein Gehirn ist stets folgsam. Es macht keinen Unterschied zwischen Illusion und Realität. Erlebst du eine Illusion und reicherst sie mit zahlreichen Submodalitäten an, dann hält sie das Gehirn für die Wirklichkeit.

Visualisiere, was du willst, aber so intensiv wie möglich

Träume sind kein Betrug. Träume, die du für die Erfüllung deiner Lebensaufgabe brauchst, werden Wirklichkeit. Nutze die großartigen Möglichkeiten deines Gehirns. Ergreife die Initiative, schreib die gelben Zettel, visualisiere, was du willst, aber so intensiv wie möglich. Dann kannst du dich auf den Autopiloten in deinem Hirn verlassen.

Wenn du gemäß deines Traumes lebst, wird sich eines schönen Tages alles fügen. Du wirst Möglichkeiten entdecken, wo andere nur Schwierigkeiten sehen – ganz automatisch. Dein Gehirn besitzt eine enorme Kapazität. Wissenschaftliche Untersuchungen haben gezeigt, daß wir nur etwa sieben Prozent unseres geistigen Leistungsvermögens nutzen. Laß von jetzt an die restlichen 93 Prozent arbeiten!

Wenn du wirklich etwas haben möchtest, dann wirst du es auch bekommen

Der Augenblick wird kommen, da sich dein Traum verwirklicht hat. Dein Leben nimmt eine überraschende Wendung, und plötzlich ist es geschafft. Du hast diese besondere Arbeitsstelle, dieses schöne Haus, diese wunderbare Frau oder was du dir sonst noch alles gewünscht hattest. Das ist aber dann kein Grund, sich zurückzulehnen und sich wohlig und zufrieden zu fühlen. Setze dir neue Ziele. Denn du weißt jetzt, wie du effektiv deine Ziele erreichst. Und du hast gleichzeitig die Überzeugung bekommen, daß wenn du etwas wirklich haben möchtest, du es auch bekommen wirst.

Am Ende eines glücklichen Lebens.

Schließe deine Augen, und schau dir deine eigene Beerdigung an. Das ist nicht unheimlich, denn sie kann der schöne Abschluß eines intensiven und erfüllten Lebens sein. Man begleitet dich zu deiner letzten Ruhestätte. Du gehst unsichtbar im Trauerzug mit und setzt dich mit an den Kaffeetisch zwischen deine Freunde und Verwandte. Sie sitzen dort in unaufdringlichen Kleidern, plaudern, kauen Rosinenbrot und schlürfen Kaffee. Sie sprechen über dich. Hör gut zu. Was erzählen sie über dich?

Höre jetzt schon, wie Familie und Bekannte über dein Hinscheiden sprechen werden

Du kannst dies vorher beeinflussen, durch dein Verhalten heute und morgen. Deshalb möchte ich, daß du jetzt schon hörst, wie Familie und Bekannte über dein Hinscheiden sprechen werden. Möchtest du, daß sie stolz auf dich sind? Daß sie froh sind, dich gekannt zu haben? Daß du immer bereit warst zu helfen und viel für sie getan hast? »Ein Ehrenmann.« Oder: »Manchmal unverbesserlich, aber er wußte, was er wollte.« Oder: »Er stand mir immer hilfsbereit zur Seite. Ein feiner Mann.«

Vielleicht hörst du aber etwas anderes: »Wie geizig er war.« – »Er hatte nie Zeit für mich.« – »Von den Toten soll man nicht übel reden, aber das trifft für ihn nicht zu.« – »Was hat er mir für Leid zugefügt.«

Wenn du heute anfängst, deine unmittelbare Umgebung andauernd positiv zu beeinflussen, wirst du erreichen, daß dich die Menschen gut in Erinnerung halten.

Möchtest du das?

DIE TUGENDEN DES ERFOLGS

Leidenschaft, Disziplin, Beweglichkeit

Ich liebe dich leidenschaftlich!«, so gestehen sich Verliebte auf der ganzen Welt ihre Zuneigung. Leidenschaft bedeutet, von einer Sache besessen zu sein. Die Passion ist der Brennstoff deines Handelns. Bist du verliebt, so wächst du über dich selbst hinaus. Auch bei der Arbeit ist die Leidenschaft die Triebfeder deines Handelns. Du springst morgens aus den Federn, bist als erster an deinem Arbeitsplatz und gehst als letzter – nicht weil du sollst, sondern weil du deine Arbeit liebst.

Jeder ist von Natur aus leidenschaftlich. Aber kühlen und zurückhaltenden Menschen scheint die Leidenschaft vollkommen fremd zu sein. Besonders wenn sie in ihrem Beruf immer zu sachlichen Entscheidungen gezwungen werden, beginnen sie langsam, die Passion aus ihrem Leben fernzuhalten. Doch es geht auch anders. Selbst Leute, von denen du glaubst, sie seien ›kühl‹ und könnten sich nicht verändern, sind der leidenschaftlichen Begeisterung fähig.

Gefühl + Verstand = Leidenschaft

In deinem Enthusiasmus bündeln sich Gefühl und Geist. Er ist nicht nur Produkt deines Verstandes und nicht nur das Ergebnis deines Gefühls. Beides muß zusammenkommen, dann bleibt der Enthusiasmus in deinem Leben (Enthusiasmus bedeutet, wörtlich übersetzt: »Gott ist in dir«). Du kannst die Leidenschaft in dir erwecken, wenn du dich traust, dir Ziele zu setzen und deine Träume zu leben. Je intensiver und sinnlicher deine Vorstellung davon ist, um so leidenschaftlicher wird dein Streben danach ausfallen. Womöglich wirst du geradezu besessen sein von deinem Ziel. Du hast dir in deiner Phantasie schon alles genau ausgemalt, alles gehört, empfunden und gerochen. Nun möchtest du die Vision in Realität verwandeln. Du drängst dich selbst dazu. Plötzlich wird dir heiß und kalt. Die

Energie scheint grenzenlos zu strömen. Der Wunsch erstrahlt in deinen leuchtenden Augen. Dein Körper ist wie ein rastloser Motor.

Leidenschaft brauchst du nicht fortwährend zu fühlen und zu erfahren. Sobald das Ziel gesetzt ist, treibt dich der Wunsch weiter. Ganz unbewußt steuerst du auf exakt den Punkt zu, den du dir einmal als Ziel gesetzt hast. Auch wenn du dir deiner Leidenschaftlichkeit nicht ständig bewußt bist, so hilft sie dir. Die schlummernde Passion springt sofort auf, wenn sich dir jemand in den Weg stellt.

Alles, wofür du dich wirklich einsetzt, ist erfüllt von Leidenschaft

Überleg dir selbst einmal, wann du zum letzten Mal Leidenschaft empfunden hast. Beim Liebesspiel oder bei einer politischen Diskussion? Alles, wofür du dich wirklich einsetzt, ist erfüllt von Leidenschaft: dein Auto, dein Urlaub, der Umzug ins Haus deiner Träume, deine Familie, dein Körper, dein Geschäft, deine Lieblingskollegen, dieses

Buch, NLP, dein Glaube – alles, was du als Ziel etikettiert hast.

Kannst du dich an eine leidenschaftliche Situation nicht erinnern – dann phantasiere sie

Kannst du dich an deine letzte leidenschaftliche Situation nicht mehr erinnern, dann stell dir vor, wie du wohl aussiehst, wenn du leidenschaftlich bist. Wie stehst du? Wie bewegst du dich? Welche Worte fallen dir ein? Schlägt dein Herz schneller? Wie fühlt sich dein Körper an? Riechst du etwas, spürst du den Geschmack deiner Erregung? Versuche, dir eine möglichst exakte Vorstellung davon zu machen, wie Leidenschaft für dich aussieht. Du kannst dich in eine leidenschaftliche Stimmung versetzen, wenn du phantasierst. Denke an das letzte Mal, als du dir einen wirklich guten Film angeschaut hast. Warst du gefesselt oder bewegt? Du hast der Musik gelauscht, im Radio oder während eines Konzerts. Berührte sie dein Herz? Und da war noch ein Buch, das du nicht mehr aus der Hand legen konntest. Öfter als du denkst, erlebst du leidenschaftliche Momente, aber du erkennst sie nicht als solche. Vielleicht verbindest du Leidenschaft mit Fanatismus und Übertreibungen; davon hältst du lieber Abstand. Denn das sind Dinge nur für Verrückte, und das bist du nicht. Aber du brauchst die Passion, um intensiv leben, intensiv fühlen und intensiv denken zu können.

Ich hatte 1994 einen Rentner in meinem Seminar, der behauptete, daß er keine Leidenschaft mehr besitze. Die letzten leidenschaftlichen Schwingungen, an die er sich erinnern konnte, lagen 30 Jahre zurück. Er wünschte sich, diese Passion wieder fühlen zu können. Ich zeigte ihm auf der Bühne den Kniff, er kopierte mein Verhalten, und nach fünfzehn Minuten konnte er die intensivsten Gefühle hervorrufen. Seitdem braucht er mich nicht mehr. Mitte 1996 besuchte er wieder eines meiner Seminare. Er kam auf die Bühne und erzählte, daß er sich wie neugeboren fühle. Seine Vitalität sei die eines Teenagers, er habe sich mittlerweile selbständig gemacht, angefangen zu studieren und wieder Spaß am Sex.

Leidenschaft muß nicht nur mit Liebe oder Sinnlichkeit zu tun haben. Genausogut kannst du Briefmarken oder Bauchbinden sammeln – wenn du es nur aus Leidenschaft tust. Entzünde es, das Feuer in deinem Hintern!

Die Passion führt unbedingt zum Erfolg.

Tu, was immer du tust, mit Leidenschaft

Erfolgreiche Menschen sind immer leidenschaftliche Menschen. Sie sind es deshalb, weil sie genau wissen, was sie wollen. Und das Schöne ist: Sie bekommen es auch. Du erkennst sie schon am Leuchten in ihren Augen. Sie sind morgens frisch gewaschen, ordentlich gekleidet und die Ersten bei der Arbeit. Sie schalten das Licht erst dann aus, wenn alle anderen schon weg sind. Außerdem widmen sie ihrer Familie viel Aufmerksamkeit, treiben reichlich Sport, lesen Bücher und gehen aus. Diese Menschen besitzen eine Energie, über die man staunen muß. Ihre Triebfeder ist der eine Traum, den sie sich erfüllen möchten. Ihr Brennstoff ist die Leidenschaft. Sie schenkt ihnen grenzenlose Energie.

Hollywood ist Tinseltown, eine Traumfabrik, aber auch ein Industriezweig, der Träume in Erfüllung gehen läßt. Gefragte Filmstars führen die Einkommenslisten an. Die höchsten Gagen kassiert im Moment Sylvester Stallone, knapp vor Arnold Schwarzenegger. Danach folgen Namen wie Meryl Streep, Tom Cruise, Harrison Ford, Eddy Murphy, Madonna, Demi Moore und Richard Gere. Und es gibt noch viele mehr, die beinahe jeder kennt. Es ist sehr aufschlußreich, die Biographien dieser Megastars mal nebeneinanderzulegen. Die Übereinstimmungen sind sofort zu erkennen. Sie besaßen alle denselben Traum: Sie wollten sich selbst als Schauspieler auf der Leinwand bewundern.

Sylvester Stallone hatte mit fast allen Nachteilen zu kämpfen, die ein richtiger Mann sich nur denken kann. Er ist 1,60 Meter groß, hat eine fistelige Stimme und war vor zwanzig Jahren ein wandelndes Gerippe. Sein Gesicht sah aus wie die Rückseite eines Busses. Dennoch wollte er Filmschauspieler werden und schrieb das Szenario für Rocky.

Durch seinen Traum wurde Sylvester Stallone zum Multimillionär

Er arbeitete tagsüber im Schlachthof und lief abends und am Wochenende mit seinem Drehbuch zu allen Produzenten der Stadt. Niemand wollte es. Zu allem Unglück verlor er seine Arbeit und wurde mit seiner Familie aus dem Haus geworfen. In diesem Moment bot ihm eine Produktionsfirma 120.000 Dollar für sein Drehbuch. Stallone war damit einverstanden, aber nur unter der Bedingung, daß er selbst die Hauptrolle spielen würde. Der Produzent weigerte sich, der Abschluß kam nicht zustande. ›Sly‹ war finanziell vollkommen am Ende, blieb aber seinem Traum treu. Letztlich fand er doch noch einen Produzenten, aber wegen des großen Risikos wollte er weder für die Rechte am Drehbuch noch das Honorar für Stallone zahlen. Stallone sah diesen Weg als seine große Chance und forderte lediglich eine Gewinnbeteiligung. Plötzlich war er Multimillionär. Er glaubte leidenschaftlich an seinen Traum, und er hielt durch.

Arnold Schwarzenegger wurde 1984 zum ›Mister Universe‹ gewählt. Sein Traumberuf war Filmstar. Jeder erklärte ihn für verrückt, und jeder wußte auch, warum er im Filmgeschäft nie erfolgreich sein würde. Dieses wandelnde Muskelpaket konnte nicht mal einigermaßen deutlich reden. Er wurde ausgelacht. Schwarzenegger war durch nichts zurückzuschrecken und brachte es schließlich fertig, die Hauptrolle in ›Conan der Barbar‹ zu spielen. Durch diesen Erfolg öffneten sich für ihn in Hollywood alle Türen.

Arnold hatte als 13jähriger Bauernjunge den Traum gehabt, ›Mister Universe‹ zu werden. Er realisierte diesen Traum, wie all die anderen. Letztens begegnete ich ihm, und er vertraute mir seinen neuen Traum an: Er wird Präsident der Vereinigten Staaten. Ich würde mit jedem wetten, daß er es wieder schafft, seinen Traum zu verwirklichen.

Jeder, der einen Traum hat, ist imstande, schlechte Zeiten in gute Zeiten, Negatives in Positives zu verwandeln. Stallone machte aus seinen Minuspunkten Pluspunkte. Er wußte schon damals, daß er mit seiner Stimme keine Chance hat. Deshalb legte er sich selbst nur wenig Text in den Mund. Das Kinopublikum empfand Sympathie für den introvertierten Underdog. Wenn er seinen Mund aufmachte, dann war es überzeugend. Der Akzent von Arnold Schwarzenegger wurde zu seinem unverwechselbaren Kennzeichen.

Mache aus deinen Minuspunkten Pluspunkte

Selbstvertrauen ist die Basis von Disziplin.

Selbstvertrauen zu haben bedeutet: aktiv werden, arbeiten, ausrutschen und immer wieder aufstehen. Jeder noch so winzige Teilerfolg kann zu einem Meilenstein werden. »Siehst du, es klappt schon«, sagst du bloß und gehst guten Mutes weiter, bis es den nächsten Fortschritt gibt. Das nötige Selbstvertrauen dafür bekommst du nur, wenn du auch mal bereit bist, Kopf und Kragen zu riskieren.

Zu denken, daß du es nicht schaffst, sollte ein Ansporn für dich sein. Wenn deine Familie meint, daß deine Ziele zu hochgesteckt seien, und dich für einen Spinner hält, sollte dich das dazu anspornen, deine Pläne trotzdem auszuführen. Machst du das, stärkt es dein Selbstvertrauen. Das Schwierigste ist immer der Anfang, der erste Schritt. Hab den Mut, ihn zu gehen, und du wirst spüren, daß du über dich selbst hinausgewachsen bist. Das erzeugt ein phantastisches Gefühl. Dieses Gefühl wiederum gibt dir genügend Selbstvertrauen und Motivation für den nächsten Schritt. Das ist der Kreislauf des Erfolgs: Erfolgserlebnisse genießen, dadurch das Selbstbewußtsein stärken und weitergehen.

Laß dich nicht so schnell entmutigen

Du brauchst dir deinen Traum nicht ständig vor Augen zu führen. Ich habe die Vision von meiner Zukunft schon in jungen Jahren auf dem Schulhof geträumt und sie danach bald wieder vergessen. Trotzdem ist alles in Erfüllung gegangen, weil mein Gehirn seit diesem Moment einer Strekke gefolgt ist, die auf dem Schulhof programmiert worden war. Es war ein recht langer Weg von der Bäckerei bis zu den NLP-Seminaren, aber jeder Schritt war notwendig, um den heutigen und zukünftigen Erfolg zu erreichen. Du weißt niemals genau, ob du dich noch auf dem richtigen Pfad befindest. Darüber brauchst du dir aber keine Sorgen zu machen, denn dein Kompaß wird dir – ohne, daß du es merkst – schon die Richtung weisen. Erst wenn du dein Ziel erreicht hast, erkennst du, auf welchem Weg du dorthin gekommen bist.

Den Weg zum Ziel erkennst du erst nach dem Rennen

Unterwegs wirst du vielen Menschen begegnen, die behaupten: »Du bist auf der falschen Fährte. Besser kommst du auf eine andere Art und Weise weiter.« Für kurze Zeit wird dein Selbstvertrauen vielleicht wanken. Vielleicht neigst du sogar dazu, dem Ratschlag zu folgen. Freilich findest du immer wieder auf den Pfad zurück, auf dem du dich am wohlsten fühlst. Dort spazierst du am liebsten, und du spürst, daß du richtig liegst. Die Kritik an deinem Vorgehen wird nicht verstummen, und in den Augen mancher Leute bist du rechthaberisch und dickköpfig. Wenn aus deinem Traum aber Wirklichkeit geworden ist, dann bleibt nur Respekt und Bewunderung übrig, vielleicht auch ein wenig Neid und Mißgunst. Dein Erfolg aber ist die Bestätigung: Du warst nicht starrsinnig, sondern diszipliniert.

**Disziplin heißt,
seiner Linie treu zu bleiben.**

Verlaß dich auf diesen Mechanismus, er arbeitet für dich. Erst am Ende deines Weges wirst du um die Bedeutung und den Zweck deiner zahlreichen Erfahrungen wissen. Die gescheiterte Ehe, das verpaßte Flugzeug, die Kündigung, diese eine ›zufällige‹ Begegnung, der Konkurs, die Krankheit – dies sind alles Meilensteine auf der Straße deines Erfolgs. Ohne diese Schmerzen wärst du niemals ans Ziel gekommen. Jetzt weißt du: Es waren keine Schmerzen, es waren Notwendigkeiten.

Nun kannst du dem Netz deiner Vergangenheit folgen. Woher kommen die Menschen, die dir jetzt etwas bedeuten? Sind sie dir von jemandem vorgestellt worden, oder warst du zu einer bestimmten Zeit an einem bestimmten Ort? Es ist eine Art Dominospiel. Der eine Stein paßt zum anderen, und so legt man nach und nach ein bizarres Netz von Kontakten und Geschehnissen, die zur Vervollkommnung des Traumes geführt haben. Man kontrolliert das gegenwärtige Geschehen nicht, man interpretiert es nur im nachhinein.

Du kannst das Hier und Jetzt nicht kontrollieren, du kannst es nur im nachhinein interpretieren

Mit dieser Einsicht im Hinterkopf bewertest du mögliche Schmerzen von heute anders. Der Rückschlag von heute wird in ein anderes Licht gerückt, denn du weißt, daß er bloß einen Teil deiner Entwicklung ausmacht. Später wirst du begreifen, welche Funktion er hatte. Es erscheint oft so sinnlos, wenn etwas geschieht, was deinen Wünschen zuwiderläuft. Rückschläge, Probleme und Schmerzen sind mit deiner Vorstellung von Weiterentwicklung nicht in Einklang zu bringen. Es sind aber oft die größten Hindernisse, die den Blick für deine Zukunft wieder schärfen. Übe im Alltag mit kleinen Problemen, dann sind die großen, wenn sie kommen, ein Kinderspiel für dich.

Stelle dich den alltäglichen kleinen Problemen und manage sie – dann bist du für die großen gewappnet

Ich wohne jetzt in einem großen, riedgedeckten englischen Landhaus in der waldreichen Umgebung von Oosterbeek, einem Ort in der Nähe von Arnheim. Als ich 31 Jahre alt war, bin ich hier zum ersten Mal vorbeigefahren. Ein Freund wies mich damals auf die ungünstige Lage der Villa hin, denn sie liegt sehr niedrig und ist somit hochwassergefährdet. Seine Bemerkung vergaß ich bald, das imposante Haus freilich nicht. Ich besichtigte von diesem Tag an nur noch Häuser wie dieses. Mein Traum von einem Haus bekam immer schärfere Konturen.

Einige Zeit später wollte ich mein (recht kleines) Haus verkaufen und lieber zur Miete wohnen. Ein Makler wies mich auf ein Landhaus hin, dessen Eigentümer nach Brüssel umgesiedelt war. Es war ›zufälligerweise‹ genau das Haus, an dem ich viele Jahre zuvor mit meinem Freund vorbeigefahren war.

Ich wußte schon fünf Jahre im voraus, daß ich mein Traumhaus irgendwann würde kaufen können

Ich mietete es, wußte aber damals schon, daß ich es eines Tages kaufen würde. Also verschönerte ich den Garten, legte einen Teich an, ließ eine Pforte bauen, den Zaun erneuern und führte einige andere Arbeiten durch; alles aus der geistigen Verfassung heraus, daß dieses Mietshaus letztendlich mein Eigentum werden würde. Es gehörte mir schon, so sehr hatte sich die Vorstellung in meinem Kopf festgesetzt. Der Eigentümer der Villa kam ab und zu aus Brüssel angereist und sah, wie gut ich sie in Schuß hielt. Das freute den Besitzer, und er war stolz auf seine Entscheidung, mich damals als Mieter genommen zu haben. Erwähnte ich jedoch mein Kaufinteresse, nannte er mir regelmäßig einen unrealistisch hohen Betrag.

Schließlich, fünf Jahre später, wollte er schnell ein Haus in Brüssel erwerben. Er konnte es aber nur, wenn er zuvor sein Haus in Oosterbeek loswurde. So kam ich – allen Widrigkeiten zum Trotz – nach Jahren doch noch günstig zu meinem Traumhaus.

Reue frißt Disziplin.

»Bedauern wiegt eine Tonne und Disziplin nur ein Gramm« (niederländisches Sprichwort). Du liegst nach einem erlebnisreichen Tag im Bett und denkst über alles nach, was in den letzten achtzehn Stunden vorgefallen ist. Hast du gemacht, was du tun wolltest, und bist rundherum zufrieden mit dir, dann bist du innerhalb weniger Minuten eingeschlummert.

Meine Einschlafstrategie ist folgende: Um Abstand zu gewinnen, lese ich einige Seiten in einem Buch. Danach drehe ich mich auf meine rechte Seite und denke daran, was ich während des Tages alles gemacht habe. Bin ich zufrieden mit mir? Fast immer lautet die Schlußfolgerung: Viele Dinge sind gutgegangen, andere hätten besser laufen können. Ich gebe mir die Chance, das Versäumte am nächsten Tag nachzuholen. Das ist sozusagen mein Abendgebet. Schließlich drehe ich mich nach links und schlafe innerhalb weniger Minuten ruhig ein.

Menschen mit Schlafstörungen regen sich während der ganzen Nacht über Dinge auf, die sie eigentlich während des Tages hätten erledigen sollen. Sie grübeln über das nach, was liegengeblieben ist und was sie am nächsten Tag erledigen müssen. Doch daraus wird nichts. Denn liegt man die ganze Nacht aus Sorge wach, ist der Tag darauf verloren. Übermüdet fehlt ihnen am nächsten Tag die Energie und die Disziplin, ihre Pläne auszuführen. In der folgenden Nacht bedauern sie sich wieder – ein Teufelskreis.

Die meisten Menschen schlafen zuviel. Sechs Stunden sind vollkommen ausreichend

Manche Menschen behaupten, daß sie mindestens zehn Stunden Schlaf am Tag brauchen. Doch es ist medizinisch nachgewiesen, daß sechs Stunden ausreichen. Prominente Beispiele sind der Weltreformer Martin Luther King und John F. Kennedy. Sie schliefen nie länger als vier Stunden pro Nacht. Wenn auch du glaubst, mindestens acht Stunden zu brauchen, dann erinnere dich an deinen letzten

Urlaub. Nach der wilden Nacht in der Disko warst du nach kurzer Ruhepause schon wieder wach und fit. Du hattest Spaß, hast das Leben genossen und nur fünf Stunden geschlafen! Oder denke doch an dein Geschäft, als du es damals neu eröffnet hast. Wieviel Stunden hast du da geschlafen? Ich wette, es waren nicht viele.

Schlafe weniger, dafür aber intensiver

Menschen, die sich selbst bemitleiden, schlafen oft so lange, wie sie können. Auf diese Weise haben sie nämlich weniger Zeit für die deprimierenden Gedanken. Aber der Mann und die Frau mit Selbstdisziplin schlafen, um sich zu erholen und nicht, um die Zeit totzuschlagen. Wenn du selbst ein Langschläfer bist, kannst du mit Hilfe von NLP lernen, weniger, aber intensiver zu schlafen und fitter wieder aufzustehen.

Keine Reue, sondern Disziplin – und du kannst Berge versetzen!

Beweglichkeit beseitigt Hindernisse.

Starre Denker stoßen auf eine Mauer des Unwillens

Du kannst dich anpassen. Wie ein gut trainierter Rennfahrer fährst du über die Rennstrecke deiner Existenz und weichst Wagen und Hindernissen aus, du steuerst scharf durch die Kurven und reagierst bedacht auf alles, was passiert oder passieren könnte. Du hast einen beweglichen Geist, denn starre Denker stoßen auf eine Mauer des Unwillens. Flexibilität ist ein angeborenes Verhalten des Menschen. Zwar setzen sich bestimmte Muster oder Denkweisen von Zeit zu Zeit fest, aber man kann sich wieder davon befreien, wenn der Traum nur stark genug ist.

Der Ablauf auf dem Weg zum Ziel ist immer der gleiche: Du mußt wissen, was du willst (der Traum), aktiv werden, diszipliniert und flexibel sein und dich schließlich mit deinem Traum vor Augen durchsetzen. Das sind alles natürliche Schritte, du brauchst sie nicht eigens zu lernen oder zu trainieren. Die Energiequelle für diese Schritte ist die Leidenschaftlichkeit; die Disziplin hält dich auf dem einmal eingeschlagenen Weg; und deine Beweglichkeit sorgt dafür, daß du dich von neuen Umständen nicht verunsichern läßt.

Kleine Erfolge begeistern dich, und Rückschläge akzeptierst du als Inspirationsquelle, damit du unter Berücksichtigung des Gelernten fortschreiten kannst. Jede Erfahrung, der erfolgreiche Menschen auf ihrem Weg zum Ziel begegnen, interpretieren sie als Bereicherung und Bestätigung. Die Deutung der Geschehnisse findet unbewußt und auf natürliche Weise statt. Deshalb geht bei Erfolgsmenschen scheinbar alles von selbst. Und dir erscheint es so, als hätten sie nur Glück.

Die Erfahrung zeigt uns, daß wir unser Gehirn in dieser Weise programmieren und steuern können. Es ist nachgewiesen, daß erst der Glaube an einen Traum und seine Realisierbarkeit den Weg dorthin ermöglichen.

Anderes Vorgehen = Andere Resultate.

Wenn du tust, was du immer tust, kriegst du, was du immer kriegst. Mach etwas anderes, und du wirst auch etwas anderes erhalten und ein anderes Ergebnis erzielen. Diese Er-

Wenn du nicht verstanden wirst, dann nimm andere Worte, rede mit Händen und Füßen ...

kenntnis ist auch auf Kommunikationsprobleme anzuwenden. Wenn du nicht verstanden wirst, sag es mit anderen Worten; und wenn du damit auch nicht durchkommst, dann versuche mal eine andere Tonart – ändere und variiere so lange, bis du die gewünschte Reaktion erhältst.

»Wo sich der Esel einmal stößt, da nimmt er sich in acht.« Der Esel ist in unserem Sprachgebrauch ein Synonym für Dummheit. Dabei ist der Esel gar nicht so dumm: Er wird den Stein, an dem er sich einmal gestoßen hat, von diesem Zeitpunkt an meiden. Er geht daran vorbei, ändert sein Verhalten und sucht sich einen anderen Weg. Es macht keinen Sinn, etwas immer auf dieselbe Weise zu versuchen, wenn das gewünschte Resultat ausbleibt.

Die einzige Konsequenz daraus ist, nach Alternativen Ausschau zu halten. Ein flexibler Geist hilft dir, den neuen Denkansatz zu finden. Alles ist möglich, du kannst alles erreichen, wenn du nur bereit bist, deine Vorgehensweise zu ändern, auf daß sich der gewünschte Erfolg einstellt. Wir müssen ständig kreativ sein, und zwar so lange, bis wir dort angekommen sind, wo wir hinwollten. Das bedeutet aber auch, daß man lernen muß, mit Abweisung und Frustration umzugehen. Die besten Vertreter sind diejenigen, denen oft die Tür vor der Nase zugeschlagen wurde. Sie müssen immer neue Strategien entwickeln, um ihre Ware an den Mann zu bringen. Versuche mal, etwas auf die Beine zu stellen, wenn du kaum Geld zur Verfügung hast. Not macht erfinderisch. Du wirst staunen, wie schnell du lernst.

Resignation und Flexibilität.

»Es ist schon gut so«, hört man viele Leute sagen, »ich bin zufrieden.« Was sich hinter diesen Worten verbirgt, das ist Resignation vor dem eigenen Leben. Sie haben sich ihrem Schicksal ergeben und nicht mehr den Mut und die Kraft, sich neuen Herausforderungen zu stellen. Sie verdrängen den alltäglichen Schmerz mit einer falschen Vorstellung von Zufriedenheit. Sie schläfern sich ein und behelfen sich meist mit Rauschmitteln: Schlaftabletten, übermäßigem Essen, Joints, Alkohol, Fernsehen, übermäßiger Arbeit und übertriebenem sportlichen Ehrgeiz.

›Schon zufrieden‹ sein heißt resignieren

Wer mit seinem Leben ›schon zufrieden‹ ist, darf getrost bemitleidet werden. Er hat offenbar nicht mehr genügend Energie, sich von alten Mustern zu befreien und sie durch neue zu ersetzen. Er weiß einfach nicht, wie er so etwas schaffen sollte, oder er hat einfach Angst vor erneuten schmerzlichen Erfahrungen. Angst vor Schmerzen ist aber nichts anderes als die Unfähigkeit, eine negative Erfahrung mit einem positiven Etikett zu überkleben. Menschen, die in der Welt und in ihrem Leben noch etwas bewegen können, verfügen über solch eine flexible Denkweise. Flexibilität ist eine Grundbedingung, um sein Glück zu finden.

Beweglichkeit führt automatisch zum Erfolg.

Du steuerst dein Ziel ohne Umweg an. Natürlich versuchst du, es auf möglichst direkte Weise zu erreichen. Doch das Leben bietet manche Überraschung. Gewisse Unwägbarkeiten sind einfach nicht vorherzusehen. Wer jetzt in starren Denkmustern verharrt und keine Ideen hat, wird sich in diesen Hindernissen verfangen. Wer jedoch flexibel bleibt, wird seine Pläne vollenden können. Wie ein Fluß sich seinen Weg bis zum Meer bahnt und durch die Landschaft mäandriert, so wirst du sämtliche Schwierigkeiten links und rechts liegenlassen und schließlich deinen Traum verwirklichen.

Verpflichte dich, in Bewegung zu bleiben und am Ziel anzukommen

Auf dem Weg dorthin gibt es zahlreiche Teilerfolge. Jeder ist ein Produkt der eigenen Verpflichtung, am Ziel anzukommen, und sei es über Umwege. Sich zwischendurch mal den Kopf zu stoßen, ist langfristig gesehen meist hilfreicher, als ein völlig widerstandsloser Gewaltmarsch bis zum Schluß. Viele kleinere schmerzhafte Erfahrungen sind besser als eine große.

Alle Wege führen nach Rom

Alle Wege führen nach Rom. Du wirst noch oft anhalten, ausweichen und dich für eine neue Linie entscheiden müssen. Wenn du beweglich denkst, dann hast du den alternativen Pfad schon parat, wenn du auf ein Hindernis triffst. Dein Ziel steht unumstößlich fest, aber dein Weg kann variieren. An Baustellen auf der Straße wartest du ja auch nicht vor dem Hinweisschild, bis die Arbeiten vollendet sind, sondern nimmst einen Umweg.

Wir haben immer die Wahl.

Du fährst auf der Autobahn, es knallt fürchterlich, und der rechte Vorderreifen fliegt in Fetzen von der Felge. Dein Auto schlingert. Du handelst zwar automatisch aus deinem Reptiliengehirn heraus, dennoch hast du die Wahl: Entweder du flüchtest oder du kämpfst, entweder du hältst die Hände vor die Augen oder du versuchst die Situation beherzt zu retten.

Auch wenn du manchmal denkst: »Ich habe keine Wahl«, gibt es eigentlich immer auch den anderen Weg. Sich keine Wahlfreiheit zuzugestehen ist auch eine Wahl. Ich bin felsenfest davon überzeugt, daß du dich jederzeit entscheiden kannst, egal wie die Situation aussieht. Oft merkst du das erst in Ausnahmesituationen, in denen du dich entscheiden mußt.

Du entscheidest dich ständig, auch wenn es dir nicht bewußt ist

Du wählst ständig. Du entscheidest dich in jedem Moment des Tages. Das können ganz unwichtige Entscheidungen sein, wie das Anzünden einer Zigarette oder die Wahl des Hemdes. Es kann aber auch tiefer gehen, wenn man sich zum Beispiel für eine andere Stimmung oder eine neue Einstellung zum Leben entscheidet. Es ist immer besser, eine falsche Wahl als überhaupt keine Wahl zu treffen.

Jeder Mißerfolg ist gleichzeitig ein Erfolg.

Das Wort ›Mißerfolg‹ sollte aus dem Wörterbuch gestrichen werden. »Die Verhandlungen sind mißlungen«, sagt der Nachrichtensprecher. Das ist eine falsche Betrachtungsweise. Die Verhandlungen sind nicht mißlungen, es hat sich nur herausgestellt, daß beide Partner nicht flexibel genug waren, ihre Ziele zu erreichen. Die Feststellung dieser Halsstarrigkeit aber ist ein Ergebnis. Sie besagt, daß von nun an anders kommuniziert werden muß. Niemand kann scheitern. Mißerfolge gibt es einfach nicht. Es kann nur sein, daß das Resultat einer bestimmten Anstrengung nicht mit dem übereinstimmt, was du dir zuvor als Ergebnis vorgestellt hattest. Alles schafft Ergebnisse, die wiederum dazu verwendet werden können, einen neuen Kurs zu bestimmen. Wenn du in eine Sackgasse gerätst, ist gerade das auch ein Ergebnis. Du weißt, daß du diesem Kurs nicht mehr folgen darfst.

Du kannst nicht scheitern, du kannst nur erfahren, was alles nicht funktioniert

Alles ist ein Erfolg. Wenn du ein bestimmtes Ziel vor Augen hattest, es aber nicht erreicht hast, kannst du dir selbst sagen: »Ich bin gescheitert.« Aber wie fühlst du dich mit einem solchen Satz im Kopf? Das Wissen um dein Scheitern wird dich niederdrücken, deprimieren und von neuen Aktivitäten abhalten.

Wenn du dir jedoch sagst: »Das Ergebnis dieses Versuches ist, daß ich jetzt weiß, was alles schiefgehen kann. Deshalb habe ich jetzt, mit einer besseren Strategie, eine größere Chance«, wird dich das inspirieren und dazu animieren, es von neuem zu probieren. Und wie fühlst du dich dann?

Du hast selber die Wahl: entweder der Verlierer oder das Stehaufmännchen zu sein.

NIMM DIR DIE FREUDE

Für das Glück entscheiden

Wenn du etwas tust, dann tu es mit einem lachenden Gesicht. Dann strahlt die Sonne. Wenn du etwas mit Freude tust, hat dein Körper eine andere Muskelspannung, dein Augenaufschlag ist freundlicher, es strömen andere chemische Stoffe durch dein Blut, und du wirst Erfolg haben mit dem, was du gerade machst.

Das scheint schwierig zu sein, denkst du. Irrtum: Es ist einfach. Du mußt dich nur für die Freude entscheiden. Wenn du dich dazu entschließt, eine Tätigkeit, die du haßt, dennoch mit Freude auszuführen, wird sie dir besonders leicht von der Hand gehen.

Unmöglich? Es geht, wenn du deine Ansicht änderst. Abwaschen ist vielleicht unangenehm (»Bäh, abwaschen ...«), aber wenn du dein Blickfeld auf das glänzende Geschirr im Schrank richtest (»Ha, schön sauber!«), weckt das in dir ein freudiges Gefühl. Welche Stimmung gehört eher zur Freude? Mir scheint das ganz klar.

Bilder der Freude.

Schöne Bilder stimmen dich fröhlich

Denk einmal an einen Moment der Freude in deinem Leben zurück. Ein schöner Urlaub, eine aufregende Begegnung, ein Fest oder das Gefühl, Erfolg zu haben. Du kannst dir diese Momente immer scharf und deutlich ins Gedächtnis zurückholen. Wenn du das machst, merkst du sofort, wie gut du dich fühlst.

Denk auch einmal an die schweren Momente voll Kummer und Schmerz. Ist dieses Bild genauso klar wie das freudige

Bild? Das kann ich mir nicht vorstellen, denn die Freude sieht immer besser aus, weil das Positive stärker ist als das Negative. Ich wage zu behaupten, daß die Momente der Freude häufiger auftauchen als die der Trauer und freudige Erinnerungen lebendiger sind als schmerzhafte.

Wer lacht, gewinnt im Leben

Das ist die Erklärung. Es hat mit der Art und Weise (*Submodalitäten*) des Erlebens zu tun. Eine traurige Erinnerung rufst du durch dunkle und schwere Bilder hervor, eine schöne Erinnerung durch klare, farbige und fröhliche Bilder, angenehme Stimmen und Musik. Es fühlt sich gemütlich an.

Wie war es in der Schule? Wer war dein Lieblingslehrer? Unterrichtete er vielleicht auch das Fach, in dem du ›zufällig‹ der Beste warst, und gab er deiner Meinung nach auch den besten Unterricht? Du hattest Spaß in seiner Klasse und wurdest dadurch immer besser in diesem Fach. Geh mit Spaß an deine Arbeit, dann läuft alles gut, und die Schwierigkeiten (die einfach dazugehören) begrüßt du als eine Herausforderung. Denn eine Arbeit ohne Probleme ist doch öde und langweilig.

Es klingelt. Du machst auf und schaust genau deiner Schwiegermutter ins Gesicht. Das ist schon das dritte Mal in dieser Woche! Sie geht sofort zur Küche durch, schaut unter die Topfdeckel und dreht den Gashahn zu. Ungebeten füllt sie den Hundenapf, öffnet das Fenster und stellt die Töpfchen mit dem Etikett nach vorn in den Schrank. Schön, daß sie da ist! Das wird ein herrlicher Abend! Das letzte Mal hat sie sogar den Abwasch erledigt und einen herrlichen Apfelkuchen mitgebracht. Man kann sich immer auf sie verlassen.

Lebe mit Freude!

Lebe mit Freude! Was du gut kannst, machst du mit Freude, und was du mit Freude machst, tut dir gut. Du lernst ausgezeichnet, wenn du Spaß dabei hast, und außerdem kannst du die Inhalte dann nicht mehr vergessen. Das ist der Unterschied zwischen Erinnerung und Gedächtnis. In deinem Gedächtnis mußt du graben, um etwas zu finden. Du mußt auf einen bestimmten Knopf drücken, um ein bestimmtes Bild auf dem Bildschirm deines geistigen Auges erscheinen zu lassen. Deine Erinnerung bleibt hingegen immer bei dir. Die Bilder werden immer zurückkommen.

Bilder der Freude kannst du dir auch für deine Zukunft ausmalen. Wie ist es mit deinen Zielen im Leben? Du wirst schneller und effektiver ans Ziel kommen, wenn du dir jetzt schon das Ergebnis vorstellst. Dein Gesicht wird dann vor Glück strahlen. Du siehst dich selbst im Mittelpunkt deines Erfolgs, klar, farbenfroh und glücklich. Das gibt dir jetzt schon ein angenehmes Gefühl, das dich wiederum motiviert, so schnell wie möglich ans Ziel zu kommen. Wenn du den glänzenden Erfolg vor Augen hast und dieses angenehme Gefühl bekommst, wirst du aktiv werden und den ›Preis‹ bezahlen. Mit Freude im Herzen investierst du mehr Energie für das Erreichen deines Zieles. Und es geht um ein vielfaches leichter.

Glückliche Entscheidungen.

Du kannst fröhlich sein – egal, was du gerade durchmachst

Ob du Freude empfindest oder dich elend fühlst ist kein Zufall. Das ist nicht vom Wetter abhängig oder von der Laune, mit der du wach geworden bist. Ich möchte hier ganz deutlich sagen, daß du immer Spaß am Leben haben kannst, was immer du auch durchmachst.

Es ist eine bewußte, eigene Wahl, das, was passiert, mit dem Etikett ›Spaß‹ oder ›Elend‹ zu versehen. Es ist deine Entscheidung zu bestimmen, ob du deprimiert oder fröhlich bist.

Ich möchte damit keinen Zwang zur Fröhlichkeit verordnen. Das wäre unnatürlich. Selbstverständlich gibt es Momente, in denen es einem weniger gutgeht, schließlich kannst du jederzeit mit Betrübnis und Schmerz in Berührung kommen. Du mußt es dir auch mal erlauben, dich elend zu fühlen – solange du nicht vergißt, daß es deine eigene Wahl ist und du wieder auf Heiterkeit umschalten kannst.

Stell dir mal vor, ich komme heute abend nach Hause, meine Frau beugt sich aus dem Fenster, wirft meinen Koffer mit den nötigsten Sachen hinunter und schreit, daß alle Nachbarn es hören können: »Du Mistkerl, Versager, geh zum Teufel. Deine Sekretärin wird dich verstehen.« Ich könnte mich dann wie ein gebrochener Mann, stöhnend unter dem Gewicht meines Koffers, auf die Straße schleppen, mir eine Flasche Johnny Walker kaufen und mein Leben als einen langen, dunklen Tunnel betrachten.

Ich könnte auch ein Gefühl der Befreiung aufbauen und denken, daß dies in diesem Moment die beste Lösung für sie und die Kinder ist. Ihr Verhalten von heute abend ist nicht ihr Verhalten von morgen. Wenn ich diese Voraussetzung annehme, kann ich mich sogar in dieser Situation, die im allgemeinen als traurig empfunden wird, gut fühlen. Ich werde jetzt nicht durch Rachegefühle oder Kummer behindert. Also kann ich ruhig schlafen gehen. In ein paar Tagen wird die Sache ganz anders aussehen.

Wenn du entlassen wirst, deine Kinder weglaufen, dein Mann oder deine Frau Alkoholiker werden und du dein

Du kannst dich für das Glück entscheiden

Auto zu Schrott fährst (reicht das?), hast du immer noch die Möglichkeit, zu dir selbst zu sagen: »Ich kann mich für das Glück entscheiden. Ich möchte mich gut fühlen, also kann ich es. Ich möchte das Witzige an dieser Situation sehen, also sehe ich es auch. Ich möchte darüber herzhaft lachen können.« – Und du wirst lachen.

Wer sich das selbst sagt, gerät in eine ganz andere geistige Verfassung als derjenige, der sich ständig Glücklosigkeit und Pech vor Augen hält. Das scheint einfach zu sein, und das ist es auch. Der Erfolg ist abhängig von der Überzeugung, mit der gedacht wird.

Einen Stamm hochzuklettern, der mit grüner Seife eingeschmiert ist, wird nicht gelingen – so denkst du vielleicht im ersten Augenblick. Du kannst dann deine Hände in die Taschen stecken, den Versuch nicht unternehmen und den, der es doch versucht, auslachen.

Du kannst aber auch einen Pickel holen, Schuhe mit Spikes anziehen und andere um Hilfe bitten. Diese Entscheidung triffst du selbst. Du versuchst auf jeden Fall, auf irgendeine Weise nach oben in die Krone zu gelangen. Wenn du oben angekommen bist, lachst du laut und schaust dir die Leute unten an, die mittlerweile nicht mehr geringschätzig lachen.

Positives Denken.

Ich kenne ein Ehepaar, bei dem die Frau wegen ihrer Kinder manisch-depressiv geworden ist. Das ist für den Mann natürlich eine Katastrophe, denn an ihrer 25jährigen Ehe hatte er wenig Freude. Dennoch war es ihm gelungen, glücklich zu sein. Die Kinder mußten in Gastfamilien, weil die Atmosphäre zu Hause unerträglich war. Dadurch wurde die Frau noch depressiver, weil sie unter diesen Umständen überhaupt nicht mehr in der Lage war, die Kinder zu erziehen. Ab und zu wurde sie in eine Klinik gebracht. Er blieb aber heiter und konnte sich aufrechthalten. Jetzt hat sich herausgestellt, daß sich bei seiner Frau wegen ihres Grübelns ein unheilbarer Tumor im Kopf entwickelt hat; ihre Tage sind gezählt. Natürlich findet er das schrecklich, aber er meint auch: »Gut, daß die Kinder jetzt wieder nach Hause kommen können. Ich werde das sicher genießen.«

Übe dich im Erleben von Freude

Dieser Mann trifft ›von Natur aus‹ positive Entscheidungen, obwohl er wirklich viele schwere Momente erlebt hat. Wer darin nicht so erfahren ist, kann es sich selbst noch beibringen. Tu es einfach. Übe dich im Erleben von Freude. Kehre jede Situation so um, daß ein schöner Aspekt daran sichtbar wird. Im zweiten Teil dieses Buches lernst du diese Technik (Neubewerten – Der positive Weg). Aber ich möchte dir jetzt schon einmal zeigen, was ich damit meine. Der Mann, den ich soeben beschrieb, malt die Geschehnisse von gestern in seinem Kopf mit Farben aus, die ihn angenehm und heiter stimmen. Diese Bilder bewegen sich munter in seinem Kopf und werden von heiterer Musik begleitet. Durch diesen Zustand gerät er in eine freudige Stimmung, die er, wann immer er möchte, hervorrufen kann.

»Das Gestern ist nicht dasselbe wie das Heute, und das Heute nicht wie das Morgen«

Er filtert seine Gedanken, wenn er sagt: »Das Gestern ist nicht dasselbe wie das Heute, und das Heute nicht wie das Morgen.« Seine Frau sieht alles, was gestern geschah und heute wieder geschehen wird in einem langweiligen Schwarzweiß, das Bild ist starr geworden, und es gibt keine Musik. Nur tödliche Stille. Sie ist sich sicher, daß das Leben unerträglich schwer ist und auch immer so sein wird. Es steht für sie fest, daß ein Mensch immer so bleibt, wie er ist, und nichts verändern kann.

Ich habe ihn gefragt, was er macht, um in eine gute Stimmung zu kommen, trotz der schwierigen Umstände seiner Existenz. Er weiß es nicht. Erst als ich ihm half, sich dessen bewußt zu werden, realisierte er, daß es etwas mit bewegenden, farbigen Bildern und heiterer Musik zu tun hat – und vor allem mit seinen unterstützenden Überzeugungen.

Erbsünde und Erinnerung.

Ich kenne eine Familie mit zwei Brüdern, Cor und Erik, von denen man sagt, zwischen ihnen bestünden große Charakterunterschiede. Aber das stimmt nicht. Cor malt die Vergangenheit nur anders aus als Erik. Wenn du Cor nach der Erinnerung an seinen Vater fragst, beschreibt er einen Mann, der nie Zeit hatte, immer arbeitete, immer betrunken war, immer nörgelte, immer …

Cor hat sich vorgenommen, seinem Vater nicht zu ähneln. Aber ›nicht‹ gibt es nicht. Wie seltsam, daß Cors Kinder jetzt sagen, daß ihr Vater nie Zeit für sie hat und immer arbeitet, immer nörgelt, immer ...

Erik erlebt seinen Vater in seiner Erinnerung als tollen Mann, mit dem man immer lachen konnte. Er nahm sich für sie am Sonntag Zeit und unternahm etwas mit ihnen. Er trank vielleicht manchmal ein Gläschen zuviel und tobte dann, aber ist das nicht menschlich? Erik hat von ihm eine Vorstellung, die ihn als echten, guten Vater präsentiert.

Die Kinder von Erik finden, daß ihr Vater hart arbeitet und dennoch Zeit und Interesse für sie aufbringt. Sie sagen: »Mein Vater ist der tollste Vater der Welt.« Was sollen deine Kinder über dich sagen, wenn du nicht mehr da bist?

Das Elend in den Familien setzt sich über die Erinnerungen an es fort

Die Art und Weise, wie du dich an deine Eltern erinnerst, wird sich immer in dem Verhalten spiegeln, das du als Vater oder Mutter deiner eigenen Familie gegenüber an den Tag legst. Das Elend in den Familien setzt sich über die Erinnerung an es fort. Das unbewußte Registrieren deiner früheren Familiensituation und das daraus resultierende Verhalten kann man auch als Erbsünde auffassen. Deswegen fordere ich dich dazu auf, anders an deinen Vater und/oder deine Mutter zu denken. So durchbrichst du den negativen Verhaltenskreis. Konzentriere dich auf die glücklichen Momente mit ihnen. Diese hat es gewiß oft gegeben, vielleicht während des Urlaubs, des Weihnachtsfestes, während der Geburtstage?

Konzentriere dich auf die glücklichen Momente mit deiner Familie

Momente schaffen die Qualität des Lebens. Du wählst diese Momente selbst.

Schöpfer der Wirklichkeit.

Freude erschaffst du selbst. Du sagst dir: »Ich möchte in eine beflügelnde Stimmung kommen.« Das ist kein Problem für dich, denn du kannst allem deine eigene Wirklichkeit geben. Mit einem entwickelten Vorstellungsvermögen und durch das Hinzufügen von vielen reizvollen Einzelheiten kommst du schnell in die vermögende Stimmung.

Peter, ein deutscher Freund von mir, wird sich von seiner spanischen Gattin trennen, die mit ihrer kleinen Tochter bei ihren Eltern in Spanien wohnt. Ich bat Peter, sich vorzustellen, wie seine Tochter alleine auf der Treppe sitzt und traurig vor sich hinstarrt. Niemand hat Zeit für sie, sie läßt ihr Köpfchen hängen und weint leise in sich hinein. Peter schrumpfte fast zusammen, als er sich das vorstellte. Er wollte sofort nach Spanien fliegen, um sein Kind zu trösten. Seine Vorstellung gefror zu einem schwarzweißen Standbild mit grauen Zwischentönen. Es wurde tödlich still.

Danach bat ich Peter, sich etwas Neues vorzustellen. Jetzt sitzt sie da und spielt eifrig mit ihrer Puppe. Die Puppe trägt ein blaues Kleid, die Äuglein bewegen sich. Das Kind bekommt rosige Wangen vor Aufregung. Es hat ein gelbes Band im Haar. Opa und Oma kommen die Treppe herauf. Sie lächeln dem Kind voller Liebe zu, wobei Oma ihre Hände, die durch das Waschen des Gemüses naß geworden sind, an ihrer Schürze abwischt. Das Kind lacht zurück, springt auf und umarmt die beiden. Das Bild versetzte ihn in eine vermögende Stimmung. Es bewirkte Ruhe und auch Freude. Es gab ihm ein gutes Gefühl, und er setzte sich mit Spaß an die Arbeit.

Freude im Alltag – ist das anormal?

Ich möchte Spaß erleben und kann ihn auch immer haben, ich muß mich nur entscheiden, ob ich das auch will, in diesem Augenblick. Bei dir ist es genauso. Du kannst immer lachen! Ich wette, wenn du im Zug oder in der S-Bahn über einen guten Witz lachst, der dir plötzlich einfällt, werden dich die anderen Leute strafend anschauen, denn es gehört sich nicht, alleine zu lachen. Siehst du manchmal Menschen schmunzeln, die im Stau stehen? Vermutlich denkst auch du dann: »Der ist total verrückt« – ist er aber nicht. Er verändert seine *interne Repräsentation*, um seine Zeit im Stau auszunutzen, er fühlt sich gut und genießt seine positive Stimmung. Und wir glauben, das sei anormal.

Der Mann vor ihm trommelt ärgerlich auf dem Steuer herum, hört nichts, ist verbissen, schaut mürrisch vor sich hin und regt sich ständig auf, weil er zu spät kommen wird. So ein Verhalten finden wir normal. Das ist doch krank, daß wir so denken! Und es macht auch krank, denn der Mann wird nicht lange leben, wenn er sich so aufregt …

In welcher Realität lebst du?

Der Mann mit Freude registriert die Farbnuancen an den Blättern der Bäume. Er singt die Hitparade hoch und runter. Er lacht über die sauren Gesichter der anderen, die im Stau stehen. Auch das macht ihn froh. Er genießt das Wetter. Er lebt eine andere, seine eigene Realität. Vielleicht ist es eine, die du bis jetzt noch nicht wahrgenommen hast. In welcher Realität lebst du?

Schau dir ein Kind an. Natürlich kennt ein Kinderherz auch Schmerzen, aber die sind schnell wieder vergessen. Peterchen weint, Peterchen lacht. Guck es dir bei ihnen ab. Viel Spaß!

ICH MÖCHTE = ICH KANN

Ängste überwinden

Ich habe Angst vor ...

Jeder Mensch hat gelernt und weiß also, was Angst ist: Angst vor dem dunklen Wald, vor der Begegnung mit einer bestimmten Person, vor Hunden oder vor Feuerläufen. Wovor hast du Angst? Nimm dir einmal ein paar Minuten Zeit und überlege, was dir angst macht. Wenn du möchtest, kannst du hier deine Ängste notieren.

Was ist eigentlich Angst?

Jeder Mensch ist darauf programmiert, dem Schmerz aus dem Wege zu gehen. Du verbrennst dir deine Finger nicht bewußt am Ofen. Die Vermeidung von Schmerzen geschieht instinktiv und bildet die Ursache für dein Handeln. Das wurde schon in der biblischen Schöpfungsgeschichte und in der Evolutionstheorie festgestellt. Adam und Eva wurden mit flammendem Schwert (kann es noch schlimmer sein?) aus dem Paradies vertrieben. Damit fing es – symbolisch oder nicht – an. Tiere zeigen dieselbe vermeidende Reaktion bei Feuer. Angst bewirkt also die Flucht vor Situationen, die nichts als Schmerzen versprechen.

Biologisch betrachtet, ist Angst ein ›chemischer Sturm‹ in deinem Gehirn. Sie wird – wie jede Emotion – durch eine chemische Reaktion in den Gehirnzellen ausgelöst. Das verursacht die Bildung eines Stoffes, der mit dem Blut durch den Körper transportiert wird. Durch plötzliche Angst wird Adrenalin produziert. Dein Verhalten ist dann durch Flucht oder Angriff gekennzeichnet, und schon steckst du in einer ausgemachten Streßsituation.

Die Angst, wenn du in einer Achterbahn sitzt, ist von einem anderen Kaliber. Das ist eine angenehme Aufregung, die eine andere chemische Verbindung zustande bringt, wodurch du ein euphorisches Gefühl bekommst.

In beiden Fällen ist die Rede von Angst, obwohl die Reaktionen des Körpers ganz unterschiedlich sind. In der Streßsituation wird nämlich ein chemischer Stoff ausgeschieden, der sich in deinem Körper festsetzt und das Magnetfeld in deinen Zellatomen letzten Endes stört. Deshalb kannst du krank werden, wenn du deinen Ängsten nachgibst. Dir steht jedoch auch die Möglichkeit offen, deine Angst zu überwinden.

Überwindung öffnet Horizonte.

Tue das, wovor du Angst hast

»Ich möchte = Ich kann« ist die stärkste Formel des NLP. Viele Menschen möchten am Ende meines NLP-Seminars über das Feuer laufen, sie haben aber nicht den Mut dazu. Sie denken, daß sie es nicht können und sich die Füße verbrennen. Sie überzeugen sich selbst davon, daß sie gerade das tun müssen, was sie tun möchten und wovon sie glauben, daß sie es nicht können: aus Angst oder aus Unvermögen. Es gibt eine schöne Redensart: »Kannicht liegt auf dem Friedhof, und Willnicht liegt daneben.« Im zweiten Teil dieses Buches (Dissoziieren – Einüben neuer Verhaltensmuster) stelle ich dir mehrere Methoden vor, die dir dabei helfen, deine Ängste zu überwinden. Gerade das zu tun, wovon du denkst, daß du es nicht kannst, hat Erfolg. Diese Überwindung deiner selbst eröffnet dir einen neuen Horizont und verschafft dir neue Bezugsrahmen. Du brauchst sie immer wieder in deinem Leben. Nur so kannst du innerlich wachsen und dich weiterentwickeln.

Du hattest Angst gehabt, als deine Mutter dich die ersten Tage im Kindergarten allein gelassen hatte, vor der ersten Klassenfahrt, als du das erstemal ohne deine Eltern auf Reisen gegangen warst, bei der ersten Begegnung mit dem anderen Geschlecht. Du hast das alles getan und gleichzeitig

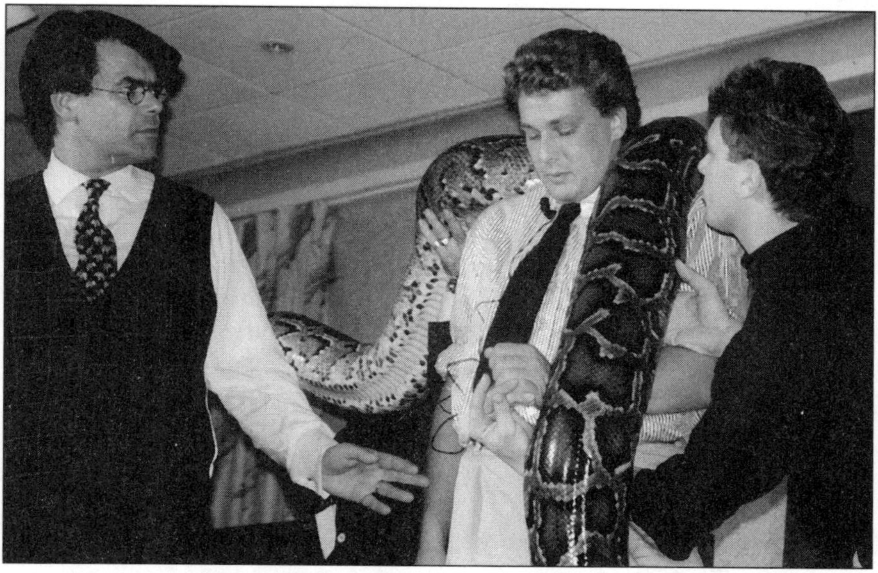

deine Grenzen erweitert. Sammle all deinen Mut, und tue, wovon du denkst, daß du es nicht kannst oder nicht wagst. Es wird ein Durchbruch für dich sein. Danach wird nur noch wenig übrigbleiben, was du nicht kannst. Auf diese Weise wirst du imstande sein, deine Grenzen ständig zu erweitern und zu wachsen.

Du kannst Herr deiner Ängste sein. Trau dich!

Krebs.

Angst ist ein schlechter Ratgeber. Männer, die vor einem Herzinfarkt Angst haben, fangen an zu joggen, lassen sich von Kopf bis Fuß untersuchen und fallen eine Weile später tot um. Wir haben es noch nie so eilig gehabt, einen Herzinfarkt zu vermeiden – aus Angst vor dem Tod –, und noch nie vorher sind so viele Menschen daran gestorben.

Dieses Phänomen läßt sich bei vielen Krankheiten beobachten, zum Beispiel auch beim Krebs. Krebs ist ein häßliches Wort. Es erinnert uns an Schmerzen und Tod. Wissenschaftler sind überall in der Welt fieberhaft auf der Suche nach einem Heilmittel. Doch der Oberbegriff Krebs repräsentiert eine große und komplizierte Masse Zerstörendes im Körper. Deshalb wird die Suche wahrscheinlich noch lange dauern.

Fünf Ursachen für Krebs:

Umwelt …

Meiner Meinung nach gibt es fünf Ursachen für Krebs. Es kann von außen kommen. Wenn du in einem Gebäude gearbeitet hast, in dem viel Asbest verarbeitet wurde, ist die Wahrscheinlichkeit Krebs zu bekommen relativ groß. Hast du in der Nähe von Tschernobyl oder eines Atolls, wo die Amerikaner mit Atombomben experimentiert hatten, gewohnt, ist die Wahrscheinlichkeit ebenfalls größer. Hieran kann man nichts ändern. Es geschieht mit dir, und das ist schrecklich.

… karzinogene Stoffe …

Die zweite Ursache liegt im Einnehmen bestimmter Stoffe: die Pille, Zigaretten, Molkereiprodukte, Grillfleisch und viel Salz erhöhen die Chance dieser tödlichen Krankheit. Nun stellte sich heraus, daß jedes dieser Produkte mit einem bestimmten Organ, das von Krebs befallen werden kann, zusammenhängt. Salz bedeutet oft Speiseröhrenkrebs, die Pille Gebärmutterkrebs, Rauchen Lungenkrebs, und Molkereiprodukte können die Prostata schädigen.

Das Beispiel eines Mannes, der zwei Schachteln Zigaretten pro Tag rauchte und sich gerne einen genehmigte, aber 100 Jahre alt wurde, hört man oft. Meistens stellt sich dann heraus, daß diese Person tagsüber anstrengende körperliche Arbeit leistete, damit aber eine gute Durchblutung des Körpers bewirkte. Menschen, die viel Salz benutzen und keinen Krebs bekommen, trinken viel. Mengen von Milcherzeugnissen zu sich zu nehmen und dennoch keinen Prostatakrebs zu bekommen, weist auf eine ausreichende Zufuhr von Faserprodukten hin. Alles hängt miteinander zusammen.

… Vererbung …

Die dritte Ursache ist meiner Ansicht nach genetisch bestimmt. Denn wenn unser Körper – Sehstärke, Haarwuchs,

Hautfarbe, Körperbau etc. – von Chromosomen bestimmt wird, warum soll dann nicht auch Krebs vererbt werden können? Die Frage ist nur, ob du 100prozentig an Krebs erkranken wirst, wenn z.B. dein Vater oder deine Mutter an dieser Krankheit gestorben sind. Meiner Ansicht nach nein. Wahrscheinlich bist du nur empfänglicher für eine bestimmte Krebsart. Wenn du das aber weißt, kannst du entsprechend vorbeugen. Du kannst geeignete Maßnahmen ergreifen und so die potentiell gefährdeten Körperregionen entlasten. Wichtig ist, daß du aufgrund dieses Wissens bewußter lebst. Dann ist die Krankheit deiner Angehörigen nicht umsonst gewesen.

... Viren und Bakterien...

Die vierte Ursache betrifft meiner Ansicht nach Viren und Bakterien. Sie sind überall in deinem Körper. Die meiste Zeit jedoch sind sie inaktiv, sie ›schlafen‹ und werden erst wach, wenn sie gereizt werden – z.B. durch bestimmte Stoffe oder eventuell durch einen speziellen inneren Mechanismus. Das hört sich vielleicht fremd an, aber seit kurzer Zeit wissen wir, daß z.B. Magengeschwüre durch Bakterien verursacht und nicht nur durch seelische Beschwerden hervorgerufen werden. Es wird vermutet, daß psychische Probleme die Bakterien aktivieren und es so zu den Geschwüren kommt.

... Vergiftung des Geistes

Die fünfte Ursache ist meiner Ansicht nach die Vergiftung deines Geistes: Du gehst schlecht mit dir selbst um. Das heißt: Du siehst immer nur Schwierigkeiten, wenn andere dir Möglichkeiten eröffnen, du spürst Unzufriedenheit, Ärger, Streß, Bedauern, aber keine Lebensfreude. Menschen, die von allem die Schattenseite sehen, sind damit beschäftigt, ihren Geist zu vergiften. Letztendlich wird der Geist dermaßen von Ärger überfüllt, daß dieser den Körper überschwemmt. Der Geist bewirkt dies mittels der Abscheidung von Neuropeptiden (ein chemischer Stoff, der vom Gehirn mit einer Botschaft für die Zellen produziert wird). Diese verbreiten sich im Körper und verändern die Programmierung bei empfänglichen Zellen, wodurch eine veränderte Zellteilung verursacht wird. Es entstehen Wucherzellen. Diese werden also letztendlich nur von den negativen Botschaften, die unaufhörlich zum Gehirn und – in einem späteren Stadium – zum Körper gesandt werden, ausgelöst.

Negative und positive Botschaften.

Sätze mit einem ›Nicht‹ sind negative Botschaften

Wir werden täglich von negativen Botschaften überflutet. Achte einmal darauf. Negative Botschaften sind z.B. auch Sätze, die ein ›Nicht‹ enthalten. Sag zu einem Kind: »Klekker nicht mit der Milch«, und das Kind wird kleckern. Wer sagt: »Sei bitte vorsichtig mit der Milch«, übermittelt eine positive Botschaft. Die Warnung: »Paß auf, daß du nicht unter einen Wagen gerätst«, erhöht die Wahrscheinlichkeit eines Unfalls. Wenn du sagst: »Paß gut auf beim Überqueren der Straße«, wird das Blickfeld des Kindes auf etwas anderes gerichtet.

Dein Gehirn hat nur eine Aufgabe: die Ausführung der Befehle, die du ihm gibst. Was du sagst, geschieht. Du mußt lernen, daß das Wort ›nicht‹ für dein Gehirn nicht existiert. Ich fordere dich jetzt auf: »Stell dir folgendes nicht vor: fünf grüne Äpfel.« Woran denkst du? Genau, an fünf grüne Äpfel!

Unser Denken bestimmt den Zustand unseres Körpers

Wenn ich sage: »Denke nicht an Krebs.« Woran denkst du? Genau! So etwas ist immer mit einer internen Visualisierung verbunden. Das Kind sieht im Geiste, daß es Milch kleckert, also kleckert es. Es sieht, wie es unter ein Auto fällt und stolpert. Das geschieht fast immer unbewußt. Auf diese Weise kreiert man selbst die Vision von Krebs, und man braucht nur noch darauf zu warten. Denn: Unser Denken bestimmt den Zustand unseres Körpers.

Sagst du zu dir: »Ich werde dafür sorgen, daß ich keinen Krebs bekomme«, erhöhst du damit die Wahrscheinlichkeit, Krebs zu bekommen. Dir selbst zu sagen, daß du keinen Herzinfarkt bekommen wirst, heißt vielleicht, daß du ihn erst recht bekommst.

Wenn du abnehmen möchtest und du sagst die ganze Zeit zu dir: »Ich möchte schlank sein«, empfängt dein Gehirn Signale, bei denen ›schlank‹ überwiegt. Dein Gehirn bringt dich zu diesem Bild. Wenn du zu dir selbst sagst, daß du keinen Krebs oder keinen Herzinfarkt bekommen wirst, bedeutet das, daß du dein Gehirn auf diese tödlichen Krankheiten fokussierst.

Krankheiten können auch durch Sprache geheilt werden

Du rufst sie selbst hervor, die Krankheiten. Deshalb ist es auch möglich, den Prozeß umzukehren. Norman Cousin hat sich selbst gesund gelacht. Es ist nachgewiesen worden, daß Menschen, die an ihrem Heilungsprozeß mitarbeiten, eine sehr große Chance haben zu genesen; sie rücken ausschließlich das Positive ins Blickfeld und treiben auf diese Weise ihr Immunsystem zur Arbeit an. Du mußt davon überzeugt sein, daß du genesen kannst. Ich kenne eine Patientin mit multipler Sklerose, die nach zwei Stunden Gespräch ihren Finger bewegen konnte. Ich weiß, wie es möglich werden konnte. Andere nannten es ein Wunder. Jetzt kann sie schon ihren Unterarm bewegen.

Joost, mein gelähmter Freund, wird gehen können, wenn er davon überzeugt ist, daß er jemals dazu fähig sein wird. Er wird aus seinem Nervenzentrum ein Kommandozentrum machen, und sein Körper wird seine Befehle befolgen und ausführen.

Die Stimmung steuert, was dies betrifft, auch dein Verhalten. Bei 80 Prozent der passiven Zuckerkrankheitpatienten verschlimmert sich die Krankheit; viele von ihnen bekamen es gerade dadurch, daß sie so passiv waren. Viele Rheumapatienten sind introvertiert. Asthmapatienten schlingen ihre Rückschläge in sich hinein; das bedeutet, »inwendig zu weinen«.

Tausche Angst gegen Freude.

Wer Angst vor etwas hat, muß seine Einstellung so verändern, daß die Angst einer positiven Überzeugung Platz macht. Angst ist eine negative Überzeugung. Verändere sie in eine positive, und das negative – vergiftende – Bild wird aus deinem Gehirn verschwinden.

Angst gegen Freude einzutauschen bedeutet, sich selbst zu lieben

Du kannst dich entscheiden. Lerne von den Gewinnern, z.B. von den Menschen, die körperlich und geistig gesund sind und auf eine gesunde Weise alt werden. Frag alte Leute. Sie werden sich nicht wegen eines Schnapses oder einer Zigarette schämen, sie benehmen sich gemäß ihres Alters. Ihr gesunder Blick auf die Umgebung aber ist noch viel wichtiger. Sie sind froh, wenn es regnet, denn das gibt ein so schönes Gefühl auf dem Gesicht. Sie nörgeln nicht über den sauren Regen, weil der Wald noch genauso grün ist wie vor fünfzig Jahren. Sie klagen nicht über Abgase, denn sie sehen eine phantastische Flora an der Seite der Schnellstraße. Wenn die Sonne scheint, sind sie glücklich. Wenn es schneit, sind sie glücklich. Angst gegen Freude einzutauschen: Das bedeutet, sich selbst zu lieben. Das ist möglich, und du kannst es auch. Die Entscheidung triffst du selbst.

Frage die Gewinner und sie werden dir ihr Geheimnis erzählen.

ÜBERZEUGUNG IST DEINE EINZIGE EIGENE WAHRHEIT

Wie dein Gehirn programmiert wird

Versuche einmal, zehn Minuten konzentriert an nur eine Sache zu denken

Dies ist das wichtigste Wort des Buches: *Überzeugung*. Eine Überzeugung zu besitzen bedeutet: sicher zu sein, daß etwas so ist. Überzeugt zu sein heißt: Alle Teile und Persönlichkeiten in dir glauben dasselbe, glauben z.B. an den einen Traum. Dann bist du *kongruent*, dein Bewußtsein und Unterbewußtsein sind sich einig. Überprüfe deine Überzeugung selbst: Wenn du zehn Minuten konzentriert und ohne Ablenkung an die Sache, von der du überzeugt bist, denken kannst, ist das der Beweis für deine Kongruenz.

Du kannst auch eine Meinung haben. Das ist eine Sehweise oder eine Betrachtungsweise, die, was ihre Kraft betrifft, unvergleichbar schwächer ist als eine Überzeugung. Deine Meinung ändert sich, wenn du auf andere hörst und dich ihre Argumente überzeugen. Ich möchte gern hundert Meinungen gegen nur eine dementsprechende Überzeugung eintauschen.

Eine Überzeugung ist ein Wissen, das in deinem Geist tief verankert ist. Es ist so verwurzelt, daß nicht einmal ein Wirbelsturm anderer Auffassungen daran rütteln könnte. Es ist eine Auffassung, die so tief in deinem Wesen wurzelt, daß die Kraft eines Orkans nicht imstande wäre, sie aus dir herauszureißen. Es ist ein Gefühl und basta!

Wie entstehen Überzeugungen?

Hast du dich schon einmal gefragt, warum der eine Mensch viel glücklicher, intelligenter und erfolgreicher ist als der andere? Das ist nicht dem Intelligenzquotienten oder dem Milieu zuzuschreiben. Es hängt von der Überzeugung ab.

Die Gehirnkapazität und -funktionen sind im Prinzip bei allen Menschen gleich. Die Art, wie das Gehirn filtert und wir unsere Sinneswahrnehmung erleben, hängt davon ab, wie wir von unserer frühesten Jugend an beeinflußt, programmiert und begleitet worden sind. Das bestimmt, wie wir unser Gehirn nutzen.

Deine Überzeugungen sollten dir helfen weiterzukommen und dich nicht blockieren

Wie kommst du nun zu einer Überzeugung, und – ebenfalls wichtig – wie wirst du eine dich behindernde wieder los? Nicht alle Überzeugungen sind gleich sinnvoll und dienen dazu, deinen Traum zu verwirklichen. Du solltest mit deinen Überzeugungen so umgehen können, daß sie dir helfen und dich vorwärtsbringen.

Eine Überzeugung nistet sich zuerst durch dein Umfeld in dir ein. Es bestimmt, wie du mit dir selbst umgehst, welche Moral du hast und wie du dich benimmst. Wenn du in einem schwarzen Ghetto aufgewachsen bist, wirst du andere Überzeugungen haben, als wenn du in einem Villenviertel erzogen wurdest.

Deine Eltern prägten einen wesentlichen Teil des Pakets an Überzeugungen, das du mit dir rumträgst. Wenn dein Vater z.B. ein Beamter ist, wirst du einem Geschäftsmann eher Geringschätzung entgegenbringen. Ist dein Vater hingegen selbst der Geschäftsmann, wird dein Urteil über seinesgleichen anders ausfallen.

Die Schule ist entscheidend für die Zusammenstellung von Überzeugungen. Auch deine Freunde und Freundinnen haben dazu beigetragen, kurzum: deine ganze Umgebung.

Der zweite Faktor, wodurch Überzeugungen entstehen, sind Erlebnisse, die dich berührt haben. Dein Gedächtnis ist wie eine Platte, und jedes Geschehnis, das du erlebst, wird in diese Platte eingraviert.

Wenn ein Elternteil von dir frühzeitig stirbt, läßt das Rillen in deinem Gedächtnis zurück. Auch wenn du geschlagen wirst oder deine Eltern sich streiten, sind das Erlebnisse, die deine Überzeugungen ausprägen. Sie beeinflussen dein Weltbild. Eltern, die sich schlagen, lassen bei einem kleinen Kind meistens kein positives Bild über die Ehe entstehen. Ein Vater, der sein Kind verprügelt, erzeugt bei diesem Kind möglicherweise die Überzeugung, daß man mit Gewalt seinen Willen durchsetzen kann.

Die gleichen Erfahrungen führen nicht immer zu den gleichen Überzeugungen

Die gleichen Erfahrungen führen jedoch nicht immer zu den gleichen Überzeugungen. Fast jeder wird sich an den ersten Schultag erinnern. Manche Kinder haben das als traumatisch empfunden, und vielleicht hat sich bei ihnen die Überzeugung festgesetzt, daß es nur Menschen gibt, die sie allein lassen. Andere Kinder fanden es angenehm, allein gelassen zu werden; sie fühlten sich dann wichtig. Ihre Überzeugung wird sich in der Zukunft vielleicht als ›Wissen, daß man immer allein dasteht‹ ausdrücken.

Bist du überzeugt, alle Herausforderungen meistern zu können?

Ganz besondere Schlüsselerlebnisse, die die Saat für eine Überzeugung legen, sind natürlich Erfolge, die du selbst errungen hast. Und je öfter du das für dich Unmögliche möglich machst, desto stärker wird deine Überzeugung, künftig alle Herausforderungen meistern zu können.

Auch die Erlebnisse anderer Menschen können dich überzeugen. Menschen, die dir in vielen Farben schildern, daß sie etwas Besonderes geleistet haben, deuten damit an, daß du es auch kannst. Du wirst auch den Wunsch haben, dasselbe zu tun. Der Feuerlauf, der von mir benutzt wird, um zu zeigen, daß du mehr kannst als du denkst, ist der Beweis. Ich halte den Feuerlauf immer am Ende eines Seminars, um die Teilnehmer in die Praxis umsetzen zu lassen, was sie bis dahin theoretisch gelernt haben. Am Anfang des Abends will niemand über das Feuer laufen. Nach einer bestimmten Zeit wird das Selbstvertrauen einiger geweckt, sie möchten laufen, aber wagen es noch nicht. Letztlich gibt es eine überzeugte Gruppe, die nach mir über das

Feuer läuft. Der Rest folgt dann auch, denn sie sehen, daß ihr Freund oder Kollege ohne Brandwunde eine Strecke von fünf Metern über glühende Kohlen zurückgelegt hat. Sie sind von der Machbarkeit erst überzeugt, nachdem sie andere bei diesem Lauf beobachtet haben.

Ein weiterer Faktor, der oft unterschätzt wird, besteht im Aneignen von Wissen durch Medien, z.B. durch Bücher. Du mußt ja nicht alle Erfahrungen der Menschheit am eigenen Körper nacherleben; ein gutes Buch vermittelt dir vielleicht mehr Kenntnisse und Überzeugungen als dein Alltagsleben. Nimm NLP als Beispiel. Ich bin davon überzeugt, daß ich alles darüber weiß, und nachdem du dieses Buch gelesen hast, wirst auch du davon überzeugt sein, eine ganze Menge über NLP zu wissen.

Behindernde Überzeugungen.

Paßt dein Selbstbild zu deinem Traum?

Überzeugungen sind nicht nur gewaltig und mitreißend. Manche Überzeugungen können auch beschränkend und behindernd sein. Betrachtest du dich selbst als klein, unwichtig, spießig und uninteressant, dann wird dein Unterbewußtsein nicht unbedingt dazu motiviert, deine Träume von einem großen Haus, einer schönen Frau oder von einem dicken Bankkonto zu verwirklichen. Dein Selbstbild paßt nicht zu deinem Traum. Du hast nicht die richtige Überzeugung.

In der Schule gab es vielleicht Fächer, mit denen du Schwierigkeiten hattest. Die Lösung einer schwierigen mathematischen Aufgabe wollte dir einfach nicht gelingen. Das ist logisch, denn du hast Mathe gehaßt und bist schließlich davon ausgegangen, daß du zu dumm für dieses Fach warst. Du hast den Mut aufgegeben. Dein Gehirn reagierte dementsprechend. Sogar nach Stunden des Rechnens und Denkens bekamst du die Lösung nicht heraus. Jedes Ergebnis war falsch.

Hättest du damals die Überzeugung gehabt, daß auch du die Aufgabe hättest lösen können, weil so viele andere in deiner Klasse es konnten, wäre kein Hindernis in deinem Gehirn aufgebaut worden, und das Ergebnis hätte sich dir im Handumdrehen präsentiert.

Machen wir uns klar, daß wir mit diesen behindernden Überzeugungen nicht geboren wurden. Jede einzelne wurde erworben. Kinder haben deshalb keine beschränkenden Überzeugungen, sie werden sie erst später lernen.

Ein Kind sieht Möglichkeiten, für die die Erwachsenen blind sind

Bitte mal einen Erwachsenen, dir fünf Möglichkeiten zu nennen, ohne Geld von München nach Köln zu kommen. Trampen ist ausgeschlossen. »Das geht nicht«, werden neun von zehn Personen sagen. Frag ein Kind, und es wird dir sofort zehn Möglichkeiten nennen: mit Opa fahren, Fahrrad fahren, skaten, schwimmen, mit einem Pferd über die Felder traben, skilaufen, als blinder Passagier mitfliegen. Oft erscheinen dir die Lösungen unsinnig und unausführbar. Aber Leute mit einem aufgeweckten Geist erkennen in diesen phantasievollen und dynamischen Antworten eine neue Möglichkeit. Als Kind sieht man Möglichkeiten, wo die Eltern nur Schwierigkeiten vermuten.

Ein Kind, das skifährt, sieht keine Gefahr. Dadurch lernt es schneller. Ein Kind, das gehen lernt, bemerkt nicht einmal, daß es fällt. Es sieht nur eine Möglichkeit, sich schneller fortzubewegen. Ein Kind, das sprechen lernt, hat keine Angst, Fehler zu machen. Jetzt verstehst du auch, warum die Kinder im Kindergarten verhältnismäßig am meisten lernen; sie wissen nicht, daß sie nichts wissen, sie haben noch keinen Begriff von gut und schlecht, von richtig und falsch. Mit der Einschulung kommen diese Etiketten, und plötzlich wissen die Kinder, daß sie etwas nicht wissen oder können. Das beeinflußt negativ das Selbstbild und also den Tatendrang.

Immer auf Gefahren und Probleme hinzuweisen, stellt die Möglichkeiten in den Schatten und wird behindernde Überzeugungen ›installieren‹.

Wenn mein kleiner Charles hoch auf den Baum klettert, verlegt er seine Grenzen, aber seine Mutter denkt nur ans Herunterfallen und an den Erste-Hilfe-Koffer. Georgine, die am Rande des Teiches spielt, hört: »Paß auf! Geh weg vom Wasser, sonst wirst du noch hineinfallen.« Das Mädchen hat nicht mal eine Sekunde daran gedacht, daß es ins Wasser fallen könnte, und dies wäre auch nie passiert, wenn die Mutter nicht darauf hingewiesen hätte. Plumps!

Überzeugungen steuern die Wahrnehmung.

Deine Überzeugung bestimmt, was du siehst und was du sehen möchtest, was du hörst und was du hören möchtest.

Sei überzeugt, in der Stadt einen Parkplatz zu finden, und du wirst ihn finden

Wenn du davon ausgehst, daß wieder kein Parkplatz in der Stadtmitte frei ist, bedeutet das, eine halbe Stunde herumfahren zu müssen, bevor du einen Platz findest. Wenn du hingegen überzeugt bist, einen Parkplatz zu finden, und vor deinem geistigen Auge bereits den freien Platz siehst, wird dein Gehirn ihn auch ins Blickfeld rücken. Ich fahre gleich ins Zentrum, und es gibt immer einen freien Parkplatz für mich und meinen Bentley.

Die Überzeugung hat auch Einfluß darauf, welche Mühe du dir gibst, um ein Problem zu lösen; sie bestimmt, in welchem Maße du dein Bestes gibst.

Meine Frau bat mich, Grapefruits aus dem Keller zu holen. Ich ging in den Keller und rief, daß ich sie nicht finden könnte. Jenny antwortete, daß sie im Regal auf dem zweiten Brett lägen. Ich sah sie wirklich nicht. Sie kam herunter und wies auf eine braune Tasche voller Grapefruits. Ich hatte mir nicht einmal die Mühe gemacht, in diese Tasche zu schauen.

Bei mir hatte sich die Überzeugung festgesetzt, nicht zu wissen, wo die Grapefruits waren, weil ich sie nicht sofort sah. Ich sagte zu mir: »Ich sehe sie nicht, also gibt es sie nicht.«

Die Überzeugung beeinflußt den Einsatz, mit dem du Probleme löst

Mit dem folgenden Satz aber: »Jenny sagt, das Obst liegt auf dem zweiten Brett, also muß es dort sein«, hätte ich das ganze Brett und danach alle anderen Bretter von oben bis unten untersucht, bis die Grapefruits aufgetaucht wären. Es ist eine Frage der Überzeugung. Wie aber kam meine zustande?

Ich hatte nicht bemerkt, daß wir bei unserem letzten Besuch im Gemüseladen Grapefruits gekauft hatten. So war ich davon überzeugt, daß es keine Grapefruits geben konnte – so einfach ist die Erklärung.

Jeder hat seine eigene Wahrnehmung.

Deine Überzeugungen werden wesentlich durch deine Umwelt geprägt. Alles, was an Information von außen zu dir durchdringt, wird von einem oder mehreren deiner fünf Sinne registriert. Das funktioniert bei dir genauso wie bei mir. Alle Menschen sehen (sofern nicht farbenblind) dieselben Dinge rot, sie können den Geschmack von Blumen- und Rosenkohl unterscheiden, sie hören den Unterschied zwischen einer Baß- und einer Sopranstimme, sie können Rosenduft identifizieren, und sie können durch Tasten einen Unterschied zwischen einem Ziegelstein und einem Federkissen ausmachen.

Die Sinne funktionieren bei allen Menschen gleich, die Daten werden jedoch individuell gefiltert

Letztlich funktionieren die Sinne bei allen Menschen gleich. Trotzdem ekelt sich der eine vor Blumenkohl, während dem anderen, denkt er an das Gemüse, das Wasser im Munde zusammenläuft. Die Oma liebt Opern heiß und innig, ihr Enkel empfindet die Arien als höchst nervenaufreibend. Leute auf dem Land denken bei Kuhmist automatisch an die Natur, Stadtmenschen sind der Meinung, daß Mist nur unnatürlich stinkt.

Bilder, Geräusche oder Gerüche, die bei dir tiefgehende und intensive Gefühle auslösen, lassen deinen Bekannten völlig kalt – sie sagen ihm rein gar nichts. Er widmet ihnen keinerlei Aufmerksamkeit. Die Signale freilich sind dieselben, also selektieren beide die Information auf unterschiedliche Art und Weise. Sie haben ihre individuellen Wahrnehmungsfilter. Sie bestimmen, was wichtig ist und gespeichert werden muß und was man getrost wieder vergessen kann.

Wahrnehmungsfilter I.

Der erste Filter trägt die Verantwortung dafür, ob du etwas als Erlebnis, als etwas Besonderes ansiehst oder nicht. Er entscheidet, ob dir eine Tatsache ins Bewußtsein dringt, oder ob sie im Unterbewußtsein steckenbleibt. Hörst du dein eigenes Herz klopfen? Wenn du das Klopfen beachtest, wird es zu einem Erlebnis, und du hörst es auch. Auch vorher wußtest du schon, daß es klopft, du hast aber nicht darauf geachtet, es war ja nicht wichtig für dich.

Der erste Filter entscheidet, was in dein Bewußtsein kommt

Ein Beispiel: Mitten auf einer beampelten Kreuzung krachen zwei Fahrzeuge aufeinander. Von links kam ein Fahrer in einem Mercedes, von rechts eine VW-Golf-Fahrerin. Im zwölften Stock eines angrenzenden Hochhauses findet zur selben Zeit eine wichtige Konferenz statt. Die Teilnehmer wurden durch den Lärm zwar aufgeschreckt, schließen aber nach einem kurzen Blick auf die Unglücksstelle mit dem Kommentar »Schon wieder!« das Fenster, um in Ruhe weitermachen zu können. Sie haben ihren ersten Filter auf anderes gerichtet.

Wahrnehmungsfilter II.

Der zweite Filter entsteht durch die *Modalität*, in der sich dein Körper gerade befindet. Die drei unterschiedlichen Modalitäten sind *visuell* (das Sehen dominiert), *auditiv* (das Hören dominiert) und *kinästhetisch* (das Spüren oder Tasten dominiert). Zu der jeweils dominierenden Modalität gehört immer auch ein ganz charakteristisches Verhaltens- und Denkmuster. Die genauen Zusammenhänge werden im zweiten Teil im Kapitel ›V.A.K. – Der Sinn der Sinne‹ erläutert.

Der zweite Filter selektiert entsprechend deinen gegenwärtigen Modalitäten

In einer eher *visuellen* Stimmung atmest und bewegst du dich anders als in einer *auditiven* Phase. Du achtest dann eher auf die Farbe als auf das Gezwitscher des Vogels. Wenn du zum Beispiel während einer Großdemonstration vor allem *kinästhetisch* bist, spürst du zuerst die gedrängte Stimmung in einer Menge, bevor du einzelne Menschen siehst. Das prägt ganz wesentlich dein Erleben. Was und in welcher Reihenfolge du wahrnimmst, ist von deinem inneren Zustand abhängig.

In unserem Unfallbeispiel warten ein Jogger (in visueller Modalität) und ein Fußgänger (in Audiostimmung) an der Kreuzung auf Grün. Der Jogger bemerkt sofort, daß am Steuer des Golfs eine Frau sitzt, während den Mercedes ein Mann lenkt. Hingegen hört der Fußgänger den quietschenden Bremsversuch der Golf-Fahrerin sowie das scheppernde Aufeinanderprallen der beiden Fahrzeuge.

Wahrnehmungsfilter III.

Der dritte Filter arbeitet für deine Überzeugung

Deine persönlichen Überzeugungen formen den dritten Filter. Sie beeinflussen deine Stimmung, aber mehr noch dein Verhalten. Das, wovon du sowieso schon überzeugt bist, findet viel schneller den Weg in dein Bewußtsein, als Dinge, die deinen Überzeugungen widersprechen. Freilich können sich deine Überzeugungen wandeln, doch du suchst immer erst nach bekannten Mustern.

Im Unfallbeispiel denkt der Jogger: »Die Frau hat natürlich schuld«, denn seine Überzeugung ist: »Frauen sind die schlechteren Autofahrer.« Daher schlußfolgert er, daß sie die rote Ampel überfahren und den Unfall verursacht haben muß. Dieses Bild entwirft er vor seinem geistigen Auge, und als Zeuge wird er es genau so zu Protokoll geben.

Der Fußgänger hingegen ist überzeugt: »Mercedes-Fahrer sind grundsätzlich rücksichtslos und haben die eingebaute Vorfahrt.« Deshalb sucht er die Schuld erst einmal bei diesem, und er saugt jeden noch so vagen Hinweis auf, der sein Vorurteil stützt.

Wahrnehmungsfilter IV.

Der vierte Filter basiert auf deinen Normen

Den vierten und letzten Filter bilden deine persönlichen Normen. Sie bilden das Gerüst deines Handelns. Nach ihnen richtest du dich, wenn du vor der Frage stehst, ob du eingreifen sollst oder nicht. Sie haben sich tief eingeprägt und sind nur sehr schwer zu verändern. Mit ihnen vermagst du zwischen ›gut‹ und ›böse‹ zu unterscheiden. Sie formen dein Weltbild.

Der Fußgänger in unserem Beispiel hat von kleinauf mitbekommen: »Es ist wichtig, Menschen in Not zu helfen.« Er eilt an die Unfallstelle und kümmert sich selbst um die Opfer. Der Jogger hingegen hat verinnerlicht: »Ich habe Angst, etwas falsch zu machen, wenn ich helfe.« Deshalb sucht er eher das nächste Telefon, um einen Krankenwagen zu rufen.

Die Weise, in der du deine Umgebung erlebst, ist verantwortlich dafür, wie deine Umgebung dich erlebt

Also fassen wir zusammen: Der Mensch filtert jedes Ereignis nach den Kriterien Wichtigkeit, der eigenen Modalität des Augenblicks, der persönlichen Überzeugung und den eigenen Normen. Die Weise, in der du deine Umgebung erlebst, ist verantwortlich dafür, wie deine Umgebung dich erlebt. Deine Wahrnehmung steuert deine Stimmung, und deine Stimmung steuert deine Überzeugungen. Möchtest du also deine Überzeugungen ändern, mußt du zunächst auf die Art und Weise deiner Wahrnehmung Einfluß nehmen. Durch NLP lernst du das, besonders im zweiten Teil dieses Buches.

Die Erziehung fördert das Mismatchen.

Überzeugungen nisten sich in unserem Bewußtsein ein und filtern unsere Wahrnehmungen. Sie bestimmen, wie du dich und andere bewertest. Viele Menschen haben schon mit der Muttermilch Überzeugungen eingesogen, die sie zu Mismatchern gemacht haben; sie konzentrieren sich nur

Das Positive
Das Negative

auf Fehler und Unvollkommenheiten. Ihre Mutter hat ihnen hierbei als Vorbild gedient; sie hatte ihr Kleinkind unbewußt spüren lassen, wenn etwas nicht funktionierte, die Windeln wieder voll waren oder ihre Nachtruhe gestört wurde. Sie war sich dessen nicht bewußt, aber auf dich hat sich ihr Verhalten übertragen.

Und jetzt zieht der Pickel auf der Nase deines Gesprächspartners immer wieder den Blick und die Aufmerksamkeit auf sich, stellt die Fünf auf dem Zeugnis alle anderen Noten in den Schatten, lenkt die schwache Sprache des Buches vom Inhalt ab. Diese negative Einstellung sickert in allem durch, was wir tun und wahrnehmen. Dadurch entdecken wir schneller das Fehlerhafte, Unfertige und übersehen das Gute und Perfekte.

Mach einmal die Probe aufs Exempel. Welche Vorteile, welche guten Seiten unserer Gesellschaft fallen dir spontan ein? Nimm dir ein paar Minuten Zeit, und notiere hier alles, was dir an Positivem in den Sinn kommt. Wie viele Punkte hast du?

So, und jetzt die negativen Seiten. Was gefällt dir an unserer Gesellschaft nicht?

Siehst du, daß diese negativen Punkte schnell auf der Hand liegen?

Wie viele gute Eigenschaften kannst du an dir selbst entdekken? Und wieviel weniger gute?

Wie viele positive Aspekte kannst du an deiner Arbeit entdecken? Wie viele negative?

Vermutlich stellt sich heraus, daß du leichter und schneller negative als positive Gesichtspunkte findest – du bist leider ziemlich negativ programmiert. Aber du weißt ja, du kannst dich jederzeit umprogrammieren.

Ändere deine Überzeugungen.

Jedes Muster in dir sucht und findet die ganze Zeit Bestätigungen. Doch wenn dir ein Muster nicht mehr gefällt, brauchst du es nur zu durchbrechen und ein besseres Muster zu ›installieren‹ – du bleibst, wer du bist. Am Ende bist du nur zufriedener …

Probiere es einmal mit folgender Übung:

Wie lautet deine Überzeugung? Vervollständige spontan die folgenden Sätze.

- Dicke Menschen sind …
- Schwarze Menschen sind …
- Zigeuner sind …
- Geld ist …
- Der Chef ist …
- Das Personal ist …
- Feministinnen sind …
- Reich sein ist …
- Erfolg zu haben, ist …
- Gesundheit ist …
- Schwule sind …

Wie du auf andere Menschen zugehst, wird durch deine Überzeugung bestimmt

Ein paar Beispiele: Wenn deine Überzeugung lautet: »Dicke Menschen sind Menschen mit Sinn für Gemütlichkeit«, wirst du anders auf einen Dicken reagieren und anders auf ihn zugehen, als wenn du glaubst: »Dicke Menschen stinken.« Du zeigst wiederum eine andere Reaktion, wenn deine Überzeugung ist: »Dicke Menschen sind faul.«

Wenn deine Überzeugung ist: »Der Boß ist ein Ausbeuter«, wirst du dich auf seine Frage hin, ob du bereit bist, unbezahlte Überstunden zu machen, anders verhalten, als wenn du glaubst: »Der Boß ist ein sozial engagierter Mensch.« Die Überzeugung: »Der Chef ist ein ekelhafter Kerl« hat wiederum eine ganz andere Reaktion zur Folge.

»Reich sein ist herrlich«, mit dieser Überzeugung würdest du dich gern mit reichen Leuten umgeben. Mit der Überzeugung: »Reich sein ist protzig« wirst du natürlich die High-Society ablehnen.

Überzeugungen und Realität.

Überzeugungen bilden deine Wirklichkeit

Du siehst also, es hängt alles von deinen Überzeugungen ab. Sie haben großen Einfluß auf dein Wahrnehmen und dein Bewerten. Mit anderen Worten: Überzeugungen bilden deine Wirklichkeit.

Soldaten im Mittleren Osten, die im Heiligen Krieg kämpfen, sterben mit einem lachenden Gesicht. Sie sind davon überzeugt, mit einer Kugel im Bauch schnurstracks in den Himmel zu kommen.

Nicht alle Überzeugungen sind gleich sinnvoll und dienen dazu, deinen Traum zu verwirklichen. Lerne, die Spreu vom Weizen zu trennen, und deine Überzeugungen werden dich nach vorne bringen.

Die Ärzte, die meinen Freund Joost mit seiner Querschnittslähmung behandelten, waren davon überzeugt, daß er nie mehr würde gehen können. In der Vergangenheit habe es noch nie eine Heilung gegeben, in der Zukunft würde das also auch nicht der Fall sein. Sie sagten: »Joost, es geht nicht.« Joost glaubte das und konnte deshalb seine eigenen Schritte durch grüne Wiesen und herrliche Wälder nicht visualisieren. Er konnte nur die Vergangenheit sehen. Seine Überzeugung änderte sich, und er fing an zu glauben, daß er wieder würde laufen können.

Bei einer Wanderung 1992 half ich ihm dabei, in die Zukunft zu schauen; ich versuchte, sein Erleben zu ändern, indem ich andere Submodalitäten hinzufügte: Ich gab meinem Wagen zum Beispiel ein anderes, moderneres Design. Die S-Bahn klingelte nicht mehr, sie surrte umweltfreundlich. Die Fahrräder waren futuristisch geworden, die Menschen kleideten sich anders und – natürlich: Joost ging geradewegs durch diese Szenerie. So wurde er im Zusammenklang aller Submodalitäten davon überzeugt, daß er wieder würde gehen können. Damit schuf er eine neue Realität, die sich bei ihm nur noch festigen mußte. »Joost«, sagte ich ihm damals, »du wirst im August 1996 wieder laufen können.«

Zuerst glauben, dann sehen!

DU BIST DER MEISTER DEINES LEBENS

Die vermögende Stimmung

An manchen Tagen geht einfach alles schief. Du verbrennst dir den Mund mit heißem Kaffee, dein Auto steht ohne Sprit am Straßenrand, deine Kollegen raunzen dich an, du kannst nichts verkaufen, verlierst deinen Schlüsselbund – nichts gelingt dir, und du gerätst immer tiefer in den Schlamassel. Das liegt nicht an dem Tag oder an den Umständen, sondern nur an dir selbst: Du warst in einer unvermögenden Stimmung, ob du das nun wußtest oder nicht.

Mit einer vermögenden Stimmung kannst du alles erreichen

Unser Verhalten ist mit unserer Stimmung gekoppelt. Du verhältst dich deshalb so, wie du dich fühlst. Erinnere dich an einen deiner außerordentlich erfolgreichen Tage. Du weißt noch ganz genau, wie es war; es sah so aus, als ob dir alles nur so zuflog. Offenbar hast du Sachen gemacht, die du dir selbst nicht zugetraut hast. Solltest du dich nicht einmal fragen, wie das kam? Die Antwort ist einfach: Du warst in einer vermögenden Stimmung, und diese sorgte dafür, daß du mit deinem Verhalten alles erreichen konntest, was du wolltest.

Die Stimmung, die dir alles ermöglicht.

Wer gut drauf ist, hat Erfolg, und wer Erfolg hat, ist gut drauf

Deine Stimmung ist verantwortlich für deine weitere Zukunft. Du hast den größten Erfolg, wenn du in der richtigen, in einer vermögenden Stimmung bist. Wenn dein Selbstbild und deine Überzeugungen übereinstimmen, gerätst du in einen positiven Gemütszustand, in dem dir alles, was du tust, gelingt. Erfolgreiche Menschen sind sehr häufig in dieser Stimmung und setzen damit einen positiven Kreislauf in Gang: Wer gut drauf ist, hat Erfolg, und wer Erfolg hat, ist gut drauf!

Die meisten Stimmungen werden nicht bewußt hervorgerufen. Sie sind häufig die Folge dessen, was wir sehen, fühlen, schmecken, riechen oder hören. Manchmal sind sie der Ausdruck von etwas Quälendem in unserem Unterbewußtsein; manchmal treten sie auch in Form eines unbestimmten Glücksgefühls auf, das dich überfällt, wenn du einen bestimmten Duft wahrnimmst oder einen Geschmack, ein Lied oder eine Farbe.

Du kannst deine Stimmung stärker beeinflussen, als du denkst

Deine Stimmung ist ein neurophysiologischer Zustand. Stimmungen wechseln und somit auch unser Verhalten. Das heißt aber noch lange nicht, daß wir ihrer Willkür ausgesetzt sind. Wir brauchen nicht tatenlos abzuwarten, was uns morgen wieder bevorsteht: eine schlechte Laune oder eine glänzende Laune? Wir können das selbst bestimmen, wenn wir unserem Gehirn die richtigen Aufträge erteilen. Wir sind imstande, unsere Stimmung zu beeinflussen und so zu sein, wie wir gerne sein möchten.

Die Macht, die Stimmung zu verändern.

Ob du deine Ziele erreichst oder nicht hängt davon ab, ob du dich in eine gute Stimmung bringen kannst. Wenn du deine Fahne in den Wind deines Gemüts hängst, wird nichts aus dem Erfolg. Du wirbelst herum wie ein heruntergefallenes Blatt, ziellos.

Niemand fühlt sich wohl in einer Stimmung, in der alles schiefgeht. Oft gibt es dann keinen anderen Ausweg, als sich ein Schnäpschen zu genehmigen, denn sonst siehst du überhaupt kein Licht am Ende des dunklen Tunnels. In dieser Stimmung wird nichts Konstruktives produziert. Die Aktion ist bis auf den Nullpunkt gesunken. Du hast gar keine Lust mehr, und am nächsten Morgen noch weniger. Viele suchen dann Zerstreuung. Sie erhöhen dadurch die Wahrscheinlichkeit, neue Reize zu empfangen, die sie in ihren schlechten Launen bestätigen. Aus solch einer ungünstigen Stimmung entwickelt sich kein günstiges Verhalten. Du blockierst dich damit selbst. Das muß nicht sein! Stimmung hat eine unglaubliche Macht, und du bist imstande, diese Macht auszuüben. Du kannst lernen, deine Stimmung zu verändern.

Wenn du jedesmal bewußt eine positive Wahl triffst, wird dies zu einem bestimmten Zeitpunkt ein unbewußtes Verhalten, mit dem du dich leicht entscheiden kannst

Durch diesen Lernprozeß wird dir die Entscheidung darüber, ob du dich gut oder schlecht fühlen sollst, nach und nach leichter fallen. Du brauchst schließlich gar nicht mehr darüber nachzudenken, wie du dich entscheiden mußt. Du kannst lernen, sofort festzustellen, ob dir etwas dienlich ist oder nicht. Dient es dir, fühlst du dich gut. Wenn nicht, fühlst du dich schlecht. Diese Fähigkeit, wählen zu können, entsteht nicht plötzlich, aber sie kann bei dir entwickelt werden. Wenn du jedesmal bewußt eine positive Wahl triffst, wird dies zu einem bestimmten Zeitpunkt ein unbewußtes Verhalten, mit dem du dich leicht entscheiden kannst. Zur Zeit ist das Mismatchen ein unbewußtes Verhalten bei vielen Menschen, sie möchten die Schattenseite des Lebens sehen. Die Umkehrung dieser Denkmethode kann man ohne weiteres erlernen. Möchtest du das gerne? NLP zeigt dir, wie.

Verändere deine interne Repräsentation, fokussiere anders, passe deine Körperhaltung an, und schon bist du soweit. Du fühlst dich gut, gehst weiter und erreichst, was du willst. Dies scheint leicht zu sein, und das ist es auch. Ich wette, du kannst deine Stimmung und damit dein Verhalten steuern, bevor du dieses Buch ausgelesen hast.

Interne Repräsentation und Stimmung.

Wir benutzen unsere Sinne nicht nur, um die Außenwelt, sondern auch, um unsere Innenwelt wahrzunehmen. Schau dir ein Gemälde an, schließ danach deine Augen, und rufe das Bild in dein Gedächtnis zurück. Wenn dir das nicht besonders liegt, solltest du es einfach üben. Du wirst das noch gebrauchen können. Später in diesem Buch werden wir noch ausführlich darauf zurückkommen (im Kapitel V.A.K. – Der Sinn der Sinne).

Lausch einer schönen Melodie, und sing sie später in deinem Innern nach. Denk nur einmal an ›Let's Twist Again‹ oder an ›Yesterday‹ und ›I Did It My Way‹ – schon hörst du die Melodie in dir.

Stell dir vor, daß ich dich jetzt berühren könnte. Das würde ein bestimmtes Gefühl hervorrufen – ob angenehm oder unangenehm, darauf kommt es jetzt nicht an. In dem Moment, in dem du meine Hand nicht mehr fühlst, kannst du diese Empfindung wieder hervorrufen und erneut erleben.

Du kannst jede Erfahrung deines Lebens wieder hervorrufen und erneut erleben

Dasselbe gilt für den Geschmack. Denk mal ganz stark an Lakritze. Wenn du das ganz intensiv machst, spürst du den Geschmack von Lakritze in deinem Mund. Und natürlich funktioniert das auch mit dem Geruchssinn. Konzentriere dich auf den Duft deines/deiner Geliebten, und du riechst ihn/sie.

All dies sind *interne Repräsentationen*, innere Bilder. Sie sind fest mit bestimmten Stimmungen verbunden. Nimm zum Beispiel Spekulatius. Was bewirkt der Duft von Spekulatius in dir? Ist dein Etikett ›Gemütlichkeit‹, oder achtest du sofort auf die schlanke Linie? Was läuft in dir ab, wenn du dir eine Zigarettenwerbung im Kino anschaust? Deine Stimmung kann schwanken zwischen Abscheu und Genuß. Wenn du eine Zigarette mit dem Etikett ›Geselligkeit und Genießen‹ versehen hast, kannst du dich nur schwerlich zurückhalten. Etikettierst du dagegen eine Zigarette mit den Attributen ›ungesund, asozial und unsportlich‹, dann ist deine Assoziation: »Ich möchte nichts damit zu tun haben, bah!« Das sind ›Schmerzen‹. So kannst du sofort Abstand davon nehmen.

Du verfügst immer über die Fähigkeit, diese internen Repräsentationen zu verändern. Diese Technik werden wir im zweiten Teil des Buches behandeln.

Interne Repräsentationen bestimmen deine Stimmung, die wiederum dein Verhalten beeinflußt

Jetzt ist es wichtig zu wissen, daß deine interne Repräsentation für dein Verhalten ausschlaggebend ist. Abscheu vor einer Zigarette bedeutet, daß du keinen Finger für eine Zigarette rührst. Genuß bedeutet, daß du durch dick und dünn gehst, um eine aufzutreiben. Das Verhalten wird von deiner Stimmung gesteuert. Deine Stimmung wird von deiner internen Repräsentation bestimmt. Diese kannst du selbst beliebig anpassen, wodurch du ein Meister über deine eigene Stimmung bzw. dein Verhalten wirst.

Das Blickfeld bestimmt die Stimmung.

Worauf du dein Blickfeld richtest, bestimmt deine Stimmung. Schau im Herbst nach draußen, und sieh dir an, wie der Sturm die Blätter durch die Straßen wirbelt und die nassen Zweige aneinanderpeitschen. Es ist kahl, leer, unheimlich, und es wird früh dunkel. Du kannst dich dann auf die Dunkelheit und das Absterben der Natur konzentrieren. Das Wissen, daß es kalt wird, könnte dich in eine melancholische oder depressive Stimmung versetzen.

Du kannst dich aber auch auf die Gemütlichkeit im Haus einstellen und hinter den vorgezogenen Vorhängen mit der Familie das gute Buch, wofür du nun Zeit hast, lesen. Das Bewußtsein des Lebenszyklusses, der wieder neues Leben bringt, ruft eine ganz andere Stimmung hervor. Diese ist warm, angenehm und produziert ein positives Verhalten.

Konzentriere dich darauf, die positiven Seiten im Leben zu sehen

Du kannst dieses Blickfeld selbst bestimmen durch die Art, mit der du siehst, hörst und fühlst. Einen kahlen Baum zu sehen und zu denken, daß ein Baum auch ein Recht auf Ruhe hat, zeugt von einer vermögenden Sichtweise. In Trübseligkeit zu verfallen verweist hingegen auf eine negative Blickrichtung. Du solltest dich darauf konzentrieren, die positive Seite einer jeden Sache zu sehen. Das ist die Grundlage deines Erfolgs. Im nächsten Kapitel (Das Blickfeld richten – Gemeinsamkeiten finden) und im zweiten Teil des Buchs (Neubewerten – Der positive Weg) werde ich dir deshalb diesen Sachverhalt ausführlich erklären.

Die Körperhaltung und die Stimmung.

Die Benutzung des eigenen Körpers ist die angemessenste Weise, um die Stimmung und dadurch das Verhalten zu ändern.

Das machst du bereits jeden Tag, ohne darüber nachzudenken. Wer geraume Zeit hinter seinem Schreibtisch sitzt, wird es einmal nötig haben, sich zu strecken, aufzustehen und etwas zu trinken zu holen. Du benutzt deinen Körper, um in die richtige Stimmung zu kommen, wodurch du mit neuer Energie wieder an die Arbeit gehen kannst.

Die Körperhaltung von Gene Kelly in ›Singing In The Rain‹ ist ganz anders als die eines Mannes, der mit gebeugtem Rücken traurig durch den Regen geht. Würde dieser Mann wie Gene Kelly auf dem Bürgersteig herumspringen, in Pfützen waten, kurzum: tanzend durch den Regen schreiten, dann würde der Gebrauch seines Körpers seine Stimmung total verändern. Er würde sich freuen.

Dein Körper ist dein Kapital, Atmung und Eßgewohnheiten sind demnach von besonderer Bedeutung

Behandele deinen Körper also gut, denn er ist sehr wichtig für dich. Dabei sind die richtige Atmung und deine Eßgewohnheiten von besonderer Bedeutung. Im zweiten Teil des Buches werde ich ausführlicher darauf eingehen (Ernährung und Atmung – Was dich fit hält).

Du kannst deine Stimmung beeinflussen, indem du deinen Körper benutzt. Probiere es einmal aus. Jetzt, sofort! Mache die folgende Übung.

Setz dich ruhig hin, und stell dir vor, daß du am Ende bist. Was für einen Sinn hat das alles noch? Bah!
Wie sitzt du jetzt?

Zusammengeduckt, mit hängendem Kopf, deine Augen sind matt und schauen geradewegs nach unten. Dein Körper schrumpft langsam wie ein Waschlappen in sich zusammen. Nur, weil du dir selbst gesagt hast, daß du dich mies fühlen sollst.

So, und nun steh auf und lies weiter. Wie stehst du, wenn du stolz bist? Woran denkst du dann, welche Bilder projizierst du in deinem Kopf; stehst du gerade?

Stimmungswechsel leichtgemacht: Steh auf, stelle dich gerade hin, strecke die Arme zur Decke und sei stolz auf dich

Du spannst deine Muskeln an, richtest dich auf, stehst selbstbewußt und schaust hinauf. Das erfolgt automatisch. Zugleich verändert sich in deinem Gehirn deine ganze interne Repräsentation und dein Blickfeld. Das ist die einfachste Weise, deine Stimmung zu verändern. Gib deinem Gehirn eine ›stolze‹ Botschaft, und passe ihr deine Körperhaltung an, dann kommst du sofort in eine andere Stimmung. So einfach ist das!

Du bist Herr deiner Stimmung.

Du hast nun deine Stimmung selbst im Griff. Wenn du erlaubst, daß ein anderer dich depressiv macht, kannst du aus eigener Kraft wieder aus dieser Stimmung herauskriechen, indem du ein positives Verhalten zeigst und dich damit wieder auf Aktionen richtest.

Das funktioniert bei mir, bei dir und bei allen anderen. Wenn dir das Verhalten deines Partners nicht gefällt, kannst du dich darauf verlassen, daß diesem eine unvermögende Stimmung zugrunde liegt. Sie kommt z.B. von ihrer Arbeit nach Hause und fühlt sich depressiv. Du kannst jetzt dagegen wettern. Damit bestätigst du jedoch nur ihre depressive Stimmung. Sobald du sie aber dazu bewegst, ihren Körper anders zu benutzen (»Komm, Schatz, wir werden mal kurz einen kleinen Bummel machen« oder »Geh du mal gemütlich unter die Dusche, dann koche ich Kaffee«), dann wird sich ihre Stimmung ändern.

Du hast es also in der Hand, ein positives Verhalten bei dir oder deiner Umgebung hervorzurufen. Eine negative Stimmung kann durch die soeben genannten drei Faktoren in eine positive Stimmung umgewandelt werden. Sie wird dann dein Verhalten in die richtige Richtung lenken: genau auf das Ziel gerichtet.

Du hast es in der Hand, ein positives Verhalten bei dir oder deiner Umgebung hervorzurufen

Du bist der Meister deines Lebens.

DAS BLICKFELD RICHTEN

Gemeinsamkeiten finden

Du siehst, was du sehen MÖCHTEST. Du hörst, was du hören MÖCHTEST. Du fühlst, was du fühlen MÖCHTEST. Das trifft auch aufs Riechen und Schmecken zu. Wir benutzen all unsere Sinne auf eine unbewußte Art und Weise. Wenn du dich selbst als Verlierer betrachtest, siehst du alles aus dem Blickwinkel eines Verlierers. In deiner Umgebung suchst du fortwährend nach der Bestätigung deines Selbstbildes. Du bist auf Hinweise fixiert, die nur deine eigene Einschätzung stützen. Anderes nimmst du gar nicht wahr.

Du suchst immer nach der Bestätigung deines Selbstbildes

Ich habe genau das am eigenen Leib erfahren. Als ich mich dazu entschloß, in Europa NLP-Seminare abzuhalten, waren alle dagegen. Meine Familie, meine Freunde und Bekannten wußten, daß dieses Unternehmen ganz bestimmt scheitern würde. Sie konnten mir auch genau erzählen, warum: Es war zu amerikanisch, zu teuer, zu neu. Doch was sie mir auch sagten, sie konnten mich von meinen Plänen nicht abbringen. Ich fand immer Widersprüche in ihren Argumenten, die ich nutzte und mit denen ich mich selbst motivieren konnte. Jeden Rückschlag – es hat viele gegeben – bewertete ich neu und interpretierte ihn zu meinen Gunsten.

Ich interpretiere jeden Rückschlag zu meinen Gunsten

Am 3. Februar 1988 flog ich in die USA, um dort Anthony Robbins zu treffen. Wir vereinbarten, daß ich pünktlich um zwölf Uhr in seinem Büro erscheinen sollte. Als ich voller Erwartung dort eintraf, erzählte mir die Empfangssekretärin, daß Tony vor einer Viertelstunde eine Reise zu den Fidji-Inseln angetreten habe. In diesem Moment durchfuhr es mich wie ein Blitz: »Verdammt noch mal, zu Hause haben sie doch alle recht gehabt. Er nimmt mich nicht ernst.«

Es war freilich nur ein kurzes Strohfeuer, denn sofort gewannen mein Wunsch und meine Leidenschaft, mit der ich NLP unterrichten wollte, wieder die Oberhand. Mir war klar, daß dieses Ziel nur über Tony zu erreichen war. Und seine plötzliche Abreise war meine erste Lektion. Tony wollte, daß ich endlich aktiv und mir meiner Sache wirklich sicher werde. Er wollte mich testen.

Von da an habe ich noch mehr gearbeitet und die Tage mit konzentriertem Lesen verbracht. Wann immer ich konnte, schaute ich mir Tonys Seminare auf Video an. Ich lernte von früh bis spät und war bestens vorbereitet, als Tony nach drei Wochen zurückkam. Seine erste Frage war: »Na, Emile, hast du deine Lektion gelernt?« Ich konnte ihm sagen, daß ich während dieser drei Wochen nur die erste Minute gezweifelt und ich auf jene Stimmen gehört habe, die es gut mit mir meinen. Ich wußte genau, was ich wollte, und ich hatte meinen Fokus einzig auf ein Ziel ausgerichtet: »Ich werde NLP nach Europa exportieren.« Ich wich ein halbes Jahr lang nicht von seiner Seite.

Damals kam mir eine Begebenheit aus meiner Schulzeit immer wieder ins Bewußtsein: In der dritten Grundschulklasse mußte ich einen Vortrag halten. Plötzlich wußte ich nicht mehr, wie es weitergehen sollte und fing an zu stottern. Ich wechselte so unauffällig wie möglich das Thema. Als mir die Fortsetzung wieder einfiel, kam ich sofort zum eigentlichen Stoff zurück. Jemand aus der Klasse wollte eine kritische Bemerkung machen. Doch Lehrer Wybenga reagierte sofort: »Emile ist begabt. Er weiß, was er sagt und wie er sich ausdrücken muß.« Das Lob meines Lehrers hat bei mir tiefen Eindruck hinterlassen. Das war das erste und letzte Kompliment, das ich jemals in der Schule bekam. Ich habe es *positiv geankert.* Mein Selbstvertrauen wurde gestärkt. Von diesem Moment an war ich nur noch auf die Bestätigung meiner Fähigkeiten fixiert. Wenn mir heute jemand sagt, ich sei rhetorisch eine Niete, dann empfehle ich ihm ein Hörgerät.

Wenn mir heute jemand sagt, ich sei rhetorisch eine Niete, dann empfehle ich ihm ein Hörgerät

Mein Fokus richtet sich auf die Sachen, die ich gut mache. So mache ich jeden Tag das Gute noch besser

Ich habe mich selbst immer als Gewinner mit außergewöhnlichen Fähigkeiten betrachtet. Manche Menschen billigen mir eine besonders starke Ausstrahlung zu, andere meinen, daß ich mich nur wichtig mache. Alleine die Überzeugung bestimmt das Blickfeld. Wenn mein Benehmen bei meinen Mitmenschen nicht ankommt, achte ich einfach nicht auf ihre Worte. Mein Fokus richtet sich auf die Sachen, die ich gut mache. So mache ich jeden Tag das Gute noch besser. Das ist hilfreicher, als meine Fehler zu fokussieren und diese ausbügeln zu wollen.

Das Wahrnehmen von Gemeinsamkeiten.

Die *visuelle, auditive* oder *kinästhetische Modalität* (V.A.K., siehe Teil II) deines Gegenübers festzustellen und die Richtung deines Blickfeldes zu bestimmen, sind zwei Seiten derselben Medaille. Wir sehen meist zuerst die Unterschiede zwischen Schwarzen und Weißen. Menschen afrikanischen Ursprungs haben vollere Lippen und sprechen anders. Telefonierst du mit einem Schwarzen, hörst du wahrscheinlich gar nicht, daß er eine andere Hautfarbe hat. Erst wenn du ihn siehst, fällt dir das ›Schwarze‹ an seiner Stimme auf. Dein Fokus wird durch deine Wahrnehmung bestimmt. Du kannst dein Blickfeld freilich auch bewußt verändern. Siehst du nur die Unterschiede und nicht die Gemeinsamkeiten, kannst du dich mit deinem Gesprächspartner nicht identifizieren, denn du bleibst mit deinen Gedanken fixiert auf das, was du als außergewöhnlich etikettiert hast. Natürlich kannst du dann auch keinen *Rapport* machen. Du steckst in deinen Vorurteilen fest.

Richte dein Blickfeld auf Gemeinsamkeiten und du schaffst Vertrauen

Befreien kannst du dich davon, wenn du deinen Blick auf das Gemeinsame richtest, in NLP wird das *matchen* genannt. Bewußt achtest du darauf, was euch vereint: zwei Augen, ein Mund, ein Anzug mit Krawatte. Er ist Vater und liebt sein kleines Kind genauso wie du das deine. Er arbeitet genau wie du von neun bis fünf. Du ißt mittlerweile gerne Kuskus, das wir seinen Landsleuten verdanken. Er genießt, genau wie du, die Sonne. So nimmst du die Ähnlichkeiten und nicht die Abweichungen wahr. Dein Vertrauen in dein Gegenüber steigt. Im Laufe des Gesprächs stellt sich schnell heraus, daß es mehr Gemeinsamkeiten als Unterschiede gibt. Plötzlich siehst du die Differenzen gar nicht mehr. Schade: Wir sind alle zunächst bewußt und danach unbewußt durch die Gesellschaft konditioniert, die die Herkunft, Farbe und Berufstätigkeit eines Menschen in den Mittelpunkt stellt.

Ähnlich verhält es sich mit anderen Merkmalen wie Kleidung und Verhalten. Wenn sie nicht unseren Vorstellungen entsprechen, werden sie negativ belegt. Wir bemerken zuerst die Unvollkommenheiten beim anderen. Doch du kannst deine Blickweise ändern. Dazu mußt du zunächst auf deine Neigung achten, ständig Unterschiede zu suchen, zu *mismatchen*. Sobald du das kontrollierst, verändert sich dein Blickfeld, und du achtest fortan immer mehr auf die Gemeinsamkeiten. Dein Identifikationsvermögen wird gestärkt, was die Grundvoraussetzung ist, um Rapport machen zu können.

Wichtig ist auch hier, daß du dir vorher ein Ziel gesetzt hast, zum Beispiel den anderen zu respektieren. Dann hast du eine Orientierungshilfe und weißt, warum du dich auf Gemeinsamkeiten konzentrierst. Von da an ist alles, was du siehst, hörst und fühlst eine Bestätigung deiner Handlungsweise. Wenn du aber zweifelst, ob du den anderen überhaupt respektieren möchtest, dann bist du empfänglich für Signale, die auf Unvollkommenheiten und Unterschiede hinweisen. Du kommst von deinem Kurs ab, deine Überzeugung wird schwächer. Nicht zu wissen, was du willst, verklärt deinen Blick.

Jeder hat das Recht, seine Sinne zu benutzen wie er will

Zwinge dich dazu, nur noch Gemeinsamkeiten wahrzunehmen. Stelle fest, daß der andere in erster Linie ein Mensch ist – genauso wie du. Er hat vielleicht einen anderen Geschmack als du, andere Gedanken und sicher sogar andere Gefühle. Trotzdem aber hat er die gleichen fünf Sinne wie du und damit das Recht, sie so zu benutzen, wie er das möchte.

Kommunikation setzt Anpassung voraus.

Kommunikation bedeutet, den anderen zu verstehen. Voraussetzung dafür ist, daß du dich auf dessen Ebene begibst, dich in ihn hineinversetzt und Rapport machst. Spricht jemand schlecht über dich (»Du bist ein Mistkerl!« – »Blöde Ziege!«), verhindert er zunächst einmal den Rapport. Indem du aber nun die negative Bemerkung *neu bewertest*, gibst du ihr eine im nachhinein positive Bedeutung. Du fragst dich: »Hat er vielleicht recht mit seiner Meinung?« – »Was kann ich daraus lernen?« – »Ist es wichtig, daß er mich nett findet?«

Schaffst du es dann nicht, den anderen zu beruhigen, dann bist du mit deiner Art der Kommunikation gescheitert. Du hast keinen Rapport hergestellt, was einzig und allein ein Zeichen deiner Schwäche ist. Deinem Gegenüber vorzuwerfen, daß er dich nicht versteht, ist ungerecht. Schließlich ist es dir nicht gelungen, für deine Auffassung Verständnis zu erzeugen. Du hast dich nicht genügend angepaßt. Die Unterschiede bleiben dominierend.

Es gibt keine dummen Schüler, nur inkompetente Lehrer

In der Schule werden derartige Kommunikationsschwierigkeiten besonders deutlich. Der Lehrer unterrichtet den Stoff so, wie es ihm am verständlichsten erscheint. Freilich ist das keine Garantie dafür, daß jeder Schüler ihn auch versteht. Schlechte Noten sind also nicht auf die Dummheit oder Faulheit des Schülers zurückzuführen, sie sind das Ergebnis fehlender Kompetenz beim Lehrer. Wenn er es den Schülern leichter machen würde, indem er seine Sprache der ihren anpaßt, hätten diese nicht so viele Probleme beim Aufarbeiten der Lehrinhalte. Hast du mal darüber nachgedacht, ob dein Lieblingsfach vielleicht auch von deinem Lieblingslehrer unterrichtet wurde?

Es gibt keine dummen Schüler, nur inkompetente Lehrer.

Durch richtiges Fragen die Antwort vorwegnehmen.

Richtig gestellte Fragen lassen dich aktiv werden

Es ist elf Uhr abends, und dein Lover ist noch unterwegs. Dabei wollte er doch spätestens um neun von seinem Geschäftstermin zurück sein. Du fragst dich jetzt: »Wo bleibt er denn nur?« Dein Gehirn malt sich jetzt verschiedene Möglichkeiten aus: Macht er Überstunden? Hatte er einen Unfall? Oder geht er fremd? Ja, vielleicht, mit wem denn und wo sind die beiden dann? So formuliert, richten die Fragen deinen Fokus auf Zweifel, Verwirrung und Beunruhigung und Eifersucht. Doch sie bringen dich nicht darauf, aktiv zu werden. Zwei Stunden später kommt dein

Freund dann endlich nach Hause. Seine Hände sind schmutzig, weil er einen platten Reifen wechseln mußte, sagt er. Aber du hast dich in der Zwischenzeit so aufgeregt, daß es aus dir hervorbricht: »Stimmt das, was du sagst? Warum hast du nicht angerufen?« Du glaubst ihm nicht, denn deine Gedanken sind Realität für dich geworden. Kurzum: Du kannst ihm nicht glauben.

Der Abend wäre anders verlaufen, hättest du deine Ungewißheit in andere Worte gekleidet: »Wie kommt es, daß er zu spät ist, was kann das bedeuten, wo könnte er sein?« So provozierst du Antworten, die dich aktiv und nicht mißtrauisch werden lassen. Du rufst bei den Schwiegereltern, im Büro und bei euren Freunden an. Ist er dort überall nicht aufzutreiben, steigst du in dein Auto und fährst ihm entgegen. Mitten auf der dunklen Landstraße findest du ihn, als er gerade versucht, den Reifen zu wechseln. Du hältst an und sagst: »Gott sei Dank, ich habe dich gefunden. Kann ich dir helfen?« Natürlich sagt er »nein«, aber du hast ihm damit gezeigt, daß du besorgt um ihn bist. Bestimmt kannst du dir vorstellen, wie der Rest des Abends und die Nacht verläuft.

Mißtrauisch gestellte Fragen hinterlassen nur Opfer, Groll und Frust

»Warum tut er mir das an?« ist eine mißtrauisch formulierte Frage und macht dich zum bewegungslosen Opfer. Sie bringt dich in eine unvermögende Stimmung, aus der keine produktive Handlung erwachsen kann. Das einzige, was sie dir bringt, ist Groll und Frust.

»Was kann ich tun, um herauszufinden, wo er ist?« so lautet das positive Gegenstück. Du zeigst Initiative, wirst aktiv und bringst dich so der Antwort näher.

Wir können eine Frage stets so formulieren, daß sie die Antwort, zumindest teilweise, vorwegnimmt. Nutze diese Erkenntnis, und du wirst sehen, daß deine Kommunikation im Hinblick aufs *Matchen* um ein vielfaches verbessert wird.

Du kannst dein Denken durch richtiges Fragen und Antworten bestimmen.

Voraussetzung für das Nachdenken ist, daß du dir selbst die richtigen Fragen stellst. Dann hast du auch die Chance, produktive Antworten zu erhalten und so neue Erkenntnisse zu gewinnen. Manchmal hinterfragst du ganz bewußt, meist jedoch läuft dieser Prozeß im Hintergrund ab. Jede Antwort wird durch das richtige Formulieren der Frage positiv beeinflußt. Ändern wir unser Blickfeld, erhalten wir auf unsere heiklen Fragen viel eher eine Antwort. Die Antwort wiederum beeinflußt unsere Stimmung und ruft ein leidenschaftliches Verhalten hervor, den Brennstoff für unsere Neugier.

Es beginnt schon beim morgendlichen Aufstehen: »Vielleicht kann ich noch eine Weile liegen bleiben?« Eine mögliche Antwort lautet: »Ja, denn es ist gemütlich im Bett und lecker warm.« Du denkst in diesem Moment nicht über die Konsequenzen nach.

Inhaltlich leicht verändert, kommst du auf ein anderes Resultat. »Ist es nicht besser, sofort aufzustehen?« Diese Formulierung impliziert eigentlich schon die Antwort: »Ja, denn ich möchte meine Arbeit heute mit Spaß erledigen und mich nicht hetzen müssen.« Und schon springst du auf.

Unsere Gedanken schwimmen nicht kurslos auf den Wogen unserer Willkür und treiben dann als Bruchstücke an Land. Vielmehr stehen wir selbst am Ruder unseres Denkens und können den Kurs zu jeder Zeit durch richtiges Fragen und Antworten bestimmen.

Du stehst am Ruder deines Denkens – bestimme den Kurs durch richtiges Fragen und Antworten

Das Blickfeld prägt die Stimmung.

Du selbst entscheidest, auf wen oder was dein Fokus gerichtet ist. Konzentrierst du dich auf das Negative (»Was hält mich zurück?«), so bewirkst du eine unvermögende Stimmung. Du findest dann immer das Hindernis auf dem Weg zu deinem Traum. Richtest du dich hingegen auf das Positive (»Was motiviert mich?«), vergrößerst du die Chance auf eine positive Antwort und bringst dich damit schneller ans Ziel.

Strahlemänner sind Gewinner

Was hältst du von Helmut Kohl, José Ignatio Lopez, Klaus Kinski, Claudia Schiffer? Wie bewertest du Gerhard Schröder, den Dalai Lama, Yassir Arafat, Steffi Graf? Was halten andere Leute in deiner Umgebung von diesen Leuten? Jeder hat seine eigene Meinung über Prominente. Genauso verhält es sich auch mit weniger bekannten Leuten aus der Nachbarschaft.

Siehst du die positiven Seiten an deinen Mitmenschen, macht dich das glücklich und zufrieden

Du wirst merken, daß diejenigen, die sich anderen positiv nähern und versuchen, Gemeinsamkeiten statt Unterschiede herauszufinden, häufig glücklicher, freudiger und erfolgreicher sind als die Besserwisser, die überall ihren Senf dazugeben müssen. Fühlst du dich etwa gut, wenn du dir immer nur die schlechten Seiten eines anderen vor Augen führst? Ich bitte dich! Du kannst dich selbst entscheiden, ob du ein Miesepeter oder ein Strahlemann sein möchtest. Die Wahl von letzterem wird deinen Traum sicher eher Realität werden lassen.

Das Handeln ist auf den persönlichen Nutzen ausgerichtet.

Laß jeden nach seiner Fasson glücklich werden

Mit dieser Prämisse wird es leichter, das Verhalten von anderen zu verstehen. Vor allem wenn es im Gegensatz zu dem steht, was du selbst tun würdest. Dein Gegenüber hat in erster Linie sein eigenes Wohl im Sinn und handelt dementsprechend.

Seine Motivation ist bestimmt sehr plausibel. Wenn dir also sein Verhalten nicht gefällt, ist das einzig und allein dein

Problem. Umgekehrt ist es natürlich genauso, wenn dein Tun und Lassen für ihn ein Problem darstellt. Auch du richtest dich nicht zuerst nach dem, was andere sagen oder möchten, sondern danach, was für dich das beste ist.

Trete deinen Gesprächs-partnern vorurteilsfrei gegenüber

Stell dir vor, du sitzt jemandem gegenüber, der anscheinend sehr nervös und unsicher ist. Er brachte zunächst kaum einen zusammenhängenden Satz heraus. Nun sagt er gar nichts mehr. Hast du dann nicht die gerade beschriebene Überzeugung, mußt du glauben, daß er schweigt, weil ihm nichts mehr einfällt. Bringst du aber die Beobachtung seiner Nervosität und die Annahme, daß er zu seinem eigenen Wohl agiert, zusammen, sieht dein Bild von ihm ganz anders aus. In dieser Stimmung wird es viel einfacher für dich, Rapport mit ihm zu machen, dadurch seine Nervosität abzubauen und eine gute, entspannte Gesprächssituation herzustellen. Trete deinen Gesprächspartnern also immer vorurteilsfrei gegenüber.

Jeder Mensch erlebt die Welt auf seine eigene Art.

Die eigenen Gefühle können nicht auf andere übertragen werden

Wenn ich lächle, bin ich froh. Wenn du lächelst, bedeutet das nicht, daß auch du froh bist. Vielleicht verbirgst du deine wahre Empfindung hinter einer Maske. Wenn ich meine zu wissen, was du empfindest, ist das vermessen. Sitzen wir beispielsweise zusammen in einem Konzert und hören die Achte von Mahler, dirigiert von Bernard Haitink, sind wir vielleicht beide tief beeindruckt. Jedoch finde ich die musikalische Tiefenwirkung romantisch, du hingegen bist betrübt, weil du an die Beerdigung eines Freundes erinnert wirst. Also: Wir können unsere Gefühle nicht auf den anderen übertragen. Das Erleben des anderen ist immer anders als das Erleben von dir selbst.

Die Farben des Blumenmeeres im Keukenhof, Lisse, Niederlande, werden jedes Jahr von mehreren zehntausend

Touristen aus aller Welt bewundert. Eine gelbe Tulpe ist freilich auch für einen Japaner nicht blau. Sie bleibt gelb. Nur das innere Empfinden beim Betrachten dieser Farbenpracht ist für jeden anders: »Oh, Oh« – »Oh, scheußlich« – »Läßt mich kalt« – »Ist mir Wurst« oder »Schön, diese Farbenpracht« – »Fabelhaft« – »So etwas Schönes gibt es nur in Holland«. Viele Mißverständnisse sind allein darauf zurückzuführen, daß die eigene Ästhetik auf andere übertragen wird.

Die Sprache ist stets nur die subjektive Wiedergabe eines Geschehnisses.

Sprache gibt kein objektives Geschehen wieder. Was gesagt wird, hat bereits die Filter der Sinne und Normen hinter sich

»Der Wagen kam von links, er achtete nicht auf die Vorfahrt und donnerte mir genau in den Kotflügel«, erklärt einer der Unfallbeteiligten. Der andere beteuert: »Ich habe ihn nicht sehen können, er kam mit viel zu hoher Geschwindigkeit aus der unübersichtlichen Straße herausgeschossen.« Beide haben den Zusammenstoß aus ihrer Sicht wahrheitsgemäß und doch völlig unterschiedlich wiedergegeben. Wer recht hat, müssen Sachverständige und das Gericht feststellen.

Was jemand sagt oder schreibt, ist also immer nur die zweite Repräsentation. Zuerst ist ein Ereignis durch einen oder mehrere Sinne aufgenommen worden. Danach werden die Informationen und Erfahrungen nach den eigenen Normen oder Werten gefiltert. Erst dann bekommt das Ganze ein sprachliches Korsett. Für eine gute und deutliche Kommunikation sollte man diesen Ablauf immer vor Augen haben.

Die dunklen Blätter fallen von den Bäumen: »Mistherbst!«

Oder:

Die bunten Blätter schweben zu Boden: »Hm, demnächst gibt es Lebkuchen!«

Nachdem ich drei Jahre lang fallendes Laub mit der Aussicht auf winterliche Delikatessen in Verbindung gebracht hatte, wurde der Herbst für mich eine höchst appetitliche Jahreszeit. Sehe ich die bunten Blätter an den Bäumen, läuft mir regelmäßig das Wasser im Munde zusammen. Mach es doch ebenso. Triff deine Wahl. Du lebst nur einmal.

DIE PLATTFORM DEINER PERSÖNLICHKEIT

Wertehierarchie aufstellen

»Alles Wertvolle ist widerstandslos«, ließ Lucebert über der Skyline von Rotterdam aufzeichnen. Wie tiefsinnig und richtig, hat das Adjektiv ›wertvoll‹ in unserer Sprache doch eine besondere Bedeutung. Etwas Wertvolles ist zwar schwer zu erlangen, es muß auch gut gehütet werden – aber mit ihm geht alles leichter, eben widerstandsloser.

Deine Normen prägen dein Lebensziel

Jeder hat seine persönlichen Werte und Normen. Sie ermöglichen es ihm nicht nur, zwischen Erlaubtem und Verbotenem zu unterscheiden. Ebenso trennen sie Wichtiges von Unwichtigem. Deine Normen bilden die Plattform deiner Persönlichkeit. Sie sind Teil deines Universums und prägen wesentlich dein Lebensziel, auch wenn du den Weg dorthin selbst festlegen kannst. Freilich betrachtest du alles, was auf deinem Lebenspfad erscheint, im Licht deiner eigenen Werte. Sie sind deine Basis, dein Gewissen, dein göttlicher Funken oder wie auch immer du sie bezeichnen möchtest.

Wenn alle deine Normen in dieselbe Richtung weisen, kannst du uneingeschränkt alles erreichen, was du möchtest

Werte und Normen widersprechen sich mitunter, manchmal schließen sie einander sogar aus; nicht nur innerhalb einer Gesellschaft, auch innerhalb einer Person treten Widersprüche auf. Wenn all die Werte und Normen deiner Teile in dir in genau dieselbe Richtung weisen würden (*Kongruenz*), würdest du vollkommen ungehindert und sorglos erreichen, was du willst. Behindert ein Teil in dir, das einen bestimmten Wert vertritt (z.B. das Kind in dir, das nun gern spielen möchte), ein anderes Teil, das einen anderen Wert vertritt (z. B. der Vater, der dich gern seriös sieht), entstehen Situationen, in denen du nur schwer entscheiden kannst, wie du dich verhalten sollst. In diesem Kapitel wirst du die Gelegenheit haben, deine eigene

Wertehierarchie aufzustellen, sie aus dem Unterbewußtsein heraus an die Oberfläche zu holen. Danach kannst du dann leicht Inkongruenzen, also Gegensätze in dir selbst, aufspüren. Ist für einen Teil in dir die ›Freiheit‹ der wichtigste Wert und für einen anderen die ›Sicherheit‹, dann hast du mit einer Inkongruenz zu kämpfen, die dich womöglich innerlich zerreißt.

Inkongruenzen können zerstörend wirken.

Bei einem Freund von mir lief es wie am Schnürchen. Er war ein erfolgreicher Geschäftsmann, fuhr einen Porsche, wohnte in einer Villa auf dem Lande, reiste in alle Länder der Erde, und nicht zuletzt hatte sich ihm eine schöne und kluge Frau zur Seite gestellt. Er schien ein beneidenswerter Mann in der Blüte seines Lebens zu sein, und das Glück lachte ihm zu.

Normative Widersprüche in dir können deinen Erfolg sabotieren

Aber es gab auch eine dunkle Seite in seinem Leben. Regelmäßig wurden Steuergelder beiseite geschafft, denn er war ein leidenschaftlicher Glücksspieler, und er leistete sich etliche Eskapaden mit anderen Frauen. Eines bösen Tages überfiel ihn die Steuerfahndung. Etwa zur gleichen Zeit bekam seine Ehefrau Wind von seiner Untreue und trennte sich sofort von ihm. Innerhalb von wenigen Wochen verlor er alles, was er hatte. Der Mann hatte sein materialistisches Glück sabotiert.

Meine Erkärung dafür ist die folgende: Seine Werte ›Sicherheit‹ und ›Genuß‹ auf der einen Seite standen im Gegensatz zu seiner zweiten Zielsetzung ›Abenteuer‹ und ›Freiheit‹. Ein Teil seiner Persönlichkeit strebte nach Sicherheit. Deshalb arbeitete er hart, war verheiratet, genoß das Leben in seiner Villa und hielt seine Sachen nach außen hin in Ordnung. Ein anderer Teil in ihm wollte das Abenteuer. Für ihn bedeutete das andere Frauen und Glücksspiele. Für beides brauchte er mehr Geld, als er zur Verfügung hatte, also hinterzog er Steuern.

Während er damit beschäftigt war, ›Sicherheit‹ aufzubauen, quälte ihn sein Hang zum Außergewöhnlichen. Lebte er jedoch seine Abenteuerlust aus, fühlte er sogleich, daß er seiner Sicherheit schadete. Diese Diskrepanz kostete ihn reichlich Energie, so daß er weder sein Leben genießen konnte (Ziel Nr. 1), noch mentale Freiheit (Ziel Nr. 2) besaß. Lug und Betrug – das war sein Leben.

Achte darauf, daß deine Ziele miteinander harmonieren – sonst bist du zeit deines Lebens hin und her gerissen

Mein Freund hatte seiner persönlichen Blaupause keinerlei Aufmerksamkeit entgegengebracht. Er hatte niemals bemerkt, daß er zeit seines Lebens die innerlichen Zielsetzungen (Sicherheit/Genießen und Abenteuer/Freiheit) ignoriert hatte. Dadurch war er vollkommen hin und her gerissen. Sein ganzes Verhalten wurde inkongruent. Er bekam niemals wirklich das, was er haben wollte, weil er sich dessen überhaupt nicht bewußt war. Zwei sich entgegenstehende Lebensziele gleichzeitig anzupeilen, das ist ein von vornherein unmögliches Unterfangen.

Der Traum sollte mit den Werten weitgehend im Einklang stehen.

In früher Jugend hatte ich die Vision, daß ich Priester werden würde. Wenn ich dieser Vision buchstäblich gefolgt wäre und einen Platz in der kirchlichen Hierarchie angestrebt hätte (Wert 1: Menschen helfen), wäre es mir bestimmt ähnlich ergangen wie meinem Freund. Letztlich hätte ich mein Glück sicher auch sabotiert, denn ein zweiter wichtiger Wert ist für mich die finanzielle Unabhängigkeit, die mit dem Priesteramt wohl unvereinbar ist. Freiheit nimmt in meiner Wertehierarchie einen der ersten Plätze ein. In der Kirche hat sie sicher keinen vergleichbaren Rang. Diese beiden Grundwerte hätten meine Priesterwürde vergewaltigt. Deshalb habe ich diesen Weg zum Glück nicht

eingeschlagen. Durch die Entdeckung von NLP kann ich nun meiner persönlichen Berufung unter Beibehaltung meiner Werte nachgehen.

In Japan wird aufgrund übereinstimmender Normgefüge geheiratet – die Scheidungsrate geht dort gegen null

Viele Beziehungen in der westlichen Welt gehen zu Bruch, weil die Zielsetzung und Rangordnung der Werte beider Partner nicht in Einklang zu bringen sind. In Japan kommen Scheidungen so gut wie gar nicht vor. Dort wählen die Eltern den Ehepartner aus. Das empfinden wir zwar als feudalistisch, aber die Erfahrung zeigt, daß man auf diese Weise eine festere Basis für eine harmonische Zukunft legen kann. Die Brauteltern vergleichen die Normen, die ihnen wichtig sind (und die ihre Tochter auch verinnerlicht hat), mit denen der Eltern des potentiellen Bräutigams. Dabei verlassen sie ihren sozialen Stand niemals; es ist fast undenkbar, daß z.B. die Tochter eines Zimmermanns den Sohn eines Professors heiratet.

Der fernöstliche Vater verfügt über viel Lebenserfahrung und Weisheit. Im Westen wird überwiegend aus ›Verliebtheit‹ geheiratet. Hier wächst und stabilisiert sich die Beziehung abhängig von der Dauer des Zusammenseins. Dies verlangt beiden Partnern ein großes Maß an Anpassung ab. Sie müssen es früher oder später geschafft haben, die persönlichen Werte aufeinander abzustimmen. Der hohen Scheidungsrate (zwei von fünf Ehen werden geschieden) und der Anzahl unglücklicher Ehen kann man entnehmen, daß viele die Geduld dazu nicht aufbringen. In Japan ist es umgekehrt. Dort werden zuerst die Werte aufeinander abgestimmt; erst dann beginnt die Beziehung. Die Liebe entwickelt sich also letztlich aus den übereinstimmenden Normen.

Wir finden es absolut unverständlich, wenn eine Japanerin ihren Mann ins Bordell begleitet und ihm dort sogar eine Frau auswählt. Das geht freilich nur, wenn ihre Beziehung ein starkes Fundament besitzt. So kann sie das Bedürfnis ihres Mannes nach neuen sexuellen Erfahrungen respektieren. Die Frau hat Rapport mit ihrem Gatten gemacht und sich mit ihm identifiziert.

In unserer Gesellschaft ist so etwas fast undenkbar. Ein verheirateter Mann, der zu Huren geht, tut das heimlich; die Entdeckung würde seine Ehe unter extremen Druck setzen. Denn die Frau würde sich schlecht fühlen und denken, sie sei nicht mehr attraktiv genug.

Wenn Eltern sich widersprechende Werte einpflanzen ...

Der Ursprung deines Wertesystems: Eltern, Kirche, Schule

Die Basis für dein Wertesystem wird im Kindesalter gelegt. Ich kenne eine gottesfürchtige Frau, die lange von einem großen Haus, einem Mann und vielen Kindern träumte. All das ging in Erfüllung. Doch sie wurde nicht glücklich mit ihrer Familie und ihrem Leben. Später stellte sich heraus, daß der Traum dieser Frau von ihren Eltern mit schädlichen Überzeugungen untergraben worden war. In dem Augenblick, da sie ihr Ziel erreicht hatte, sabotierte sie sich unbewußt. Während ihrer Erziehung bekam sie nämlich die Überzeugung eingeimpft, daß Geistiges und Materielles nicht vereinbar seien. »Reichtum und Glaube vertragen einander nicht!« sagte ihr Vater oft. Nun fühlte sie sich schuldig.

Werde dir deiner Werte bewußt, und du löst deine inneren Konflikte

Sie trennte sich von ihrer Familie, fand einen neuen Partner, mit dem jedoch nach kurzer Zeit die gleichen Probleme auftraten. Eine Freundin schickte sie zu mir. Ihr Verhaltensmuster fanden wir gemeinsam in weniger als einer halben Stunde heraus. Sie erkannte selbst, daß sie noch mit 43 Jahren von den Werten ihres Vaters gefesselt war und sich dementsprechend von ihnen nicht lösen konnte. Anschließend fanden wir ihre eigene Wertehierarchie heraus – die Werte ihres Vaters gehörten nicht dazu. Ihr ganzes Leben lang waren seine Normen mit den ihren vermischt. Erst dadurch entstand der Konflikt. Als sie begriff, daß die Werte ihres Vaters (die sie natürlich in sich trug) nicht die ihren waren, konnte sie sich distanzieren. Sie löste sich bewußt davon, der innerliche Konflikt verschwand sofort. Sie kehrte daraufhin zu ihrem ersten Mann zurück und akzeptierte den Einklang von Reichtum und Gottesglaube.

Nicht ›entweder – oder‹, sondern ›und‹.

Das Wissen um die Wertehierarchie macht das Leben leichter.

Du kannst dein Wertesystem zwar umordnen, aber abzuschaffen sind die meisten Normen kaum. Zwar kannst du z.B. behaupten, trotz deiner römisch-katholischen Erziehung nicht mehr an die Inhalte der Bibel zu glauben; trotzdem aber lebst du nach den Zehn Geboten, auch wenn du dir dessen nicht bewußt bist.

»Unsinn, ich glaube nicht an Gott.« – »Weshalb hast du den Hundertmarkschein, der bei mir auf dem Tisch liegt, nicht gestohlen?« – »Was dir gehört, gehört dir, was mir gehört, gehört mir.« – »Ist das nicht das fünfte Gebot: Du sollst nicht stehlen?«

Dein Normengefüge hat sich in der Vergangenheit durch den Einfluß der Eltern, der Kirche und der Schule gebildet. Auch das Fernsehen fügt noch Normen hinzu. Du wirst tagtäglich weiter geformt, durch dein berufliches und privates Umfeld und natürlich durch die Medien. Werte sind nie statisch, sondern flexibel. Mit neuen Einsichten verändern sie sich vorzugshalber in eine Richtung, die mit deiner Zielsetzung übereinstimmt. Ja, du bist geradezu verpflichtet, die Werte dem Ziel immer wieder anzupassen.

Passe deine Werte immer wieder deinem Ziel an

Deine Wertehierarchie überhaupt zu kennen, ist die Grundvoraussetzung. Erst dann bist du imstande, dein Ziel und deinen Traum den Werten und Normen anzugleichen. Außerdem fällt es dann viel leichter, zu überprüfen, ob du mit deinem Partner auf Dauer weitgehend konfliktfrei leben kannst. Jedes Ziel setzt einen spezifischen Wertmaßstab voraus. Es gibt aber auch allgemeingültige Normen, die das Erreichen eines Ziels weit überdauern.

Was sind deine Werte? – Phase 1.

Nun zur Praxis: Wie erkennst du deine Wertehierarchie? Du kannst sie mit Kugelschreiber, Papier und ein wenig Zeit herausfinden. Beginnen wir mit einer spezifischen Wertetabelle, also einer zielorientierten. Nimm zum Beispiel als Lebensziel eine erfüllte Partnerschaft. Welches sind die Werte, die du mit einer solchen in Verbindung bringst. Du kannst beliebig viele Begriffe aufschreiben. (Nur zur Anregung: Freude, Liebe, Leidenschaft, Genuß, Meinungsaustausch, Sicherheit, Respekt, Spaß, Ebenbürtigkeit, Verständnis füreinander, Sex, Geselligkeit, Kreativität, Gesundheit, geistiges Wachstum, Freiheit, Interessengleichheit, Schönheit, spirituelle Einheit, Wärme, Teilen, Abenteuer und Ehrlichkeit.)

Nun erstellen wir eine Reihenfolge. Du kannst das mit allen oder auch nur mit ausgewählten Werten tun. Als Beispiel habe ich sieben willkürlich ausgewählt. Damit demonstriere ich, wie das vor sich geht. Zunächst numeriere ich durch:

1. Gesundheit
2. Freiheit
3. Liebe
4. Respekt
5. geistiges Wachstum
6. Wärme
7. Teilen

Jetzt frage ich mich immer wieder, welchen Wert ich wichtiger finde. Ich fange mit Nummer eins an und vergleiche ihn mit Nummer zwei:

Was ist wichtiger:	Gesundheit oder Freiheit?
Ich sage:	Gesundheit, das bleibt für mich die Nummer eins.
Was ist wichtiger:	Gesundheit oder Liebe?
Ich sage:	Liebe. Sie wird die neue Nummer eins, und Gesundheit kommt an die zweite Stelle.
Was ist wichtiger:	Liebe oder Freiheit?
Ich sage:	Liebe, sie bleibt also an ihrem Platz stehen.
Was ist wichtiger:	Liebe oder Respekt?
Ich sage:	Respekt. (Denn ohne Respekt kann ich nicht lieben, glaube ich.)

Respekt kommt an die erste Stelle, und der Rest wird nach hinten verschoben.

Was ist wichtiger:	Respekt oder Wachstum?
Ich sage:	Respekt. Er bleibt die Nummer eins.
Was ist wichtiger:	Respekt oder Wärme?
Ich sage:	Respekt. Dieselbe Reihenfolge.
Was ist wichtiger:	Respekt oder Teilen?
Ich sage:	Teilen.

Das wird nun die endgültige Nummer eins. Teilen ist von diesen sieben mein wichtigster Wert.

Nun vergleiche ich die Nummer zwei mit den Nummern drei bis sieben, wonach der zweite Rang auch feststeht. Es folgen die anderen Plätze. Mein Ergebnis:

1. Teilen
2. Respekt
3. Liebe
4. Gesundheit
5. Freiheit
6. geistiges Wachstum
7. Wärme

Du siehst, die Folge hat sich deutlich geändert. Das muß nicht immer so sein, aber es ist halt möglich.

Was sind deine Werte? – Phase 2.

Ich nehme nun an, du hast dir deine eigene Liste erstellt. Stell dir vor, daß die Liebe bei dir an erster Stelle steht. Es folgt der nächste Schritt, du suchst das Gefühl, die Emotion, die deinen Werten zugrunde liegt.

Du fragst dich:	Was bedeutet Liebe für mich?
Du antwortest:	Liebe bedeutet für mich zusammenzusein.
Du fragst dich:	Was bewirkt das Zusammensein?
Du antwortest:	Die Entwicklung meiner Persönlichkeit. (In diesem Fall mußt du weiter fragen, denn du mußt zu einer Emotion gelangen.)
Du fragst dich:	Was bedeutet Entwicklung für mich?
Du antwortest:	Es gibt mir eben ein sicheres Gefühl. (Emotion!)
Fazit:	Liebe gibt mir ein sicheres Gefühl.

Mit anderen Worten: Liebe ist das Mittel, das sichere Gefühl ist das Ziel.

Nun die Nummer zwei: Stell dir vor, hier steht Respekt in deiner Liste.

Frage:	Was bedeutet Respekt für mich?
Antwort:	Er gibt mir ein gutes Gefühl.
Frage:	Woraus ergibt sich das?
Antwort:	Aus der Wärme und der Bewunderung, die mir andere entgegenbringen.
Frage:	Was machst du dann damit?
Antwort:	Ich fühle mich dann sicher und habe Selbstvertrauen.
Frage:	Und was bedeutet das für dich?
Antwort:	Ich erlebe ein sicheres Gefühl.

Jetzt die Nummer drei, die Freiheit:

Frage:	Was für eine Emotion hast du, wenn du an Freiheit denkst?
Antwort:	Ich kann die Dinge tun, die ich gern tun möchte.
Frage:	Ja, aber welches Gefühl steckt dahinter?
Antwort:	Das Gefühl, nur für mich selbst verantwortlich zu sein.
Frage:	Was heißt das, vom Gefühl her?
Antwort:	Ich fühle mich sicher.

Was sind deine Werte? – Fazit.

In diesem Beispiel laufen alle sieben Etiketten auf das Gefühl der Sicherheit hinaus. Jetzt kannst du überprüfen, ob dein Ziel, ›erfüllte Partnerschaft‹, mit diesem Wunsch im Einklang steht. Das einzige, was du dir von einer erfüllten Partnerschaft wünschst, ist ein sicheres Gefühl.

Wenn nun dein Partner ein rechter Hallodri ist, der in den Tag hineinlebt und öfter mal fünf gerade sein läßt, dann ist es schon erstaunlich, daß ihr noch zusammen seid. Er schert sich einen Dreck um den Haushalt, arbeitet nur, wenn es ihm Spaß macht, und sein Konto ist chronisch überzogen. Was er nächstes Jahr machen wird, weiß er nicht, und fragst du ihn danach, wird er pampig.

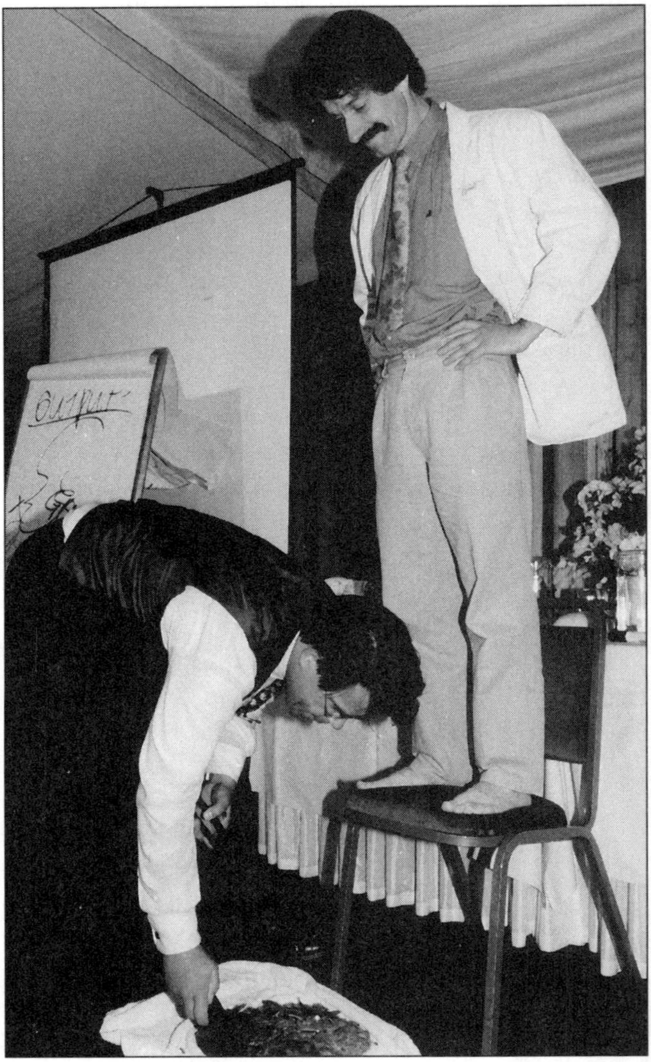

Das alles gibt dir keine Sicherheit für die Zukunft. Du kannst dir nun zwei Fragen stellen: »Möchte ich ein Opfer sein?« Das würde heißen, die Beziehung, so wie sie ist, zu akzeptieren und sich jetzt und auf Dauer schlecht zu fühlen. Oder du fragst dich (das wäre sicher produktiver und für einen Rapport vonnöten): »Welche Werte unserer Beziehung sind noch zu ändern?«

Sobald du deine Werte kennst, überprüfe dein Leben und zieh die Konsequenzen

In diesem Beispiel ist deine Grundmotivation ein sicheres Gefühl. Alles, was dieses Bestreben blockiert, vergewaltigt dein Lebensziel. Jede Handlung, die nicht zu deinem persönlichen Basiswert paßt, entfernt dich weiter von deinem Traum und macht dich unglücklich – zunächst fällt es dir noch auf, im Laufe der Jahre jedoch bleibt nur Frust.

Mit deinem Wissen kannst du nun auch andere, spezifische Werte feststellen. Du bekommst so ein perfektes System, um Einsicht in die eigene Motivation und in die anderer, zum Beispiel die deines Partners, zu erhalten. Wenn du ein sicheres Gefühl haben möchtest, er aber ein unsicheres, habt ihr beide eine richtige Herausforderung vor euch. Wenn die Werte schon nicht gleich sind, so sollten sie zumindest miteinander zu vereinen sein. Beschäftigt euch mit eurer Werterangordnung, und ihr könnt eure Werte mehr und mehr aufeinander abstimmen. Dann habt ihr die realistische Aussicht auf eine glückliche Zukunft.

Der Feuerlauf verändert das Wertesystem.

Nimmst du an einem meiner Seminare teil, stehst du vielleicht irgendwann vor der Entscheidung, ob du den Feuerlauf machen möchtest oder nicht. Deine erste Reaktion wird wahrscheinlich sein, daß das Laufen über glühende Holzkohlen nicht mit dem Wert Sicherheit übereinstimmt. Im Gegenteil! Das Risiko, daß du dir deine Füße verbrennst, ist scheinbar riesengroß. Durch Phase zwei beim

Erstellen deiner Wertehierarchie weißt du, daß der Feuerlauf nur das Mittel ist, um dein Ziel zu erreichen. Du weißt, daß du einen ersten Schritt auf dem Pfad mit den glühenden Kohlen wagen mußt, um schließlich Sicherheit und Vertrauen zu dir selbst zu gewinnen. Du läufst über das Feuer. Was hast du gemacht? Du hast dir bewiesen, über dich selbst hinauswachsen zu können. Dieses Wissen gibt dir die Sicherheit. Du hast also dein Ziel erreicht, von dem du zu Beginn des Seminars noch gar keine Ahnung hattest.

Der Feuerlauf ist nichts anderes als ein Mittel zum Zweck

Der Feuerlauf ist, genau wie das Glasspringen, nichts anderes als ein Mittel zum Zweck, kein Ziel an sich. Das folgende Beispiel zeigt das deutlich. Eine Managerin hatte im Unternehmen Schwierigkeiten, Änderungen durchzuführen, auch privat hatte sie Angst, etwas Neues auszuprobieren. Deswegen hatte sie im Seminar ›Sich verändern‹ als wichtigstes Ziel genannt. Ihre unterschwellige Emotion (die beim Weiterfragen nach dem Ziel an die Oberfläche gelangte) war allerdings ›Sicherheit‹ – das war ihr spezifischer Wert. Dem Anschein nach stand dieser Wert in krassem Widerspruch zum Ziel, denn ›Veränderung‹ hieß für sie ›Unsicherheit‹. Sie mußte etwas unternehmen, um Kongruenz herzustellen, denn, so wurde ihr bewußt, Veränderung und Sicherheit sind schwer nur in Einklang zu bringen: Sie wollte aber daran arbeiten und ihren spezifischen Wert mit ihrem Ziel übereinstimmen lassen.

Der Feuerlauf gibt dir die Chance, über dich selbst hinauszuwachsen

Sie dachte, daß sie es sich niemals zutrauen würde, von einem Stuhl barfuß in einen Haufen Glasscherben zu springen. Ich brachte sie jedoch zu der Einsicht, daß sie ihre Überzeugung bezüglich ›Sicherheit oder Veränderung‹ in ›Veränderung und Sicherheit‹ wandeln könnte, würde sie es nur wagen, in die Glasscherben zu springen.

Schließlich überwand sie ihre Ängste und sprang mitten hinein in die Scherben. Jetzt wußte sie: Sie konnte mehr, als sie dachte. Dies gab ihr das ersehnte Gefühl der Sicherheit. Aus dieser Sicherheit heraus lenkte sie ihr Bedürfnis nach

Veränderung neu. Sie hatte nun die Zügel in der Hand. Sich zu verändern war nun nicht länger bedrohlich, sondern lediglich eine Art und Weise, im Leben voranzukommen. Von diesem Moment an dachte sie nicht mehr ›entweder – oder‹, sondern nur noch ›und‹.

Vom Wohl, um die eigenen Werte zu wissen.

Um mit anderen Menschen zurechtzukommen, hilft es dir, wenn du deren Wertehierarchie einschätzen kannst

Wenn du weißt, welches deine Werte sind, kannst du die Wahl deiner Mittel entsprechend anpassen. Es ist ein beruhigendes Gefühl, wenn man weiß, was für einen selbst gut ist. Um mit anderen Menschen zurechtzukommen, hilft es dir, wenn du deren Wertehierarchie einschätzen kannst. Oft ist es dann wesentlich einfacher, zu verstehen, was sie lenkt und motiviert. Sachkenntnis zu haben heißt zu verstehen, weshalb du etwas tust bzw. nicht tust, heißt zu verstehen, warum der andere gerade so und nicht anders agiert.

Ein Wert ist erst einmal eine abstrakte Konstruktion. Willst du in der Praxis vom Wissen um ihn profitieren, so mußt du zunächst deinem Instinkt vertrauen. Jeder hat schon oft gegen seine Überzeugungen und Werte gehandelt und sich dadurch unwohl gefühlt. Mit diesem Gefühl gibt dir dein Instinkt zu verstehen, daß du mit deiner Handlung auf dem Holzweg bist. Kennst du nun noch zusätzlich deine Werte, so kannst du den Grund für dieses schlechte Gefühl exakt benennen und bist imstande, dein Verhalten entsprechend zu ändern.

Äußere, aber auch innere Auseinandersetzungen entstehen meist aus der Konfrontation entgegenstehender Werte. Beinahe jeder hat diese potentiellen Konfliktherde in sich. Du willst Ruhe, aber auch Erregung. Du strebst nach Sicherheit, aber auch nach Freiheit. Du arbeitest gern und sehnst dich nach Freiheit. Du willst reich sein, jedoch möglichst wenig dafür tun. Du möchtest gerne schlank sein, ißt aber weiterhin zuviel.

Das Ziel ist eine wesentliche Emotion, die befriedigt werden will. Dein Gehirn sucht sich immer einen Weg, dich zum Ziel zu führen. Wenn der Weg nicht mit deinen Werten übereinstimmt, führt er schließlich zur Selbstzerstörung: Du kompensierst diesen Konflikt mit einem ›Zuviel‹. Du trinkst, rauchst, arbeitest, ißt zuviel. Beenden kannst du dieses ungesunde Verhalten nur, indem du deinen spezifischen Konflikt in dir auflöst.

Alles, womit du beschäftigt bist, sollte dich deinem Ziel näherbringen

Der Zweck heiligt die Mittel nur dann, wenn er mit deinem Ziel übereinstimmt – ansonsten wird das Ziel entheiligt. Alles, womit du beschäftigt bist, sollte dich deinem Ziel näherbringen. Und behalte im Kopf: Das Ziel ist immer ein Gefühl. Oft verwendest du Mittel, mit denen das Ziel, das Gefühl, nicht zu erreichen ist. Deshalb endest du manchmal in einer Sackgasse. Lerne jedoch von diesen Resultaten, und bedenke die Wahl deiner Mittel.

Hast du erst einmal die passenden Werte strukturiert, dann weißt du auch, was du willst und welche Mittel dir zur Verfügung stehen. Sind sie förderlich oder behindernd? Überprüfe sie einzeln und achte besonders auf solche, die sich gegenseitig im Wege stehen. Ich wünsche dir, daß du deinen Traum auf dem kürzesten Weg und mit einer gehörigen Portion Rückenwind verwirklichen kannst!

Gute Reise!

DIE QUELLE DER KRAFT

Sieben Überzeugungen, die stark machen

Was denkst du nun? Möchtest du nun einsteigen, aufspringen auf den Zug in Richtung Erfolg? Dann lies den zweiten Teil aufmerksam und führe gewissenhaft die Übungen aus! Im zweiten Teil findest du die wichtigsten Techniken, mit denen du dein Leben in neue, noch bessere Bahnen lenken kannst. Probiere es einfach mal aus. Du wirst sehen, es ist ganz leicht.

Achte auf den Überzeugungskatalog sooft und solange, wie es geht

Wenn du die nun folgenden sieben Überzeugungen wirklich verinnerlichst, hast du die besten Voraussetzungen, um die Technik perfekt zu erlernen. Am besten, du setzt dich an den Schreibtisch, nimmst einen Bogen deines besten Papiers, deinen Lieblingsfüllfederhalter (ein guter Kugelschreiber tut es auch) und überträgst die sieben Sätze so sorgsam, wie du kannst. Lies sie dir währenddessen laut und deutlich vor. Dann hängst du den Zettel z.B. an die Innenseite der Toilettentür oder die Wand gegenüber deines Lieblingssessels. Kannst du dich nicht für einen Ort entscheiden, mach einfach mehrere Kopien, am besten wieder von Hand.

Nun achte auf den Überzeugungskatalog sooft und solange, wie es geht. Er wird dann nach und nach ein Teil von dir. Unter seinem Eindruck wirst du viele Dinge automatisch neu bewerten, und zwar so, daß es sich positiv auf dein Verhalten auswirkt. Schon nach kurzer Zeit ist dir gar nicht mehr bewußt, daß du NLP-Prinzipien folgst. NLP ist eine Lebensweise, die dir automatisch deine Wege bahnt.

KATALOG DER ÜBERZEUGUNGEN

- Ich mache alles, entweder um Freude zu finden oder um Schmerzen zu vermeiden.
- Ich kann alles, was mir passiert, so benennen, wie ich es will.
- Ich habe die Wahl, mich in jedem Augenblick des Tages gut zu fühlen.
- Ich bin für mein Tun selbst verantwortlich.
- Jede Erfahrung sorgt dafür, daß ich stärker werde.
- Wenn ich mein Verhalten ändere, ändere ich meine Resultate.
- Es gibt immer eine Lösung.

ERNÄHRUNG UND ATMUNG

Was dich fit hält

II TEIL

Um Erfolge zu erzielen, mußt du viel Energie aufbringen. Diese Energie schenkt dir dein Körper. Es lohnt sich also, ihn fit zu halten.

Richtiges Atmen wirkt Wunder.

Vor der Kirche liegt ein hagerer Mann, der sich im Hungerstreik befindet. Warum er sich nicht im Durststreik befindet, ist offensichtlich – er würde zu wenig Zeit haben, seinen Protest in der Öffentlichkeit zu verbreiten. Nach wenigen Tagen wäre er tot. Ein Atemstreik käme gar nicht in Frage, denn in diesem Fall hätte er nur wenige Minuten, die Aufmerksamkeit auf seinen Protest zu lenken. Er würde ersticken, bevor jemand ihn auf dem Kirchplatz entdeckt hätte.

Über dein Atmen denkst du normalerweise nicht lange nach (atmen kommt aus dem Sanskrit, es bedeutet: Gott), es funktioniert automatisch. Doch mach dir einmal bewußt, was genau beim Atmen passiert. Deine Lunge nimmt Sauerstoff auf und gibt Kohlendioxid ab. Den Sauerstoff brauchst du, um deine Nahrung zu verbrennen. Auf diese Weise gewinnt dein Körper die Lebensenergie. Außerdem regt er dein Lymphdrüsensystem an, so daß tote Zellen leichter und besser abgestoßen werden können.

Richtige Atmung reinigt deinen Körper

Wenn du nun ein wenig Mühe investierst, um deine Atmung zu vertiefen, zieht dein Körper noch mehr Nutzen aus den positiven und reinigenden Effekten. Sport und körperliche Bewegung in frischer Luft dienen nicht nur deinen Muskeln und Knochen – auch wird der Sauerstoffgehalt in deinem Blut angereichert.

Das 1-3-2-Programm bringt dich auf ein höheres geistiges und körperliches Niveau

Es gibt eine äußerst wirksame Übung, durch Atmung den Körper einmal gründlich zu reinigen. Sie ist ganz einfach, denn du mußt lediglich einatmen, den Atem anhalten und dann wieder ausatmen, das alles aber in einem bestimmten Tempo und Rhythmus.

Die Merkformel für die Atemübung heißt ›1 : 3 : 2‹, das bedeutet:

- 1 x 5 = 5 Sekunden einatmen,
- 3 x 5 = 15 Sekunden den Atem anhalten,
- 2 x 5 = 10 Sekunden ausatmen.

Auf diese Weise atmest du dich sozusagen rein. Mach dies fünfmal am Morgen, fünfmal am Mittag und fünfmal am Abend. Du wirst schnell spüren, welche Wirkung die tiefe Atmung auf dein Wohlbefinden hat. Webe das 1-3-2-Programm in die tägliche Routine ein, und du wirst geistig und körperlich zu einem höheren Niveau gelangen.

Der Mensch ist, was er ißt.

In einem Jahr werden 98 Prozent deiner Zellen gegen neue ausgetauscht

Angenommen, wir verabredeten heute, uns in einem Jahr zu treffen. Wenn ich dich dann wiedersähe, stünde strenggenommen ein anderer vor mir, denn nur zwei Prozent deines jetzigen Körpers werden mit dem in zwölf Monaten identisch sein – die restlichen 98 Prozent sind weg. Aber mach dir keine Sorgen: Die Form des Körpers verschwindet nicht, alte Zellen werden nur durch neue ersetzt. Und das Material für das neue Zellgewebe stammt aus unserer Nahrung. Der Mensch ist das, was er ißt.

Jeder weiß das, aber die meisten schieben diese Einsicht zur Seite. Sie schaffen es sozusagen einfach nicht, gesund zu essen und zu trinken. Alkohol, Zigaretten, Fett, Süßigkeiten und Erfrischungsgetränke vermitteln einen kurzzeitigen Rausch der Zufriedenheit. Das geht so lange gut, bis der

Körper verstopft und vergiftet ist und schließlich nicht mehr weiter kann; dann gute Nacht – auf ewig gute Nacht!

Der Bedarf an Essen und Trinken wird von deinem Biocomputer – dem Gehirn – geregelt, und den kannst du selbst steuern. Das Lechzen nach Süßem vermagst du ebenso zu lenken wie Hungergefühle; du änderst einfach die *interne Repräsentation*, stellst dir z.B. statt eines leeren einen vollen Magen vor, fühlst statt des Hungers einen leichten Appetit. Ich gebe dir jetzt neun Ratschläge für eine gesunde und verantwortungsvolle Ernährung und lade dich ein, sie zwei Wochen lang konsequent zu befolgen. Sie führen zu einem gänzlich neuen Lebensgefühl, das du schon nach zwei Tagen als sehr angenehm empfinden wirst. Ich selbst lebe seit 1986 danach.

Deine interne Repräsentation füllt dir den Magen

Wasserreiche Nahrung.

Die Erde besteht zu 75 Prozent aus Wasser, unser Körper – nach Alter und Geschlecht – zu 65 bis 85 Prozent. Das heißt, wir müssen viel Flüssigkeit zu uns nehmen. Der Mensch kann nur drei Tage ohne Wasser überleben. Danach gerät er in einen hochgefährlichen Schockzustand, und der ganze Mechanismus kommt zum Stillstand.

Der Mensch überlebt nur drei Tage ohne Wasser

Viel Wasser zu trinken und wasserreiche Nahrung zu sich zu nehmen, sind die einfachsten Methoden, dem Körper zu geben, was er braucht. Sorge dafür, daß wenigstens 70 Prozent deiner Nahrung aus wasserreichen Nahrungsmitteln besteht (Gemüse und Obst). Diese können leicht verzehrt werden, und ihre Nährstoffe geraten schnell in den Blutkreislauf.

Achte darauf, nicht zuviel Leitungswasser zu trinken, denn es enthält mitunter eine Anzahl von schädlichen Stoffen wie Fluor und Chlor. Trinke deshalb mindestens zwei Liter Mineralwasser ohne Kohlensäure am Tag.

Ungesundes Doppel: Protein und Stärke

Trenne bei deinen Mahlzeiten Proteine von Stärke

Eiweiß wird im Magen mit Hilfe einer Säure verdaut. Die Umsetzung von Stärke erfolgt im Mund mit Hilfe einer Base. Aus dem Chemieunterricht wissen wir, daß eine Säure und eine Base sich gegenseitig neutralisieren. Von Verdauen kann also nicht die Rede sein. Die Folge: Das Essen beginnt zu gären. Es verfault in Magen und Darm! Du merkst das an Blähungen, Rülpsern und schlechtem Atem. Die Nährstoffe dieser Nahrung dennoch in die Blutbahn zu bekommen, kostet viel Energie, die du auch anders und sinnvoller hättest verwenden können.

Wenn du jedoch Proteine und Stärke in deinen Mahlzeiten voneinander trennst, ergibt sich dieses Problem nicht. Ein Löwe ißt ja auch kein Zebra mit Pommes. Der so unschuldig aussehende Teller mit Milchbrei ist eine Kombination von Stärke (Getreide) und Protein (Milch). Fisch zusammen mit Reis ist ebenfalls ungünstig. Fisch oder Fleisch mit Salat ist perfekt. Brot mit Wurst, Käse oder Erdnußbutter ist auch schlecht. Schade, denn das schmeckt so lecker ... Dennoch ist es ratsam, beim täglichen Menü die Stärke soweit wie möglich vom Protein zu trennen. Das wird die Verdauung beträchtlich anregen und dir ein vitales und energisches Gefühl geben.

Weniger ist manchmal mehr.

Übermäßige Nahrungsaufnahme verkürzt die Lebensdauer

Einen Standardwert für die richtige Menge dessen, was du an einem Tag essen solltest, gibt es nicht; der Bauarbeiter braucht z.B. mehr als der technische Zeichner. Wissenschaftliche Untersuchungen mit Ratten haben gezeigt, daß übermäßige Nahrungsaufnahme die Lebenserwartung der Säugetiere drastisch verkürzte. Tiere, die soviel aßen, wie sie nur konnten, verendeten wesentlich schneller als jene, die nur die Hälfte dieser Mega-Portionen aßen. Paß die Nahrungsmenge dir selbst an. Die Menge bestimmst nur du. Der Kino-Esser ist schneller satt, weil er langsam und bedächtig ißt. Der visuelle Mensch schlingt das Essen in kürzester Zeit hinunter.

Wer langsam ißt, wird schneller satt

Jetzt verstehst du, warum auf dem Bauernhof die Bewerber zum Essen eingeladen werden. Essen sie langsam – arbeiten sie langsam. Essen sie schnell – arbeiten sie schnell. Tip: Guck mal, wie die Chinesen essen und arbeiten.

Obst – ideal für das Frühstück.

Obst wird schnell verdaut, und die Nährstoffe gelangen unmittelbar in den Blutkreislauf. Der wichtigste Zuckerbestandteil des Obstes – die Fructose – erreicht das Gehirn innerhalb von fünfzehn Minuten.

Obst und Gemüse: leicht verdaulich und lecker; aber Vorsicht: Obst niemals nach der Mahlzeit essen!

Mein Frühstück besteht aus zwei Pampelmusen, zwei Orangen und einem Apfel. Das ist alles. Um elf Uhr esse ich noch einen Apfel und um etwa zwölf Uhr eine Orange und eine Banane, die jedoch manchmal Hunger auslösen kann, weil sie Stärke enthält. Nach einer Stunde esse ich Rohkost (Salat, Tomaten und Radieschen) und vier Scheiben Vollkornbrot – ohne Käse, denn er enthält Proteine.

Niemals nach der Mahlzeit Obst essen. Durch die Nahrung und das gärende Obst wird der Darmkanal blockiert, so daß nun alles im Magen statt im Darmkanal verdaut wird. Durch Aufstoßen macht sich das bemerkbar.

Tee oder Kaffee – nur zum Genießen.

Schwarzer Tee und Kaffee gehören nicht zu einem gesunden Menü. Laß eine Tasse Tee eine Nacht stehen, und schau dir den zurückgebliebenen Rand an der Tasse an – das nennen wir in den Niederlanden Eisen. Damit wird dein Körper traktiert. Eine Tante von mir trank Unmengen von

Gegen einen Genußkaffee ist nichts einzuwenden

Tee, weil sie glaubte, daß er gesund sei. Nach dreißigjährigem Teegenuß waren ihre Nieren total am Ende.

Ich kann mir vorstellen, daß du jetzt deine Stirn runzelst. Gut zu essen und zu trinken ist eine Form von Genuß – es gehört zum heutigen Leben. Meiner Ansicht nach kommt es auf die Ausgewogenheit an. Ab und zu eine Tasse Kaffee zu trinken, ist sicherlich kein Problem. Ein Löffelchen Zukker auch nicht, aber jede Übertreibung wirkt zerstörend. Zucker hat keinen Nährwert. Er enthält nur leere Kalorien – sinnloses Futter.

Kein Fleisch!

Unsere Nahrung in Mitteleuropa ist zu proteinreich. Ein Mensch kann täglich 23 Gramm davon verbrennen. Eine reichliche Portion Fleisch enthält bis zu 200 Gramm.

Fleisch ist in höchstem Maße ungesund. Es enthält Ammoniak, das den Säuregrad des Blutes in erheblichem Maße steigert. Fleisch ist der Hauptverursacher aller Krebsarten und begünstigt Herz- und Gefäßkrankheiten.

Fäulnisbakterien machen den Geschmack eines Steaks aus

Die Kühe werden mit Hilfe elektrischer Schlagstöcke, also in völliger Panik in den Transporter getrieben und auf engstem Raum zusammengedrängt. Dabei erleiden mehr als 60 Prozent der Tiere starke Verletzungen. Jedes Tier wittert am Schlachthof seinen herannahenden Tod. Durch die Angst wird der ganze Körper mit Adrenalin überschwemmt, das dann im Fleisch zurückbleibt. Das Tier wird durch einen Eisenbolzen getötet, der durch Preßluft zwischen die Augen geschossen wird. Anschließend wird es mit großen Haken an den Hinterbeinen aufgehängt. Das Fell wird abgezogen, dann wird der Kopf vom Rumpf getrennt. Dies alles geschieht sehr effizient innerhalb von drei Minuten. Aber: In Kuhdarm und -blase befinden sich Fäulnisbakterien, die sich im ganzen Körper ausbreiten. Innerhalb von zwei Minuten haben diese ›Urin- und Scheißbakterien‹ den ganzen Körper überschwemmt. Je länger das Fleisch abhängt, desto besser schmeckt es. Der Geschmack abgehangenen Fleisches ist also das Verdienst dieser Bakterien, die ihre Verdauungsarbeit einfach fortsetzen – in deinem Beefsteak! Wenn du aber zuviel Urin in deinem Blut hast – und du weißt jetzt, woher es kommt –, setzt es sich in deinen Gelenken ab, und du bekommst Rheuma.

Für Hühner trifft dasselbe zu. Viel zu viele Hühner leben in viel zu kleinen, übereinandergestapelten Käfigen, in denen sie überdies auch noch ihre eigenen und die Fäkalien anderer Hühner fressen.

Auch Meeresfisch ist längst nicht mehr so gesund wie früher; bei mehr als 30 Prozent der Fänge sind wegen der zunehmenden Gewässerverunreinigung offene und eitrige Krebsgeschwulste festgestellt worden.

30 Prozent der Fischfänge weisen Tumore auf

Molkereiprodukte sind tabu.

Baby-Kühe trinken Milch von Mutter-Kühen. Baby-Giraffen trinken Milch von Mutter-Giraffen. Baby-Affen trinken die Milch von Mutter-Affen. Und Baby-Menschen, was trinken die? Wir sind die einzigen Säugetiere, die Milch von einem anderen Tier trinken, auch wenn wir keine Säuglinge mehr sind. Denk mal nach.

Molkereiprodukte sind im Blut nicht abbaubar, weil sie das Hormon Kasein enthalten. Dieses Hormon sorgt dafür, daß ein Kalb sein Körpergewicht innerhalb von sechs Monaten verzehnfacht.

Molkereiprodukte enthalten das Hormon Kasein, das vom Körper nicht abgebaut werden kann – die Folge: Pickel

Stell dir mal vor, was das für dich bedeutet: Fette Butter und reichlich Milch zum Frühstück, am Abend eine Käseplatte, und die verstopften Blutgefäße lassen nicht lange auf sich warten. Dadurch kann weniger Sauerstoff durch das

Blut zu den Zellen transportiert werden, die Energieversorgung wird beträchtlich eingeschränkt. Die Därme verdauen Kasein auch nicht. Es verläßt den Körper über die Haut. Heranwachsende, die zu viel Molkereiprodukte zu sich nehmen, neigen dann zur Akne. »Iß mehr Fleisch« ist also Unsinn und »Trink mehr Milch« ebenfalls. Es ist einzig ein großer Marketingplan.

Und ein letztes Wort noch zu den Proteinen: Uns wurde beigebracht: Um zu wachsen, brauchen wir viele Proteine, also Fleisch- und Milchprodukte in rauhen Mengen. Muttermilch besteht aber nur zu 1,2 Prozent aus Proteinen. Obst und Gemüse weisen ebenfalls nur einen geringen Proteingehalt auf. Das gibt zu denken.

Zusätzliche Vitamine sind unnötig.

Vitaminpillen sehen oftmals großartig aus. Aber zu 99,999 Prozent bestehen sie aus Füllstoff. Allenfalls 0,001 Prozent der Pillen weist andere Stoffe auf. Welche? Das ist eine Sache des Vertrauens.

Obst und Gemüse statt Pillen und Brausetabletten

Trotz aller Verkaufsargumente – von der Umweltverschmutzung bis hin zur Gentechnik –, die uns glauben machen wollen, daß unsere Nahrung nicht mehr alle notwendigen Baustoffe, Mineralien und Vitamine enthält, brauchen wir nur frisches Obst und Gemüse, gutes Brot und Wasser, um alle notwendigen Substanzen zu bekommen. Mit reichlich Obst und Gemüse deckst du den Bedarf deines Organismus in viel sinnvollerer Weise.

Verheerend: Alkohol und Nikotin.

Es leuchtet jedem ein, daß Alkohol und Zigaretten die Gesundheit schädigen. Unsere Zellen können nur dann optimal funktionieren, wenn sie ausreichend mit Sauerstoff versorgt werden. Nikotin und Alkohol erhöhen den Säuregehalt des Blutes, so daß es langsamer strömt. Zudem verengt Nikotin die Kapillargefäße. Das bedeutet für die Zellen: weniger Sauerstoff und eine geringere Aufnahmekapazität. Alkohol brauchst du wieder, um die Gefäße zu erweitern. Die Leber muß arbeiten wie ein Verrückter, um jedes Glas Bier oder Schnaps umzuwandeln, so daß es vom System aufgenommen werden kann. Der Darm wird vom Rauch und Nikotin der Zigaretten völlig verrückt. Die verheerenden Folgen kannst du dir leicht ausmalen.

Nikotin verengt die Kapillargefäße

Ich gebe zu, daß all das nicht sehr erheiternd ist. Keine schöne Vorstellung, beim Beefsteak an Darmbakterien denken zu müssen. Es soll dich aber anregen, deine Eßgewohnheiten kritischer zu betrachten. Vielleicht hast du sogar den Mut, das Ruder herumzuwerfen.

Denk einmal an ein langes und gesundes Leben. Sieh dich dort stehen, im hohen Alter: graues Haar, ein frohes Lächeln, spielende Enkelkinder am Gartenzaun, vor dem grünen Rasen bei dem Rosengebüsch? Denk dir selbst das Menü aus, das diesem strahlenden Tag vorangeht.

Und denk auch mal an Schnaps (Bierbäuche, Leberzirrhose), Zigaretten (Kurzatmigkeit, Lungenkrebs), Molkereiprodukte (Akne, Gefäßverengung), Fleisch (fette Leiber, Rheuma) und an die 800.000 Rinder, die verrückt wurden, weil sie Futter aßen, das mit gekochtem und gemahlenem Hirn kranker Schafe versetzt wurde. Es sei sicher nicht schädlich für die Kühe, sagten die Wissenschaftler damals. Und jetzt will der britische Premierminister John Major uns weismachen, wir könnten ruhig von diesem Rindfleisch essen. Fragt sich nur, wann die ersten Menschen durch das Fleisch verrückt werden – oder sind wir es schon?

Ein Leben in hohem Alter und mit deinen Enkelkindern – mit einer gesunden Ernährung kein Problem

Guten Appetit!

V.A.K.

Der Sinn der Sinne

Dir stehen fünf Sinne zur Verfügung: Du kannst sehen, hören, fühlen, riechen und schmecken. Fünf Wahrnehmungskanäle, durch die die Außenwelt zu dir hereinkommen kann, also auch fünf Möglichkeiten, wie du mit dir selbst kommunizieren kannst. Wir nennen sie *Modalitäten.* Sehen, Hören und Fühlen sind für den Menschen die wichtigsten bewußten Sinneswahrnehmungen. Mit ihnen wollen wir uns in diesem Kapitel näher beschäftigen.

Sehen, Hören, Fühlen.

Das Tor zur Welt: deine Sinne

Rund die Hälfte aller Sinneseindrücke sind Sehempfindungen. Mit den Augen erfassen wir Form, Größe, Oberflächenbeschaffenheit, Farbe und den relativen Abstand der Dinge zueinander. Das Sehen ermöglicht uns wie kein zweiter Sinn das Wahrnehmen aus der Distanz heraus. Mit den Augen kannst du noch sehen, was du nicht mehr fühlen, schmecken, riechen oder hören kannst.

Das Gehör ist eine der wesentlichen Voraussetzungen für die Entwicklung der Sprache und deshalb von größter Bedeutung für die zwischenmenschlichen Beziehungen. Versuch doch einmal folgendes: Setze dich mit deinem Freund in einen Raum, verstopft euch die Ohren mit Watte und versucht, eine Stunde gemeinsam zu verbringen. Vermutlich brecht ihr dieses Experiment irgendwann völlig genervt ab.

Das Organ, mit dem wir fühlen, ist das größte des menschlichen Körpers – die Haut. Sie stellt die Grenze zwischen außen und innen dar und regelt als Kontaktorgan die Beziehung von Körpergeschehen und Umwelt. Wahrscheinlich nimmst du nur wenige deiner Tastempfindungen bewußt wahr; sie sind aber besonders intensiv. Stell dir einmal vor, du läufst mit bloßen Füßen über Eis oder du streichelst das weiche Fell eines Kätzchens. Solche Wahrnehmungen verbindest du oft sofort mit einer Bewertung, zum Beispiel unangenehm oder angenehm. In der Verwandtschaft der Worte ›fühlen‹ oder ›Gefühl‹ kommt dieser Umstand zum Ausdruck: Du fühlst den warmen Wind auf der Haut und fühlst dich glücklich.

Also, du hast gerade einige Augenblicke diesen drei Sinnen deine Aufmerksamkeit geschenkt. Jetzt bist du dir auch wieder bewußt, wie wichtig sie für dich sind.

Die Lieblingsmodalität.

Jeder Mensch bevorzugt einen Sinn; er favorisiert das Sehen, Hören oder Fühlen

Fast jeder Mensch kann sehen, hören und fühlen. Dem einen liegt das Hören aber vielleicht mehr als das Sehen, dem anderen das Fühlen mehr als das Hören. Jeder hat seinen Sinn, mit dem er überwiegend oder besonders intensiv wahrnimmt. Die Tatsache, daß die meisten Menschen einen Lieblingssinn haben, macht es leichter, ihr Verhalten abzuschätzen; weißt du darum, fällt dir die Kommunikation mit ihnen leichter.

Der visuelle Typ ...

Es gibt z.B. Menschen, die ihre Umgebung primär visuell wahrnehmen. Wir nennen sie visuelle Menschen. Sie denken in Bildern, sind sehr beweglich und sprechen lebhaft; sie atmen flach und schnell, und ihre Augen sind häufig nach links oder rechts oben gerichtet. Dort sehen sie fortwährend imaginäre Bilder. Deshalb sind sie so aktiv – sie folgen motorisch den Bildern ihrer Phantasie. Sobald ein Bild verschwindet, erscheint das nächste, und danach wieder eins. Sie sind ständig unruhig, und die Muskeln in Schultern und Bauch haben sie meist angespannt.

Du kannst visuell eingestellte Menschen daran erkennen, daß sie oft und mitunter wild gestikulieren. Ihre Kleidung ist modisch, ihre Autos haben meistens grelle Farben und eine auffällige Ausstattung. Die Frau des visuellen Typs soll schön sein, und der Mann attraktiv aussehen. Der visuelle Mensch sagt: »Siehst du, was ich meine?« und »Das kann ich mir vorstellen.«

... der auditive Typ ...

Einen Menschen, der gut zuhören kann, nennen wir den auditiven Typ. Er ist bedächtig, lauscht den Stimmen in seinem Innern, spricht zu sich selbst und registriert vor allem über die Ohren. Er ist äußerst lärmempfindlich und sagt oft: »Hör mal!« oder »Hörst du, was ich dir sage?« Er atmet weder flach noch besonders tief; seine Augen schauen geradewegs nach vorn. Der Audio-Mensch spricht ruhig und langsam, weil er die Stimme in seinem Kopf nachahmt und dabei auf Wortwahl und Satzkonstruktion achtet. Häufig neigt er sein rechtes Ohr nach vorn, um besser hören zu können, was der andere sagt. Bedächtig lauschend, faltet er im Gespräch häufig seine Hände.

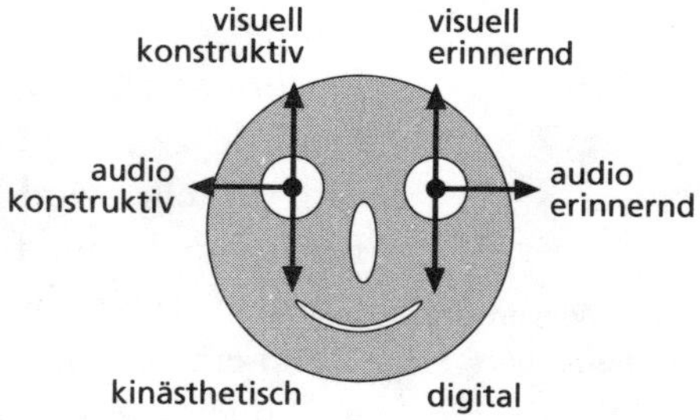

Die Blickrichtung der Augen sagt aus, in welcher Modalität sich jemand befindet

Es gibt auch Menschen, die mehr gefühlsmäßig veranlagt sind. Der kinästhetische Mensch reagiert und spricht aus seinem Gefühl heraus. Er ist langsam, träge sogar, wie dikker Sirup im Winter, denn seine Gefühle erlauben ihm kaum dynamisch-spontane Reaktionen. Wenn er, was selten geschieht, denn er liebt es nicht, so aktiv zu werden, jemanden besucht oder auf Reisen geht, weiß er erst nach vielen Stunden, ob er sich dort wohl fühlt. Er atmet tief in den Bauch, und seine Augen sind nach unten gerichtet. Er geht langsam und oft gebeugt, man bemerkt ihn kaum. Das sind die Menschen, die mit dir vier Jahre in die gleiche Klasse gegangen sind, ohne daß sie dir jemals aufgefallen sind.

... der kinästhetische Typ ...

Der kinästhetische Mensch hat das Bedürfnis, dich zu berühren, deine Gefühle anzusprechen. Er wird fragen: »Fühlst du, was ich meine?« oder »Umarmst du mich mal?« Seine Stimme ist tief, und er legt etliche Sprechpausen ein. Seine Haltung ist entweder entspannt (geöffnete Handteller, gebeugte Arme) oder überspannt (der Kopf hängt matt auf den Schultern).

Dominanz erkannt – Mißverständnis gebannt.

Natürlich operiert ein jeder Mensch mit allen Modalitäten, die ihm zur Verfügung stehen. Deshalb bedarf es einer sorgfältigen und präzisen Wahrnehmung, um die Dominanzen zu erkennen, die eigene und die der anderen. Wenn du das Repräsentationssystem von jemandem er-

Das Wissen um die Lieblingsmodalität des anderen erleichtert die Kommunikation mit ihm

kannt hast, hast du dich schon ziemlich weit in seine Welt hineinversetzt, und du kannst deine Kommunikation auf sein Erleben abstimmen. So kannst du sicher sein, daß er dich verstehen wird. Andersherum wirst du ins Leere stoßen, wenn du zum Beispiel bei einem visuellen Menschen aus dem Gefühl heraus agierst. Das kann nichts geben. Wenn ein visueller Mensch (schnell reden, schnell bewegen) und ein Audio-Mensch (bedachtsam reden, langsam bewegen) einander begegnen und der Audio-Mensch gestikuliert heftiger als üblich, dann sieht der visuelle Mensch, daß er besser verstanden wird.

Menschen zeigen durch ihr Verhalten und lassen hören, welche Modalität bei ihnen dominiert. Kauf dir mal Kleidung mit einem visuellen Menschen. Er geht zum Kleiderständer hin und weiß schon, was er haben möchte. Er probiert und vergleicht das Bild in seinem Kopf mit dem im Spiegel; er entscheidet sich sofort und kauft, denn er hat das Kleidungsstück ja vorher im Kopf gesehen.

Der Audio-Mensch hört sich die Argumente des Verkäufers an, nimmt sie ernst und trifft schließlich eine wohlüberlegte Wahl, nachdem er nochmals im Kopf mit sich selbst diskutiert hat.

Der Kino-Mensch läßt den Stoff zwischen seinen Fingern hindurchgleiten und kauft nur, wenn dessen Beschaffenheit ein angenehmes Gefühl auslöst und der Verkäufer eine solche Atmosphäre geschaffen hat, in der er sich wohl fühlt. Er zögert lange und bleibt eher beim alten, als daß er sich etwas Neues kauft.

Modalitätswechsel.

Mittlerweile kannst du dich wahrscheinlich selbst einschätzen. Welche Modalität bevorzugst du? Bist du am häufigsten visuell, auditiv oder kinästhetisch eingestellt?

Wenn du das weißt, kannst du lernen, dich nach Belieben auf eine andere Modalität einzustellen. Erfolgreiche Menschen im Verkauf können einfach von visuell auf audio, von kino auf visuell und von audio auf kino umschalten. Ihre Flexibilität ermöglicht ihnen, andere schnell einzuschätzen, effektiv mit ihnen umzugehen und sich selbst in eine passende Modalität zu versetzen, so daß sie schnell *Rapport* machen können. Möchten sie aktiv werden, schalten sie auf visuell um; wenn sie mehr wissen wollen, um eine wohlüberlegte Wahl zu treffen, stellen sie sich auf den Audio-Modus. Wenn sie außerdem Intuition brauchen, ziehen sie ihre kinästhetischen Fähigkeiten zu Rate.

Lerne, dich nach Belieben auf die einzelnen Modalitäten einzustellen

Am einfachsten kannst du von der einen zur anderen Modalität wechseln, wenn du die entsprechende Körperhaltung übernimmst – auch deine *interne Repräsentation* und dein *Fokus* werden von dieser Änderung sofort beeinflußt. Probier es doch einmal, jetzt und sofort. Du verbesserst damit all deine visuellen, auditiven und kinästhetischen Fähigkeiten.

Am einfachsten kannst du von der einen zur anderen Modalität wechseln, wenn du die entsprechende Körperhaltung übernimmst

Der visuelle Mensch ist leicht imstande zu sehen, wie er liegt, sitzt und steht. Er verläßt seinen eigenen Körper in Gedanken und registriert, wie er sich bewegt. Versuch's mal.

Setze dich einmal ruhig hin, atme flacher, richte deine Augen gerade nach oben und stelle dir dann vor, wie du über dir schwebst. Du siehst deine Kleidung, deine Körperhaltung und den Ausdruck auf deinem Gesicht. Beschreibe all die Kleinigkeiten an dir. Wieviel Knöpfe hast du an deinem Hemd und wieviel Ösen haben deine Schuhe?

Wenn du dich auf audio einstellst, kannst du leicht mit dir selbst Konversation betreiben. Du achtest auf deine Stimme und hörst, ob sie schnell, ruhig oder erregt klingt. Stelle deine Atmung auf die Mitte der Brust ein, halte deine Augen in der Mitte und spitz die Ohren, so daß du dich selbst sprechen hörst. Beug dich ein bißchen nach vorn und konzentriere dich auf deine Stimme. Du hörst dich nachsagen, was du zuvor ganz bewußt formuliert hast. Und wie hört sich das an?

Um auf eine kinästhetische Modalität umzuschalten, entspannst du dich und atmest tief in den Bauch ein, laß deine Schulter hängen, entspann dich vollkommen. Du fühlst durch deine Hose hindurch, ob die Sitzfläche hart oder weich, warm oder kalt ist. Dein Körper fühlt sich jetzt schwer an. Deine Augen schauen nach unten und registrieren nichts. Wenn du lange genug damit weitermachst, schläfst du bald ein. Das ist genau das, was man in einem Altenheim nach dem Mittagessen macht.

Schmerztherapie mit der Hilfe der Modalitäten

Übrigens kannst du in dieser kinästhetischen Modalität auch spüren, an welcher Stelle deines Körpers du Schmerzen hast. Auf diese Weise kannst du z. B. Kopfschmerzen verschwinden lassen. Die schmerzende Stelle ist vielleicht so groß wie ein Hühnerei. Das Ei kann man im Kopf sehen, die Struktur fühlen, und wenn man das Ei bewegt, dann hört man es auch. Stellst du dich nun auf den visuellen Modus um, kannst du die schmerzende Fläche auf die Größe eines Taubeneis und später auf die eines Ameiseneis verkleinern. Schließlich verschwindet der Schmerz ganz. Das gelingt schon beim ersten Mal, versuche es.

V.A.K. im Alltag.

Du kommst nach einem sehr turbulenten Tag und einem langen Stau auf der Autobahn nach Hause und gehst ins Wohnzimmer, in dem deine Familie gemütlich zusammensitzt. Dabei hast du immer noch vor Augen, wie du im Stau stehst und ein verkrampftes Gesicht machst. Du bist ›hochvisuell‹ eingestellt. Die Modalität deiner Familie ist jedoch kinästhetisch und audiogeprägt. Es kommt zu einem konfliktträchtigen Zusammentreffen, denn unterschiedliche Modalitäten prallen wie Feuer und Wasser aufeinander.

Hast du hingegen die Fähigkeit erlernt, dich schon im Auto auf dem Wege nach Hause in eine andere Modalität zu versetzen, wirst du einen schönen Feierabend haben. Während deiner Fahrt riechst du in Gedanken schon den Kaffeeduft, probierst die köstliche Gemüsesuppe und hörst das Lachen deiner Kinder. Ich versichere dir: Der Abend mit deiner Familie wird harmonisch und angenehm.

Genausogut kannst du dich auch von *kino* auf *visuell* umstellen, wenn du zum Beispiel zu einem Fest eingeladen bist, aber keine Lust hast hinzugehen. Puste dich selbst zum ›visuellen Menschen‹ auf; erhöhe deine Atemfrequenz und schau nach oben. Dreh zu Hause die Musik auf, singe mit und zwing dich selber zu tanzen – schneller und schneller. Du bist beweglich und präsent. Du wirst, im Gegensatz zum Kino-Menschen, der ›an der Wand kleben‹ bleibt, viel schneller Kontakte knüpfen.

V.A.K. schreibt man mit V wie Vorsprung! Das Wissen um die Modalitäten kannst du überall sinnvoll einsetzen, beim Kommunizieren mit anderen oder mit dir selbst. In den nächsten Kapiteln wirst du darüber noch mehr erfahren.

Liste des spezifischen Wortgebrauchs.

Auf den folgenden Seiten findest du eine Liste mit Wörtern und Redewendungen, die dir beim sicheren Unterscheiden der Modalitäten hilft.

Visuelle Menschen benutzen zum Beispiel:

Sicht haben auf
Das leuchtet mir ein
Ich verstehe, was du meinst
Sich ein Bild von etwas machen
Licht ins Dunkel bringen
In den Vordergrund treten
Eine vage Idee haben
Geradeheraus

schauen
zeigen
einbilden
erscheinen
abbilden
skizzieren
sich abzeichnen

Sicht
Gesichtspunkt
Fokus
Aufklärung
Vision
Ausstrahlung
Wiederauferstehen
Dämmerung
Flimmern

farbenreich
klar
kristallklar
deutlich
dunkel / finster
neblig

Audio-Menschen benutzen zum Beispiel:

Die richtige Tonart finden
Immer dasselbe Lied
Ein offenes Ohr für etwas haben
Anklang finden
Wort für Wort
Sich etwas fragen
Halt deinen Mund
Sich taub stellen
Der richtige Tonfall
Auf den guten Ton achten
Ein geneigtes Ohr finden

laut / leise
schrill
unerhört
eintönig

Gehör
Geräusche
Harmonie
Ton
Stille
Gerüchte

hören
zuhören
sprechen
erzählen
sich einkapseln
gehört werden
mitschwingen
schreien
flüstern

Kinästhetische Menschen benutzen zum Beispiel:

Eine Sache tragisch nehmen	warm / kalt
Auf Zehenspitzen gehen	hart / weich
Am längeren Hebel sitzen	biegsam
Es klappt wie am Schnürchen	konkret
Messerscharfe Analysen	schmerzhaft
Ich folge dir (nicht)	unerträglich
Er macht sich nichts daraus	abgedroschen
Es hängt mir zum Halse heraus	
Starr vor Schreck	hineinversetzen
Im Griff haben	empfinden
Kontakt knüpfen	weiterrutschen
In den Griff bekommen	einsteigen
	hinauswerfen
Gefühl	umdrehen
Panik	umarmen
Berührung	greifen
Standpunkt	streicheln
Leiden	drücken
Herzblut	gehen / stehen

INTERNE KOMMUNIKATION

Bilder und Stimmen in dir

Innere Bilder und Stimmen? Nein, nicht bei mir«, sagst du vielleicht. Doch wie oft ist es dir schon passiert, daß du einen Ohrwurm nicht mehr loswurdest, daß du abends im Bett die Probleme des vergangenen Tages nochmals passieren ließest, daß du den Geruch eines leckeren Kuchens nicht aus deiner Nase verscheuchen konntest?

Die Innenwelt.

Du wirst den ganzen Tag von verschiedenen Sinneseindrükken überflutet: Du siehst, fühlst, schmeckst, riechst und hörst, und dein Gehirn verarbeitet die eingegangenen Informationen. Sei mal aufmerksam, und du wirst feststellen, daß du auch Dinge wahrnimmst, die sich gar nicht in deiner Umgebung befinden. Du kannst zum Beispiel in dir das Bild eines Zitronenfalters im Sonnenlicht hervorrufen (interne Wahrnehmung), wenn du gerade im Büro bist und auf deinen Monitor schaust (externe Wahrnehmung). Du hast ›Yesterday‹ von den Beatles im Ohr (intern), obwohl du nur den Kühlschrank brummen und den Hund deines Nachbarn bellen hörst (extern). Ständig laufen Bilder, Stimmen, Geräusche oder Musik in dir ab – mit anderen Worten: Du kommunizierst mit dir selbst.

Jeder Mensch hat seine eigene, ganz spezifische Innenwelt

Jeder Mensch hat nun seine eigene, ganz spezifische Innenwelt. Aber sie ist im wesentlichen durch die bevorzugte *Modalität* geprägt worden: visuell eingestellte Menschen denken häufig in farbigen und detailreichen Bildern, Audio-Menschen führen gerne Selbstgespräche und hören alles im Kopf herumspuken, kinästhetische Menschen fühlen Besonderheiten in ihrer Umgebung und haben tiefgehende Emotionen.

Mach dich vertraut mit deiner Innenwelt, erlebe sie ganz bewußt. Eine ausgeprägte interne Kommunikation verschafft dir viele Vorteile. Wenn du dieses Kapitel zu Ende gelesen haben wirst, wirst du wissen, wie du dich mit Hilfe deiner internen Kommunikation in eine vermögende Stimmung bringen kannst, wie du dein Gedächtnis verbessern, deine Trauer verarbeiten, Schmerzen vertreiben und wie du dich selbst motivieren kannst, das zu erreichen, was du haben willst.

Eine ausgeprägte interne Kommunikation verschafft dir viele Vorteile

Na, bist du gespannt?

Die Liste der Submodalitäten.

Die Details in der Sinneswahrnehmung – manchmal sind es nur Nuancen, die du unterscheiden mußt (Bordeauxrot statt Rot, Küchendunst statt Dunst, Pfirsichtee statt Tee) – nennen wir *Submodalitäten.* Jeder Mensch ist besonders empfänglich für die Submodalitäten seiner Lieblingsmodalität. Deshalb solltest du dich der Submodalitäten bedienen, um herauszufinden, welche deine bevorzugte Modalität ist.

Mit Hilfe der Submodalitäten kannst du schnell und leicht deine Lieblingsmodalität finden

Übung:
Um es dir so leicht wie möglich zu machen, sind in der folgenden Liste ein paar charakteristische Submodalitäten aufgelistet. Lies sie sorgsam durch, und finde heraus, welche auf deine Wahrnehmung zutreffen. Auf diese Weise wird dir deine eigene interne Kommunikation bewußt.

Visuell
Stell dir deine vergangenen Ferien vor ...

- Wie sehen deine Bilder aus; farbig oder schwarzweiß? Wenn farbig, sind es kraftvolle oder blasse Farben?
- kontrastreich oder verschwommen?
- klar oder nebulös?

- aus deinem oder einem anderen Blickwinkel? Bist du im Bild oder nicht?
- bewegt oder statisch? Wenn bewegt, langsam oder schnell ablaufend?
- Ist das Bild groß oder klein?
- Ist das Bild weit entfernt oder nah dran?
- zwei- oder dreidimensional?
- mit oder ohne Umrahmung?

Auditiv
Überleg dir einmal, wie du bislang unser Buch findest ...

- digital oder analog? Hörst du mich reden, wenn du liest?
- Liest du langsam oder schnell?
- rhythmisch? Wenn ja, welchen Rhythmus hast du?
- Liest du durchgängig oder von Pausen unterbrochen?
- Überlegst du laut oder leise?
- Gibt es ein Echo?
- Ist meine Stimme weit entfernt oder nah dran?
- voluminös oder eher flach?
- in Moll- oder Dur-Tonart?
- tonal oder atonal?

Kinästhetisch
Das letzte Mal, als du dich leidenschaftlich gefühlt hast ...

- War dein Körper leicht oder schwer?
- War das Gefühl langanhaltend oder flüchtig?
- intensiv oder schwach?
- lokalisierbar in deinem Körper?
- Ist das Gefühl so, daß es jetzt real ist?
- Fühlst du dich heiß und kalt?
- Ist das Gefühl bewegend oder statisch?
- hin- und herschwankend?
- Wie fühlt es sich an? Fest, flüssig oder gasförmig? Wenn flüssig: zäh- oder dünnflüssig?

Hast du jede einzelne dieser Fragen beantwortet? Sehr gut, und jetzt bedenke mal, wie reich die jeweilige Wahrnehmung an Submodalitäten war, wie spezifisch deine Gedanken immer sind.

Die Stimme im Kopf.

Zur internen Kommunikation gehört unter anderem das Sprechen mit dir selbst. Achte mal ganz bewußt auf deine innere Stimme.

Auch die Stimmen in deinem Kopf weisen verschiedene Submodalitäten auf

Du stellst vielleicht erstaunt fest, daß du nicht nur eine einzige Stimme hast, sondern viele verschiedene. Einmal ist es die Stimme eines Kindes, dann die eines Mannes oder einer Frau, manchmal ist es deine eigene. Jeder Teil in dir hat seine eigene Stimme. Und jede spricht in einer bestimmten Höhenlage und Geschwindigkeit und mit einem eigenen Klang und Tonfall. Es sind nicht die Worte, die dich beeinflussen, sondern diese *Submodalitäten.*

Die Art und Weise, in der du früher deine Submodalitäten etikettiert hast, steuert nun deine Stimmung. Bemerkst du also, daß sich der Klang deiner inneren Stimme depressiv anhört, so kannst du das beeinflussen. Laß einfach dieselben Worte abermals erklingen, diesmal freilich mit einer möglichst munteren Stimme. Deine Stimmung wird sich jetzt sofort und spürbar verbessern.

Die inneren Bilder.

Stell dir jetzt mal einen Apfel vor. Irgendeinen Apfel, ganz gleich ob rund, grün, rot, groß oder glänzend. Wie siehst du ihn: weit weg oder ganz nah? Steht dein Bild still, oder bewegt es sich? Hat es einen Rahmen wie ein Foto, oder ist das Bild panoramisch? Ist es riesengroß oder winzig klein? Farbig oder schwarzweiß? Du kannst dein Bild nun beliebig verändern. Wenn dein Apfel rot war, dann male ihn nun grün an. Steht er still, dann laß ihn von links nach rechts über die Bildfläche kullern, und so weiter.

Die Erinnerung folgt der Stimmung

So hast du es auch mit deiner Vergangenheit gemacht: Die damalige Erfahrung, die im Kopf abgespeichert wurde, hast du selber geändert – positiv oder negativ? Du hast sie damals gemäß deiner Stimmung modifiziert. Ohne es zu wissen, hast du genau das getan, was wir vorhin beschrieben haben: Du hast die Submodalitäten geändert. Deswegen sagen wir immer, daß auch dein Gedächtnis selektiv arbeitet. Die Erinnerung folgt der Stimmung.

Wissenschaftler haben festgestellt, daß Heroinsüchtige ihr eigenes Bild schwarzweiß sehen. Außerdem ist es so weit entfernt, daß sie sich selbst nicht mehr wiedererkennen. Sie haben verlernt, sich in Farbe zu sehen. Sie schauen sozusagen in ein schwarzes Loch. Hingegen erscheint dem lebensfrohen Menschen alles riesig und rosarot. Frage Kinder mal, wie und was sie sehen. Dann wirst du begreifen, warum sie draufgängerisch sind; sie sehen die Welt als einen Spielplatz, und in Sachen, die uns gefährlich erscheinen – wie Regenrinnen, offenes Feuer, Steckdosen –, erkennen sie nur Spielzeug.

Wenn du deine Submodalitäten bewußt ändern kannst, dann hast du deine Stimmung im Griff.

Kannst du deine Submodalitäten bewußt ändern, dann hast du deine Stimmung im Griff

Streß und Schmerz – Submodalitäten des Gefühls.

Jeder weiß, was es bedeutet, verliebt zu sein. Dein Herz klopft schneller. Bumbediebumbediebumbediebum. Der Schweiß bricht dir aus. Du hast Schmetterlinge im Bauch. Das Adrenalin, das jetzt durch dein Blut strömt, ist identisch mit dem, das bei negativem Streß produziert wird. Ist das nicht erstaunlich? Wenn du verliebt bist, schenkt dir das Adrenalin Energie, beim negativen Streß hingegen stiehlt es dir Energie. Negativer Streß vermittelt dir das Gefühl, als läge ein Stein in deinem Magen; bist du verliebt, wird aus dem Stein ein Schmetterling. Das Überraschende daran ist, daß beiden Empfindungen derselbe chemische Stoff zugrunde liegt. Die chemische Grundlage ist dieselbe – nur die Benennung ist unterschiedlich. Ob Schmetterlinge oder Steine, was dir im Magen liegt, bestimmst nur du.

Übung:

Magenschmerzen lassen sich ohne Tabletten mit Hilfe der Submodalitäten bekämpfen: Weise mit einem Finger auf die schmerzende Stelle. Du erkennst ein Gefühl der Schwere, mache nun ein leichtes Gefühl daraus. Das geht, wenn du den Druck heraufziehst zur Mitte des Magens hin und dann immer höher und höher. Du hast die Macht, über deinen eigenen Körper zu bestimmen. So kannst du dich auf eine einfache Weise von Magenschmerzen, also den körperlichen Zeichen von Streß und Sorgen, befreien. Dasselbe gilt auch für Kopfschmerzen. Du kannst den Schmerz erkennen, dich in ihn hineinversetzen, verschieben und aus deinem Kopf verjagen.

Verändere die Submodalitäten und kuriere deine Magenschmerzen ...

... oder deinen Liebeskummer

Auch psychische Schmerzen lassen sich auf diese Weise überwinden. Du kannst diese Strategie zum Beispiel bei Liebeskummer anwenden. Solange du trübselig bist, wirst du deine Geliebte nicht vergessen können. Du willst noch mehr leiden, also machst du den Gegenstand deiner Liebe immer schöner und anziehender. Du saugst dich an deinem Liebeskummer fest. Wenn du jedoch deine Submodalitäten änderst und dir die Frau ohne Schminke vorstellst, wie sie morgens aus dem Bett kam, wie vulgär sie reagierte, wenn sie böse war, wie sie manchmal roch und wie schrill ihre Stimme war, dann verändert sich dein Blickfeld. Dann versetzt du sie in Gedanken auf einen anderen Planeten. Du genießt den gewonnenen Freiraum und füllst ihn mit Farben und Blumen auf. Wiederhol das ein paar Mal, und der Kummer über die verlorene Liebe wird schmelzen wie Schnee in der Sonne.

Die These, daß Kummer vergeht und die Zeit alle Wunden heilt, ist zwar richtig; sie erfordert jedoch eine Menge Zeit und macht dich passiv. Die aktive Methode ist effektiver und schneller. Du vergeudest keine Energie durch Trauern und kannst sofort unbeschwert weiterleben.

Erinnerung und Gedächtnis.

Ein Gesicht bildet immer einen *Anker*, weil es einmalig ist. Wenn du jemanden neu kennenlernst, ist dein *Blickfeld* nur auf den visuellen Eindruck gerichtet. Der Name kommt erst an zweiter Stelle, er ›geht unter‹. So ist zu erklären, daß du dich nach einiger Zeit an das Gesicht sehr gut erinnern kannst, aber den dazugehörigen Namen vergessen hast.

Erfolgt der erste Kontakt hingegen übers Telefon, einem rein auditiven Medium, kannst du dich später meist gut an den Namen erinnern. Eine Stimme erkennst du immer wieder. Sie ist ebenso charakteristisch wie ein Gesicht.

»Woher kenne ich diesen Mann nur?« fragst du dich, wenn du deinem Zahnarzt oder dem Verkäufer aus dem Supermarkt auf der Straße begegnest. Ohne Kittel und in Freizeitkleidung sehen sie gleich ganz anders aus als sonst. Den Bankangestellten und den Verwaltungsbeamten z.B. siehst du immer nur zur Hälfte: Unterhalb des Bauchnabels beginnt bei ihnen der Schalter oder der Schreibtisch. Siehst du sie einmal ›vollständig‹, passen sie nicht in deinen Bezugsrahmen. Ab und zu schafft es dein Gedächtnis nach geraumer Zeit doch noch, dich auf die richtige Spur zu bringen: »Ach ja ... natürlich! Das war ...«

Unsere Erinnerungen folgen ganz eigenen Mechanismen. Frag mal eine senile Greisin, die nicht mehr weiß, was sie vor fünf Minuten gegessen hat, nach ihren Kindheitserlebnissen. Sie erinnert sich garantiert an unzählige Details. Welche Farbe die Pfingstrosen im Garten ihres Vaters hatten. Und welche Melodie der Verlobte ihrer zweitältesten Schwester immer auf seiner Mundharmonika gespielt hat. Und wie wundervoll es nach Apfelkuchen geduftet hat, wenn sie sonntags die Großmutter besucht haben am anderen Ende des Dorfes!

Erinnerung ist der Vorgang, die Inhalte des Gedächtnisses hervorzuholen, sie zu aktivieren

An diesen Beispielen spiegelt sich der Unterschied zwischen Erinnerung und Gedächtnis. Gedächtnis ist die Hardware, deine Festplatte, auf der alles abgespeichert ist. Erinnerung ist der Vorgang, die Inhalte des Gedächtnisses hervorzuholen, sie zu aktivieren. Du erinnerst dich an Ereignisse und Personen am besten, wenn du sie mit möglichst vielen

Submodalitäten abspeicherst. So hast du mehr Anknüpfungspunkte, um die Inhalte wieder aus dem Gedächtnis hervorzuzaubern. Versieh alles mit Farben, Geschmack, Gefühlen, Düften und Stimmen. Hilf deinem Erinnerungsvermögen, indem du deine Erlebnisse mit möglichst vielen Submodalitäten abspeicherst.

Wenn du dich an eine Person erinnern möchtest, mußt du ihr also Aufmerksamkeit widmen. Verbinde mit einem Bankangestellten – möglichst positive – Gefühle, und du erkennst ihn auch noch im Botanischen Garten wieder. Außerdem fühlst du dich immer wohler bei Personen, die dir etwas bedeuten. Erst wenn jemand in deiner Erinnerung lebt, kann er in dein Gedächtnis zurückkehren.

Das Phänomen der Erinnerung ist wissenschaftlich schnell erklärt: In der rechten Hirnhemisphäre speicherst du die Bilder, in der linken Hemisphäre speicherst du die Wörter. Rechte und linke Gehirnhälfte sind duch den ›Balken‹ miteinander verbunden. Wenn eine intensive emotionale Erfahrung den visuellen und auditiven Eindruck begleitet, wird der Balken ›geöffnet‹, und die Eindrücke auf beiden Seiten des Gehirns sind für immer miteinander verbunden.

Wenn ich mich vorstelle, verbreite ich eine positive Stimmung – so bleibe ich den Leuten im Gedächtnis

Wenn ich mich jemandem vorstelle, verbinde ich damit immer einen emotionalen Reiz. Wie? Ich erzähle sofort einen kleinen Witz, gebe ein kleines Geschenk, gebe Komplimente, kurzum: Ich verbreite eine positive Stimmung. Das ist heutzutage schon so ungewöhnlich, daß es auffällt. Ist das nicht wahnsinnig?

V.A.K.-Lernen.

Das Wissen von Modalitäten und Submodalitäten erleichtert dir auch das Lernen. In der Schule werden dir zahllose Wortreihen, Ortsnamen und Jahreszahlen eingetrichtert. Wann war die Schlacht von Verdun? Welche Nebenflüsse hat der Rhein? Und wie konjugiert man ›debere‹? Weißt du diese Dinge noch? Nein, na also. Alles ist durch bloße Wiederholung in dein Gedächtnis gehämmert worden. Höchstens der Rhythmus der Wiederholung ist der Anker, durch den du dich noch erinnern kannst. Alles andere ist in Vergessenheit geraten.

Doch es geht auch anders. Stell dir doch einmal die Schlacht von Verdun bildlich vor: die Laufgräben, die Geschosse, Schlamm, Ratten, das Waffengerassel. Riech das Pulver, das geronnene Blut, und sieh mitten auf dem Schlachtfeld ein großes Schild mit der Jahreszahl 1916. In zehn Jahren frage ich dich noch mal nach dieser Jahreszahl. Ich wette, daß du sie dann noch weißt.

Reichere die Lerninhalte mit Submodalitäten aller Art an, und du wirst nichts vergessen

Auch Erdkunde kann Spaß machen – wenn der Lehrer die Städte, Flüsse und Gegenden im Land Schleswig-Holstein möglichst plastisch schildert. Das Ganze wird durch eine farbenreiche Landkarte illustriert. Ihr hört das holsteinische Platt vom Tonband und dürft es mit der ganzen Klasse nachsprechen. Während der Stunde bekommt jeder ein Stück nordfriesischen Kuchen. Schließlich singt die ganze Klasse: »Wenn die Nordseewellen trekken an den Strand.«

In der Französischstunde doziert Le Professeur mit einer Baskenmütze auf dem Kopf und bindet das Vocabulaire in einen landestypischen Alltag ein. Am 14.Juli, dem Tag der Revolution, gibt es Baguettes mit Fromage und Gläser roten Weines zur Musik von Edith Piaf. Das sind einmalige Lektionen!

Bist du Lehrer oder Pädagoge, mache aus den Lektionen ein Event, ein Happening

Die Technik des Visualisierens.

Die Technik des Visualisierens ist dir überall von großem Nutzen. Du setzt Informationen automatisch in innere Bilder um – ob das nun Bilder der Erinnerung sind oder Bilder deines zukünftigen Erfolgs. Visuelle Menschen praktizieren diese Technik oft unbewußt. Der auditive Mensch hat meist Schwierigkeiten mit dem Visualisieren, und der kinästhetische Mensch kann es manchmal überhaupt nicht. Dabei ist Visualisieren das Einfachste von der Welt. Wir probieren es gleich einmal!

Übung:

Die Technik des Visualisierens hilft dir beim Lernen und Motivieren und ist leicht einzuüben

Schau dir zum Beispiel eine rote Rose an. Schließ deine Augen, und stell dir die Rose vor, beginn mit der Farbe. Das geht nicht. Mach die Augen wieder auf. Hinschauen. Augen wieder zu. Einbilden. Geht nicht. Augen wieder auf. Hinschauen und so weiter. Irgendwann hast du es geschafft, die Farben und Umrisse sind auf die Netzhaut deines Auges projiziert.

Bist du in *Kino-Stimmung*, dann gehst du zur Rose hin und ertastest die Struktur des Stengels, der Blätter und der Blüte. Vorsicht: Dornen! Nun kannst du die Rose schneller und besser visualisieren. Wenn du hingegen *auditiv* bist, dann beschreib die Rose mit Worten: die Form, die Blätter, die Dornen, die Farbe; versuche dann, sie mit diesen Begriffen im Hinterkopf zu visualisieren.

Bist du enttäuscht und glaubst noch immer: »Ich kann das nicht«, dann erzähle mir mal, wie deine Mutter oder dein Vater aussieht. Beschreibe mir mal deinen Teddybären. Ob du es glaubst oder nicht: du visualisierst dauernd. Wenn dir ein Gesicht entgegenkommt, vergleichst du es automatisch mit den Gesichtern, die bereits in deinem Kopf abgespeichert sind. Findest du das passende in deinem Gedächtnis, erkennst du – Aha! – dein Gegenüber wieder.

Konzentriere dich auf deine interne Kommunikation, wenn es darum geht, dich selbst zu motivieren

Schlüsselmodalitäten.

Besonders effektiv ist es, dich auf deine interne Kommunikation zu konzentrieren, wenn es darum geht, dich selbst zu motivieren. Jede Modalität hat eigene Schlüsselmodalitäten, mit deren Hilfe du eine motivierende Stimmung hervorrufen kannst.

Visualisiere deinen Traum

Visuelle Menschen stellen sich zum Beispiel etwas sehr Großes und Farbiges vor. Sie haben das Ziel schon ganz klar vor Augen.

Der Audio-Mensch spricht in einer motivierenden Weise zu sich selbst oder benutzt eine bestimmte Musik, um sich zu puschen.

Der Kino-Mensch hat eine bestimmte Aufbruchstimmung geankert, aktiviert sie im Handumdrehen und weiß dann, daß er motiviert ist.

Zu jeder Schlüsselmodalität wiederum gehören verschiedene *Submodalitäten*, wie du schon am Anfang dieses Kapitels erfahren hast. Wenn du also deinen Traum visualisieren möchtest, so solltest du zu diesem Bild so viele Submodalitäten wie nur möglich hinzufügen, so daß du deinem Gehirn möglichst genaue Anweisungen über das vermittelst, was du willst.

Übung:
Zuerst definiere dein Ziel, zum Beispiel dein Examen zu bestehen oder eine Stellung zu bekommen, deine Traumfrau zu erobern oder eine Villa zu kaufen. Du weißt ja mittlerweile sehr genau, was du dir erträumst. Dann stell dir vor, du hättest es schon erreicht. Laß dieses Szenario vor deinem geistigen Auge in allen Einzelheiten entstehen. Visualisiere den Sonnenschein, die Luftsprünge und all die freundlichen Gesichter nach deinem Erfolg. Hörst du schon die Glückwünsche: »Bravo! Gutgemacht! Ich hab es ja immer gesagt, du schaffst es schon!« Und spürst du dei-

ne Gelöstheit, wie leicht und euphorisch du dich fühlst? Und du riechst den Kuchen, den deine Mutter extra für dich gebacken hat.

Im Laufe der nächsten Tage vergißt du dieses euphorische Szenario wieder, aber in deinem Gedächtnis hat es sich fest eingebrannt. Von nun an siehst, hörst und fühlst du nur das, was dich in dieser Richtung weiterbringt. Du wirst dein Ziel fast automatisch erreichen.

EXTERNE KOMMUNIKATION

Was nach außen dringt

Welches Bild andere Menschen von dir haben, ob sie dich verstehen und ob du mit ihnen zurechtkommst, hängt von deiner Fähigkeit zu kommunizieren ab. Eigentlich besteht das ganze Leben, im privaten wie im öffentlichen Bereich, aus Kommunikation. Deshalb ist deine Art der *externen Kommunikation* maßgeblich für deinen Erfolg in allen Lebensbereichen.

Das ganze Leben besteht aus Kommunikation. Beherrschst du sie richtig, werden sich dir alle Türen öffnen

Der Rapport ermöglicht häuslichen Frieden.

Papa kommt von einem anstrengenden Arbeitstag nach Hause, sein Sohn hat gerade eine Trommel bekommen, auf die er mit großem Eifer eindrischt. Der Junge ist deutlich visuell tätig, sein Papa versucht vergeblich, in audio seine Zeitung zu lesen. Er springt auf und schreit seinen Sohnemann an, daß er mit dem schrecklichen Lärm sofort aufhören und sich in sein Zimmer scheren solle. Dieser ist niedergeschlagen und verletzt und hält seinen Vater für einen ›gemeinen Spielverderber‹. Wenn Papa häufiger so reagieren wird, kann er sicher sein, daß seinem Sohn für immer der Spaß an der Musik vergällt sein wird.

Es geht auch anders. Papa steht auf, geht zu seinem Sohn hin, nimmt einen Drum-Stick und drischt genauso hart drauflos wie er; zusätzlich läßt er noch ein Indianergeheul hören, von dem die ganze Nachbarschaft aufgeschreckt wird. Sohnemann ist gleichermaßen perplex wie begeistert von seinem Vater. Es kommt zum *Rapport.* Papa ist der Modalität seines Sohnes gefolgt. Nun lenkt er seinen Sohn langsam in audio, trommelt immer leiser, schreit nicht mehr und bringt Ruhe in die ganze Szene. Sein Sohn folgt ihm und möchte auch nicht mehr laut sein. Papa kann jetzt

Rapport: manchmal mußt du trommeln und schreien wie ein Indianer

ungestört seine Zeitung lesen, und sein Sohn holt gut gelaunt das Lesebuch hervor. Reagiert Papa häufiger so, kann er sicher sein, daß sein Sohn den Spaß an der Musik behält und zudem ein großer Bücherfreund wird.

Externe Kommunikation und Krisenintervention.

Tief kinästhetisch: Er hörte mich wohl, konnte mich aber nicht verstehen

Einer meiner Freunde hat sich vor kurzem von seiner Frau getrennt und fühlte sich danach mies. Er war depressiv (tief kinästhetisch). Jeder versuchte, ihn durch heitere Worte aufzumuntern, wie zum Beispiel: »Es gibt mehr Frauen als Kirchtürme« – »Nach Regen kommt wieder Sonnenschein« und »Kopf hoch!« Ich besuchte ihn und traf ihn in einem wahrhaft trübseligen Zustand an. Sofort begann ich, auf eine Kino-Weise mit ihm zu sprechen, merkte aber, daß meine freundlichen Worte ihn nicht erreichten (tief kinästhetisch bedeutet, daß du dermaßen in deinem Gefühl festsitzt, daß die anderen Modalitäten verbannt sind; er hörte mich wohl, konnte mich aber nicht verstehen).

Ich stand auf und gab ihm eine kräftige Ohrfeige. Er schaute mich erschrocken an, sagte jedoch nichts. Ich zog ihn aus seinem Stuhl und drückte ihn an die Wand. Er stammelte ein paar unverständliche Worte. Ich schrie ihn an: »Bist du total verrückt geworden! Du sollst leben! Genießen! Zieh dich sofort an! Jetzt! Mitkommen!« Er fragte zögernd: »Aber warum?«

Ich sagte: »Weil ich dich liebe. Du bist mein Freund. Ich will für dich nur das Beste.« Ich trieb ihn die Treppe hinauf. Er sollte seine Kleider ausziehen. Ich schaltete das Radio an; fröhliche Musik ertönte. Er kam herunter in einer zu großen Gartenhose und einem zerknitterten, fahlen T-Shirt der Größe XXXL. Ich trat ihm in den Hintern und katapultierte ihn wieder die Treppe hinauf. Ich sagte laut: »Duschen, rasieren und ein gutes Parfüm.« In der

Zwischenzeit suchte ich Kleider mit frischen Farben aus und legte sie für ihn bereit.

An diesem Abend begegnete er seiner heutigen Frau Anne.

Zuerst folgen, dann lenken.

1. Schritt: Passe dich der Modalität deiner Gesprächspartner an

Ist jemand zum Beispiel visuell eingestellt, also gestikuliert er eifrig und spricht schnell, dann paßt du dich an, indem du dich ebenso bewegst und redest. Falls du dich in diesem Modus wohl fühlst, ist alles in Ordnung. Möchtest du jedoch eigentlich lieber in audio sein, kannst du den anderen leicht dorthin ›überführen‹. Verändere einfach dein Verhalten langsam in diese Richtung: sprich, gestikuliere und atme langsamer. Dein Gesprächspartner wird dir aufmerksam lauschen und die neue Modalität schließlich selbst annehmen.

2. Schritt: Überführe deinen Gesprächspartner in deine Modalität

Karl geht in kinästhetischer Stimmung zu einer Party. Er sitzt an der Theke und ärgert sich über eine hochvisuelle Frau in Pumps und Paillettenkleid, mit blonden Haaren und grellrot geschminkten Lippen. In seiner Kinomodalität hält er sie für eine Schlampe, die sich herausgeputzt hat. Trotzdem ist er nach einiger Zeit erregt. Er stellt seine Modalität von *kino* auf *visuell* um. Er atmet schneller, beginnt, in Bildern zu denken, und aktiviert seinen Körper. Erst tanzt er noch eine Weile, um seine Stimmung zu verstärken. Er ahmt den Tanzstil der Frau nach, dann geht er auf die Frau zu. Sie lächelt ihn an. Ein *Rapport* ist hergestellt. In seinen Augen ist sie längst kein dekorierter Weihnachtsbaum mehr, sondern eine sinnliche Schönheit. Sie fühlen sich magisch zueinander hingezogen. Sie tanzen wie wilde Tiere den Lambada.

Karl beginnt ein Gespräch, um sie in Audio-Stimmung zu bringen, was ihm auch gelingt. Seine Atmung wird etwas tiefer. Er erzählt etwas Liebes, etwas Nettes. Er wird zuse-

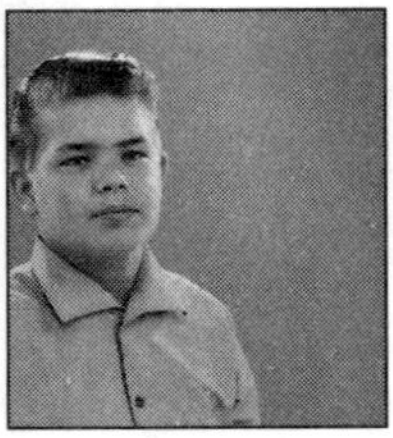

hends ruhiger, sie folgt ihm. Sie lauscht aufmerksam, schließlich möchte sie kein Wort versäumen. Ihre Muskeln entspannen sich. Im Gespräch geht es mehr und mehr um Gefühle und Gedanken, beide wechseln in die kinästhetische Modalität. Seine süßen Worte wirken, sie läßt eine erste Berührung zu. Zu guter Letzt tanzen sie eng umschlungen und lassen sich ganz von ihren Gefühlen leiten. Dreimal darfst du raten, wie die Nacht verlaufen wird …

Ruf doch mal an.

Ich habe verschiedene Strategien für meine Kommunikationen: eine fürs Telefonieren, eine für die Korrespondenz und eine für den unmittelbaren Kontakt.

In meinen Telefongesprächen beginne ich zurückhaltend und mit allgemeingültigen Floskeln, denn ich weiß ja noch nicht, in welcher Modalität sich mein Gesprächspartner befindet. Ich lasse ihn also reden und registriere dabei Wortwahl, Stimmlage, Sprechgeschwindigkeit und eventuelles Zögern. Erst dann spreche ich selber zur Sache. Dabei nehme ich seine Modalität an.

Weiterhin gebe ich dem anderen zunächst einmal immer recht – sofern ich nicht lügen oder unaufrichtig sein muß. Neulich erzählte mir ein Anrufer zum Beispiel, daß er mich aus seinem vorigen Leben kenne. Er sei sich da ganz sicher. Ich antwortete ihm: »Das ist gut möglich.« Wenn ich ihm widersprochen hätte: »So ein Quatsch, voriges Leben, daran glaube ich nicht«, wäre der Kontakt – der Rapport über das Telefon – sogleich gestört gewesen.

Schreib mal wieder.

Auch meine briefliche Korrespondenz unterscheidet sich in ihrer Modalität. Es folgen vier Beispiele: ein Audio-Brief, ein visueller Brief, ein Kino-Brief und ein Brief mit allen drei Modalitäten, ein V.A.K.-Brief also. Ich nehme als Beispiel ein Anschreiben, das wir im Institut versenden, wenn uns jemand um Auskünfte angeht.

Audio:

Sehr geehrter Herr,

wie wir es am Telefon besprochen haben, schicke ich Ihnen hier unser Bücherset und eine Kassette mit dem Rundfunkinterview von Herrn Ratelband. Wir sind davon überzeugt, daß die Worte von Emile so deutlich sind, daß Sie eine wohlüberlegte Entscheidung treffen können.
Wir hoffen, etwas von Ihnen zu hören, und sind auf Ihre Reaktion gespannt.

Mit freundlichen Grüßen,

Visuell:

Sehr geehrter Herr,

ich habe mir die deutlichen Worte in Ihrem Brief gut angeschaut. Ich sehe das Problem und sende Ihnen unser Fotoset und unsere Videobänder. Ich hoffe, daß Sie sich diese Videos bald ansehen und so ein gutes Bild von Emile formen können. Ihrer baldigen Reaktion sehe ich gespannt entgegen.

Auf Wiedersehen!

Kino:

Lieber Herr,

es hat mich sehr gerührt, daß Sie mich kürzlich besucht haben. Jetzt kann ich mich in Ihre Gefühle bezüglich Ihres speziellen Problems richtig hineinversetzen. Deshalb schicke ich Ihnen gerne mein gebrauchtes Taschentuch. Beim nächsten Seminar können Sie mir dann Ihr Herz ausschütten, ich wünsche Ihnen bis dahin alles Gute.

Mit Zuneigung und warmen Grüßen!

V.A.K.-Brief:

Geehrter Herr,

es ist mir zu Ohren gekommen, daß Sie an der Arbeit von Emile interessiert sind. Deshalb schicke ich Ihnen hier einige Zeitungsausschnitte und ein Set Audiobänder mit Interviews sowie unseren Videoclip, auf dem Sie Emile bei einem Auftritt sehen können.
Wir freuen uns sehr darauf, näher mit Ihnen zusammenarbeiten zu können und sehen gern Ihrer Reaktion entgegen.

Mit freundlichen Grüßen,

Kenne ich den Empfänger meines Schreibens nicht, schreibe ich immer in V.A.K.

Einen Brief an jemanden, den ich nicht kenne, schreibe ich immer in V.A.K. Erst mit der Antwort weiß ich, mit welcher Modalität ich es zu tun habe. Anwälte schreiben audio – sie können das Schreiben dann gleich als Beweis vor Gericht verwenden. Ein Liebesbrief ist meistens kinästhetisch verfaßt, denn der Absender möchte gern ein Gefühl mit seinem Brief übertragen.

Zum Beispiel: Kontaktanzeigen.

Dieses Buch ist V.A.K. Ein Beispiel: Der zeitunglesende Vater mit seinem trommelnden Sohn ist visuell erzählt. Du siehst das Schauspiel förmlich vor dir. Die Technik und die Erklärung hingegen sind audio. Was du siehst, kannst du dir selbst erklären. Die motivierenden Worte schließlich sind kino, denn ich greife in deine Gefühle ein, um dich zu inspirieren.

Dieses Buch ist in V.A.K. geschrieben

Wenn du bei Kontaktanzeigen Erfolg haben willst, versuch doch einmal, Anzeigen nach Modalitäten einzuteilen.

Ein Kino-Mann gibt z.B. eine Anzeige auf: »Liebenswürdiger, sanfter Mann aus dem Norden sucht umsorgende Frau. Liebe Kinder, wenn es nicht meine eigenen sind.« Eine visuelle Frau (»Ich sehe gut aus für mein Alter, bin aktiv und treibe Sport.«) reagiert auf diese Anzeige.

Bei der ersten Begegnung stellt sich heraus: Der Mann sieht farblos und bieder aus, spricht leise und versucht, die Hand der Frau immer wieder zu berühren. Die Frau hingegen sieht blendend aus, versucht aber, Abstand zu halten, um die Situation und den Mann besser beurteilen zu können. Er ißt langsam und genießt. Sie ißt schnell, nachdem sie die Optik der Toilette vorher kurz geprüft hat. Rate mal, ob noch eine weitere Verabredung zustande kommt?

Du kannst bei Kontaktanzeigen also immer schon eine Vorauswahl treffen, wenn du deine Hauptmodalität kennst. Und denk daran: »Gleich und gleich gesellt sich gern.«

»Gleich und gleich gesellt sich gern«

Die Strategie bei der direkten Begegnung.

Bei der direkten Begegnung habe ich folgende Strategie: Ich schaue mir zunächst an, wie sich mein Gegenüber bewegt. Dann gebe ich ihm die Hand: kraftvoll bei einem visuellen Menschen, ruhig und etwas länger beim Audio- und manchmal mit zwei Händen beim Kino-Menschen. Dann folgt eine Bemerkung, mit der ich ihn positiv ankere, also ein Kompliment, das innerhalb dieser Modalität am effektivsten wirkt. Zum Beispiel: »Was siehst du gut aus heute« oder: »Ich bin froh, deine Stimme wieder zu hören« oder: »Bei dir fühle ich mich immer ganz ruhig.«

Häufig passiert es mir, daß Menschen mich anrufen und mir erzählen, daß sie eines meiner Seminare besucht haben. Ich kann ihnen dann genau erzählen, wie sie aussehen und wo sie im Saal saßen. Darüber staunen viele, aber ich beherrsche die Technik, den Seminarraum visualisieren zu können, und wende sie auch an. Deine Mitmenschen möchten von dir erkannt und wiedererkannt werden. Das strahlt Wärme aus, die man selber auch erfahren möchte. Wenn ich dir Aufmerksamkeit und Wärme gebe, fühlst du dich geschmeichelt und respektiert.

Deine Mitmenschen möchten von dir wiedererkannt werden

V.A.K. in der Werbung.

Gute Werbespots sind V.A.K. Sie sind visuell attraktiv, du hörst schöne Musik, und sie vermitteln ein gutes Gefühl. Dadurch gerätst du in eine vermögende Stimmung. Das Produkt wird nun durch Wiederholung des Spots an deine vermögende Stimmung gekoppelt. Von nun an bist du überzeugt: »Ich brauche das, damit es mir gutgeht«, z.B. Coca-Cola, Marlboro, adidas, BMW, Allianz, TUI, Dr. Oetker, Siemens, LBS, Douglas, H&M.

Hamburger sind ungesund, »McDonald's ist einfach gut« aber hat sich in dir festgesetzt, und du denkst: »Hamburger sind gut.« Rauchen schadet deiner Gesundheit sehr. Die Werbung aber läßt dich glauben, daß du mit einer ›Camel‹ frei und unabhängig bist. Alkohol macht süchtig. Siehst du aber die schönen, gesunden und reichen jungen Menschen von ›Martini‹, so wird dir suggeriert, daß du mit einem Martini erfolgreich sein wirst.

Achte einmal darauf, mit welchen Modalitäten Werbung, deine Tageszeitung, dein Lieblingsradiosender, der nächste Versicherungsvertreter, der Automobilhändler, dein Lieblingskinofilm etc. arbeiten. Schärfe deinen Blick dafür

›Bild‹ ist eine echte V.A.K.-Zeitung und die auflagenstärkste in Deutschland: Farbe, viele Photos, einfache Typographie, gut lesbare und sensationelle Berichte. Sie wird von der breiten Masse der Bevölkerung – vom Facharbeiter bis zum Chefarzt – konsumiert.

Die ›Frankfurter Allgemeine‹ verdankt ihren Erfolg einer reinen Audio-Strategie: Keine Farbe, wenige Photos, für visuelle Menschen eine schwierige Typographie, ohne Sensationen, dafür qualitativ hochstehende Berichte. Ihre Leser gehören ausschließlich einer Bevölkerungsgruppe an, die sowieso viel liest: Studenten, Juristen und Politiker.

Filme sind echte Kassenschlager, wenn hübsche Schauspieler an Action, Abenteuer und Emotionen gekoppelt werden. ›Indiana Jones‹ und ›James Bond‹ sind bekannte Beispiele. Hingegen bekommen die Schwarzweißfilme von Ingmar Bergmann immer gute Rezensionen; Kassenschlager sind sie aber nicht. Der Erfolg der Fernsehserie ›Schwarzwaldklinik‹ beginnt schon bei der Wiedererkennungsmelodie. Populäre und gutaussehende Schauspieler, gepaart mit Gefühlsduselei – da ist der Erfolg sicher.

Weshalb ist ›Karstadt‹ erfolgreicher als ›Woolworth‹? Komm einfach mal mit hinein, dann wirst du es schnell verstehen.

Beginnen wir mit ›Woolworth‹. Wir gehen hinein und treffen sofort auf die Parfümerieabteilung, die eher einer Drogerie gleicht. Dort werden ausschließlich gängige und bezahlbare Marken wie 4711, Odol, Lux-Seife etc. verkauft.

Aber überwiegend riecht es nach Waschmittel, Toilettenartikel und Babypflege. Die Flaschen sind einfach in Regalreihen nebeneinandergestellt, und alle Verkäuferinnen tragen langweilige Schürzen. Die Lautsprecheranlage, die von einem Bahnhof stammen könnte, schallt durch den Verkaufsraum und macht uns unentwegt auf billige Sachen aufmerksam. Eine Vorführerin preist ein ›praktisches‹ und unglaublich billig aussehendes Kunstlederset an.

Eine bewußt gestaltete V.A.K.-Umgebung animiert den Kunden, das Angebot besser wahrzunehmen und zu kaufen

Nun zu ›Karstadt‹: Kaum betrittst du das erfolgreiche Kaufhaus, umströmt dich der Duft der teuren Marken: Lancaster, Jil Sander und Davidoff. Die Verkäuferinnen sind sehr charmante, gut geschminkte und elegant gekleidete Gastgeberinnen. Die Flacons werden an vielen aufwendig dekorierten Ständen präsentiert. Im Hintergrund läuft Musik, die Eleganz verströmt. Ab und zu mischt sich eine animierende Stimme in die dezente Geräuschkulisse und macht auf die Angebote der Woche aufmerksam. An den Decken und Rolltreppen strahlen kleine Lämpchen, die das ganze Jahr lang eine fast weihnachtliche Stimmung verbreiten. Neben der Rolltreppe steht ›Frau Antje‹ und bietet herrliche, frischgebackene Poffertjes an.

Karstadt hat verstanden, wie man das Umfeld umwandeln kann, um die Käufer zu motivieren: Es riecht dort gut, die Leute, die dort kaufen und verkaufen, sehen gut aus, es gibt etwas Leckeres zu essen, die Geräuschkulisse hört sich gut an; im ganzen fühlt man sich gut. Die Menschen lieben es, dort zu shoppen.

V.A.K. schreibt sich mit V wie Vorsprung und Verbesserung!

Und jetzt verstehst du auch, warum meine Seminare so erfolgreich sind. Sie werden auch nach den V.A.K.-Kriterien gestaltet. Gute Musik erfüllt den Raum, du siehst deinesgleichen mit Schlangen und Spinnen auf der Bühne arbeiten, kurzum: Die Atmosphäre ist locker, jeder ist mit

Spaß und Freude dabei und fühlt sich wohl. Du wirst staunen: In dieser Stimmung lernst du, ohne zu bemerken, wieviel du lernst.

MODELLIEREN

Schnellstraße zum Erfolg

Was du kannst, kann ich schon lange.« Ist das wirklich wahr? Ja, das ist es! *Modellieren* bedeutet, all die Überzeugungen, Strategien und Körperhaltungen deines Vorbildes anzunehmen, zu kopieren. Je besser du modellierst, desto größer ist die Chance, das zu erreichen, was auch dein Idol erreicht hat.

Abgucken erlaubt!

Suche dein Modell, dein Vorbild und profitiere von seinen Erfahrungen

Zuerst mußt du das geeignete Modell finden. Suche dir jemanden, der schon da ist, wo du hin möchtest. Lerne von seinen Erfahrungen und profitiere von seinem Können. Sieh ihn dir genau an und registriere jede noch so belanglose Kleinigkeit in seinem Verhalten. Dann hast du den ersten Schritt auf der Erfolgsleiter schon getan. Modellieren bedeutet nun: Werde so wie er.

In meinen Seminaren frage ich regelmäßig, ob sich jemand zutraut, ein Stück Holz von vier Zentimeter Kantenlänge mit der bloßen Hand durchzuschlagen. Von wenigen Ausnahmen abgesehen meldet sich meist niemand. Kein Wunder, schließlich ist das eine Aufgabe für einen trainierten Karatemeister. Ich habe so jemanden modelliert, ihm seine Technik ›abgeguckt‹ und schlage das Holz wie einen Pappkarton entzwei. Daraufhin bitte ich das zierlichste Mädchen mit den kleinsten Händen aus der ganzen Gruppe, mich zu modellieren. Sie ist sich sicher, daß sie es nicht schaffen wird. Doch schon nach wenigen Minuten ist auch sie eine Karateexpertin und schlägt das Brett mittendurch.

Ein anderes Kunststück ist der Sprung in einen Haufen Glasscherben. Ich habe einen Varieté-Artisten modelliert und erzähle den Freiwilligen aufgrund eigener Erfahrung, was sie zu tun haben. Mit welchem Resultat? Der Freiwillige springt ganz sicher in den Haufen. Nur 60 Prozent tragen Verletzungen davon.

Das sind nur einfache Beispiele. Aber sie führen plastisch vor Augen, daß die Modellierstrategie erfolgreich ist. Und warum solltest du dir zuerst ein paar Mal dein Handgelenk brechen oder 100prozentig die Füße mit den Scherben aufreißen, wenn du durch Modellieren innerhalb weniger Minuten das Resultat deines Vorbilds erzielen kannst?

Durch das Modellieren erreichst du in kürzester Zeit, was dein Vorbild sich in Jahren angeeignet hat

Ich nahm Oleg Popov, den berühmten Clown des russischen Staatszirkus, als Vorbild für einen Seiltanz. Oleg hatte mir persönlich seine Überzeugungen und seine Strategie dargelegt sowie die ihm eigene Körperhaltung beigebracht. Nun gab ich die Essenz dessen während meines Seminars weiter, so daß jeder Teilnehmer innerhalb von fünf Minuten in drei Metern Höhe auf dem Seil tanzen konnte.

Schließlich modellierte ich Anthony Robbins als Seminarleiter und bei seinem Lauf über die brennenden Kohlen. Heute modellieren mich Tausende von Kursteilnehmern, wenn ich den Feuerlauf absolviere …

Die Beschreibung externer und interner Sinneswahrnehmungen.

Es gibt eine Möglichkeit, die Prozesse, die in deinem Gehirn ablaufen – wir nennen das: *mentale Syntax* –, zu beschreiben, um sie immer wieder nachvollziehen und wiederholen zu können. Möchtest du diese Strategie kennenlernen? Dann mach dich ans Werk, es lohnt sich!

Sämtliche Sinnesprozesse können beschrieben werden, sie sind die Bausteine der mentalen Syntax. Wir benutzen dafür Abkürzungen:

Mit den Bausteinen der mentalen Syntax kannst du alle Sinneswahrnehmungen genau beschreiben

Du siehst etwas außerhalb	Ve
Du siehst etwas vor deinem geistigen Auge	Vi
Du fühlst etwas außerhalb deiner Selbst	Ke
Du fühlst etwas innerhalb deines Körpers	Ki
Du riechst etwas	Oe
Du erinnerst dich an einen Geruch	Oi
Du schmeckst etwas	Ge
Du erinnerst dich an einen Geschmack	Gi
Du hörst eine Stimme von außen	Aed
Du hörst eine Stimme in dir	Aid
Du hörst ein Geräusch von außen	Aea
Du hörst ein Geräusch in dir	Aia

Nimm dich einmal selbst genau unter die Lupe – wie denkst du? Dein Denken setzt sich aus Sinneseindrücken zusammen. Wir unterscheiden dabei zwei Arten der Sinneswahrnehmung: die interne (Abkürzung: i) und die externe (Abkürzung: e). Was du mit deinen Augen wahrnimmst – dieses Buch zum Beispiel –, ist eine visuell externe Erfahrung (Abkürzung: Ve). Wenn du eine mentale Vorstellung hast, du also visualisierst – zum Beispiel, daß ich auf deinem roten Stuhl sitze und dich anlächle –, ist dies visuell intern (Abkürzung: Vi).

Dasselbe gilt für die anderen Modalitäten. Was hörst du jetzt? Das Vogelzwitschern draußen nimmst du extern

auditiv (Ae) wahr, aber die interne Kommunikation, der Vorgang in deinem Kopf – vielleicht hörst du, wie ich halblaut zu dir rede, und du bemerkst meinen niederländischen Akzent –, ist auditiv intern (Ai). An dieser Stelle kommt noch ein weiterer Faktor zum Tragen, dein Gehirn unterscheidet nämlich zwischen Sprache und allen anderen akustischen Signalen. Nimmst du Sprache wahr, die du verstehst, nennen wir das eine ›**d**igitale‹ Erfahrung.

Beispiel: »Du hast dieses und jenes gesagt.« Diese Erfahrung notieren wir als Ae**d**, und: »Ich höre meinen verstorbenen Vater zu mir sprechen« als Ai**d**. Geräusche und Klänge dagegen nennen wir ›**a**nalog‹. Beispiel: Musik vom Plattenteller anzuhören ist Ae**a**. Ohrensausen notieren wir als Ai**a**.

Beim Gefühl nehmen wir nur die Unterscheidung zwischen extern und intern vor. Deine Finger erspüren die Struktur deines Stoffhemdes; diese Wahrnehmung ist extern kinästhetisch (Ke). Wenn du dir vorstellst, wie ich deine Hand drücke, warm und kräftig, fühlst du dich vielleicht angenehm berührt. Solch eine Empfindung ist kinästhetisch intern (Ki).

Erfolg nach eigenem Rezept.

Die Strategie ist das Rezept, die Modalitäten sind die Zutaten, und die Syntax ist die Folge und Menge der Zutaten

Die besten Kochbücher sind von Köchen, die imstande sind, bis in die kleinsten Details den gesamten Kochvorgang zu beschreiben. Hältst du dich exakt an diese Hinweise, schmeckt es bei dir genauso köstlich wie beim Koch, der das Buch geschrieben hat. Das Modellieren funktioniert so wie ein gutes Kochbuch: Die Strategie ist das Rezept, die Modalitäten sind die Zutaten, und die Syntax ist die Folge und Menge der Zutaten.

Übung macht den Meister. Und hättest du bisher nicht immer unbewußt modelliert, wärst du schon längst Meister – schließlich modellierst du schon seit deiner Geburt. Du

Das Beschreiben von Strategien sollte dir zur zweiten Natur werden

solltest dein Gehirn so trainieren, daß dir das Beschreiben deiner Strategie und der anderer Menschen zur zweiten Natur wird. Dann brauchst du später nicht mehr darüber nachzudenken, und du setzt die richtigen Formeln ganz einfach zusammen.

Fangen wir also an. Jetzt und sofort! Was machst du gerade, während du dieses Buch liest? Vielleicht hast du dich gemütlich auf deinem weichen Sofa ausgestreckt (Ke); du schaust aus dem Fenster und siehst die Bäume, wie sie sich im Wind hin- und herwiegen (Ve), und die Vögel auf der Antenne des Daches gegenüber (Ve); du hörst sie pfeifen und zwitschern (Aea); dieses Geräusch macht dich glücklich (Ki), und in dieser vermögenden Stimmung setzt du das Lesen dieses Buches fort (Ve).

Es ist also deine Strategie, eine kurze Pause einzulegen und in einer vermögenden Stimmung zum Buch zurückzukehren. Die Syntax war also: Ke-Ve-Ve-Aea-Ki-Ve.

Diese Strategie kannst du jetzt mühelos immer wieder benutzen.

Leg dich hin (Ke),
Schaue nach draußen (Ve),
Betrachte etwas (Ve),
Achte auf die Geräusche (Aea),
Fühl dich wohl (Ki),
Schaue um dich herum (Ve)

und fühle, daß du nun wieder motiviert bist.
Für diese ganze Übung hast du nur 15 Sekunden gebraucht!

Die Syntax eines Schlittschuhläufers.

Auf diese Weise kannst du auch die Erfolgsformel eines Spitzensportlers modellieren. Du schaust dir zum Beispiel einen Schlittschuhläufer an und studierst seine Technik. Du versuchst, seine Beinbewegungen genau nachzuahmen und seine Haltung zu übernehmen (Ke). Irgendwann wirst du seine Bewegungen verinnerlicht haben – sie sind dann Ausdruck deines eigenen Gefühls (Ki). Du siehst dich selbst in kunstvollen Pirouetten über das Eis gleiten (Vi). Deine Strategie, den Schlittschuhläufer zu modellieren, war also Ke-Ki-Vi. Du hast jetzt seine körperlichen Bewegungen modelliert, aber du bist noch nicht bei der mentalen Syntax angelangt. Wenn du ein Interview mit dem Schlittschuhläufer verfolgst, und er über seine mentale Strategie berichtet, kannst du mit Hilfe der genannten Abkürzungen seine Syntax nachvollziehen. Wenn kein Interview aufzutreiben ist, gibt es vielleicht andere Medien, durch die du ihm näherkommen kannst. Oder du reist zu ihm und beobachtest aus unmittelbarer Nähe, wie er sich im Alltag verhält. Auf diese Weise bist du in der Lage, die Reihenfolge seiner mentalen und physischen Aktionen zu beschreiben und damit dasselbe Ergebnis zu erzielen – natürlich vorausgesetzt, daß du auch das Training modellierst!

Es gibt immer eine Möglichkeit, an Spitzensportler, Stars oder Manager heranzukommen und sie zu modellieren

Die eigenen Strategien.

Für alle Lebenslagen sind Strategien entworfen worden: Es gibt Lern-, Verkaufs-, Kauf- und Liebesstrategien. Sie funktionieren wie eine Telefonnummer. Wenn du die Ziffern in der richtigen Reihenfolge wählst, bekommst du den gewünschten Gesprächspartner an den Hörer. Eine falsche Ziffer oder Reihenfolge und du hast einen Fremden am Apparat, d.h. keinen Erfolg.

Dies trifft auch auf die Syntax der Erfolgsformel zu. Öffne deine Augen für die Reihenfolge, in der andere ihre Umwelt wahrnehmen. Im Kapitel ›V.A.K. – Der Sinn der Sinne‹ hast du ja eine Menge über die Wahrnehmung gelernt.

Du kannst freilich auch deine eigene Kaufstrategie herausfinden. Es ist ganz leicht zu erkennen, welche Sinnesein-

Finde deine eigenen Strategien

drücke dich davon überzeugt haben, etwas zu kaufen. Hat es angefangen mit einer hübschen Verkäuferin, war es der Klang der eigenen Stimme oder war es das herrliche Sommerwetter? Warum hast du gestern abend beim Chinesen gegessen? War am Ende deines Geldes noch soviel Monat übrig, daß du zum günstigen Chinesen gehen mußtest?

Du brauchst die Modalitäten nur aufzulisten, und schon hast du deine eigene Restaurantstrategie.

Bei mir ist es letztens so gelaufen: Den Nachmittag hatte ich auf deinem Balkon verbracht, bis mir ein Essensgeruch in die Nase strömte (Ge). Es roch nach Hühnchen. Daraufhin hat mich der Hunger gepackt (Ki), und ich bin aus dem Haus gegangen, allerdings noch ohne festes Ziel. Auf der Straße ist mir ein Italiener über den Weg gelaufen, der mich an meinen letzten Toskanaurlaub erinnert hat (Ve). Dort war ich mit deiner Freundin in einem tollen Chinarestaurant essen (Vi). »Zum Chinesen? Warum nicht?« habe ich mich gefragt, und schon war meine Wahl getroffen.

Kennst du die genaue Syntax deines Vorbildes, steht deinem Erfolg nichts mehr im Wege

Die Benennung der Syntax für den Erfolg verschafft eine genaue Einsicht in den Weg, den jemand zurückgelegt hat, bevor er ans Ziel kam. Es ist eine große Herausforderung, alle internen und externen Modalitäten eines ›Modells‹ herauszubekommen. Übe und analysiere dein Vorgehen erst einmal bei dir selbst. Das hat auch den Vorteil, daß du nichts überstürzt und dir deines Musters bewußt wirst. Das erleichtert es dir, in einer späteren Phase bei deinem Vorbild dasselbe zu machen. Es kostet sicher etwas Zeit und Mühe, aber du hattest doch wohl nicht erwartet, ganz ohne Widerstand erfolgreich zu sein?

Modellieren im Alltag.

Wir modellieren ständig, ohne uns dessen bewußt zu sein

Wir modellieren ständig, ohne uns dessen bewußt zu werden. Ganz alltäglich: Frauen gehen im Minirock, denn die

Modemagazine haben diesen Trend aus Paris verbreitet. Und auch ganz spektakulär: In Südafrika wurde ein kleines Kind zwei Jahre lang von einem Hundepärchen aufgezogen. Als es gefunden wurde, lief das Kind auf Händen und Füßen wie ein Hund, es bellte, knurrte und aß wie ein Hund. Das Kind kannte es nicht anders, es hatte die Vierbeiner modelliert.

Das Rad immer wieder neu zu erfinden kostet Zeit und ist mühsam – also: modelliere, spare Zeit und genieße deine Ergebnisse

Das Modellieren ist weder rätselhaft noch besonders kompliziert. Wir modellieren von Kindesbeinen an. Das NLP hat es jedoch zu einer bestimmten Technik ausgebaut, mit deren Hilfe du schneller an dein Ziel kommst. Du kannst natürlich das Rad immer wieder neu erfinden, aber das kostet Zeit, Anstrengung und viele Enttäuschungen. Es ist viel effektiver, das nachzumachen, was ein anderer sich ausgedacht und bereits umgesetzt hat. Die gewonnene Zeit kannst du nutzen für die Weiterentwicklung dessen, was du bereits modelliert hast.

Was soll modelliert werden?

Was machst du?
Zunächst einmal ist es wichtig, von sich selbst überzeugt zu sein. Du mußt wissen, daß du alles kannst, was ein anderer auch kann. Dann suche die Person, die deinen Traum bereits für sich in die Realität umgesetzt hat. Jetzt mußt du herausbekommen, wie der andere sein Gehirn gesteuert hat. Wie sieht seine Strategie aus? In welcher Reihenfolge ist er vorgegangen? Nun kannst du aktiv werden. So einfach ist das. Du brauchst nur ein wenig Geduld, um dein Ziel zu erreichen. Es ist der denkbar schnellste Weg zum Erfolg. Warum solltest du viele Jahre lernen und Rückschläge erdulden müssen?

Was macht der andere?
Bevor du einen Menschen modellierst, mußt du seine spezifischen Überzeugungen aufdecken. Überzeugungen,

durch die er sich ein effizientes Aktionsmuster aufgebaut hat. Welche Lebenserfahrungen hat er gemacht? Wie sieht, hört und fühlt er? Welches sind die Botschaften an sein Unterbewußtsein? Von dem Augenblick an, da wir uns dieselben Botschaften in der gleichen Reihenfolge vermitteln, werden wir sofort dieselben Resultate erzielen.

Du mußt nicht alle Eigenschaften deines Vorbildes modellieren. Du kannst selektieren

Sind alle Eigenschaften des anderen für mich wichtig?
Du kannst mich in meiner Eigenschaft als Sprecher in der Öffentlichkeit modellieren; das bedeutet jedoch nicht, daß du, wie ich, Vater von vier Kindern sein mußt. Es geht um *selektives Modellieren.* Du kopierst nur meine Redeweise. Du kannst natürlich auch mehrere Eigenschaften eines Menschen modellieren, wenn sie dich deinem Ziel näherbringen.

Wie wird modelliert?

Frage nach den Überzeugungen deines Vorbildes ...

1) Zuerst mußt du die *Überzeugungen* deines Vorbilds herausfinden. Das hört sich schwieriger an, als es ist; stell ihm die richtigen Fragen, und du hast vielleicht schon den Ansatz herausgefunden. Freilich kann dir niemand gleich die ganze Palette seiner Überzeugungen darlegen. Dazu mußt du tiefer bohren und nachfragen: »Wie haben Sie das alles erreicht?« – »Wie haben Sie angefangen?« – »Hatten Sie einen Traum, wie sah er aus?« – »Mit wem waren Sie in all den Jahren zusammen?« – »Wer hat Sie motiviert?« usw.

... und nach seinen Strategien ...

2) Bemühe dich um seine *Strategie.* Wie ist er vorgegangen, um sein Ziel zu erreichen? Jedes Rezept nennt dir die Zutaten, aber auch die Zubereitungsweise. Und das gilt nicht nur fürs Kuchenbacken, sondern auch fürs Modellieren. Die Zutaten sind in diesem Fall die Modalitäten und Submodalitäten. Die Zubereitung ist die Syntax.

Ein Schriftsteller beispielsweise wird sagen, daß er nur nach zwei Tassen Kaffee arbeiten kann, aber auch, daß er das fertige Buch – inklusive Umschlag – vom ersten Tage an vor sich sieht. Das motiviert ihn, sich jeden Tag hinzusetzen und weiterzuschreiben.

Erfrage nun seine Submodalitäten:

- Wie stellt er sich den Umschlag vor? Schwarzweiß oder in Farbe? Klein oder groß?
- Wie überzeugt er sich selbst davon, daß er aktiv werden muß? Wie ist seine Stimme im Kopf? Laut und deutlich oder flüsternd? Drängend oder nicht? Wie ist ihr Tonfall?
- Was hat er für ein Gefühl? Ein schweres oder ein leichtes? Ist er ruhig oder gehetzt? Wo empfindet er es?

Zum Schluß bittest du ihn darum, sich an den Augenblick zu erinnern, in dem er sich entschloß, das Buch zu schreiben. Er soll sich in dieselbe Stimmung wie damals bringen. Wenn er das geschafft hat, wird er dir jeden weiteren Schritt genau benennen können.

... wie spricht dein Vorbild, wie bewegt und ernährt es sich?

3) Zuletzt ist die *Körperhaltung* wichtig; dabei sind nicht nur die Gangart und Sprechweise von Interesse, sondern auch die Eßgewohnheiten. Wie verhält er sich, wenn er mit anderen Leuten spricht? Wie lange schläft er? Hält er seine Kondition in Schuß? Ich zum Beispiel ernähre mich ausschließlich von Obst, wenn ich ein Seminar halte. Zehn Minuten vor Beginn der Lesung beschleunige ich meine Bewegungen, so daß ich in eine visuelle Stimmung komme. Und so beginnt mein Vortrag auch: Ich spreche äußerst lebhaft und gestikuliere viel.

Viele Leute malen sich vorher schon allerlei Probleme aus und sagen: »Mein Vorbild wird mir doch sicherlich nichts über sich sagen.« Aber bedenke immer, deine Kommunikation hat nur ein Ziel: die Antwort zu bekommen, die du haben möchtest. Ich habe bisher erfahren, daß sich mir noch niemand verweigert hat. Schließlich lieben es die Erfolgreichen, von sich und ihrem Erfolg zu reden.

Perfektes Modellieren.

Ein halbes Jahr lang bin ich Anthony Robbins Tag und Nacht überallhin gefolgt. Auf diese Weise konnte ich tief in sein Wesen eindringen und ihn schließlich perfekt modellieren. Seine Körperhaltung ist besonders dynamisch und drückt die 100prozentige Vitalität aus.

Er hat keinen Wecker, steht aber, wenn er am Morgen erwacht, sofort auf. Daraufhin macht er einige Atemübungen, die ich übernommen habe: Fünfmal am Morgen, fünfmal am Mittag und fünfmal am Abend aktiviert er sein Lymphdrüsensystem, das für den Austausch der Zellen verantwortlich ist. Sogar seine Gangart habe ich mir angewöhnt: Jedesmal, wenn ich ans Podium trete, ziehe ich mein rechtes Bein ein wenig nach.

Das 100 prozentige Modellieren schafft die tiefsten freundschaftlichen Bande

Ob meine Augenstellung oder meine Handbewegungen: Ihm verdanke ich alles. Mehr und mehr verschmolz ich mit ihm und verschaffte mir so direkten Zugang zu seinem Wissen. Der Kontakt besteht bis heute, obwohl wir weder oft miteinander telefonieren noch uns regelmäßig schreiben. Das letzte Mal, als ich mit ihm zusammen war, fühlte er meine Anwesenheit im Seminarraum, noch bevor er mich gesehen hatte. Und ich spürte seine Ahnung und war mit ihm sofort auf einer Wellenlänge.

Ronald Trump war bis vor zehn Jahren einer der reichsten Männer der Erde. Er stammte aus einem sehr ärmlichen Elternhaus, wollte aber genauso vermögend und mächtig werden wie Nelson Rockefeller. Deshalb modellierte er den amerikanischen Magnaten bis in alle Einzelheiten: Er las zunächst dessen Biographie und versuchte dann, in seine Nähe zu kommen. Schließlich trat er eine Arbeitsstelle als Stift bei ihm an, so daß er ständig mit seinem Vorbild zusammensein konnte. Von da an war sein Erfolg vorprogrammiert, und schon bald hatte er seine erste Million beisammen.

Fünfzehn Jahre ging alles gut. Er war einer der erfolgreichsten Immobilienhändler in New York. Doch dann folgte der jähe Absturz. Er verlor den Großteil seines Vermögens sowie seine Frau von einem Tag auf den anderen. Er hatte Rockefeller nur insoweit modelliert, als es der Mehrung seines eigenen Vermögens dienlich war. Im Gegensatz zu Trump hatte der amerikanische Multimillionär nämlich nie vergessen, die Bedürftigen an seinem Reichtum teilhaben zu lassen. Er unterstützte zahlreiche karitative Einrichtungen, tat also Gutes mit seinem Geld. So war er vor Intrigen viel besser geschützt als Trump.

Ronald hat gut, aber nur 95 Prozent seines Vorbildes modelliert; er hat gelernt aus seinen Fehlern und wieder angefangen. Er bekam eine zweite Chance, so wie wir alle.

Beständigkeit zahlt sich aus.

Laß dich nicht so schnell entmutigen, bleib am Ball

Ganz am Anfang, bevor du jemanden modellieren möchtest, solltest du zunächst alle deine störenden Überzeugungen fallenlassen. Sonst wirst du schon vom ersten kleinen Rückschlag aus der Bahn geworfen. Im Laufe der Zeit haben sich diese schlechten Elemente tief in uns eingenistet. Sie kommen immer dann zum Vorschein, wenn wir an uns selbst zu zweifeln beginnen. Versuche dir bewußt zu werden, wodurch dein großartiges Denkvermögen, deine mannigfaltigen Wünsche und deine kühnsten Träume behindert werden. Räum alle Hindernisse aus dem Wege und umgib dich statt dessen mit positiven Anreizen.

Nur durch hartnäckiges Fragen bekommst du deine Informationen

Wenn du soweit bist, kannst du mit einer großen Dosis Selbstvertrauen beginnen zu modellieren. Du mußt dein Vorbild ausfragen, befragen, hinterfragen; so lange, bis du befriedigende Antworten erhalten hast. Nur durch Fragen erhältst du schließlich die Informationen, die du brauchst. Sich auf gut Glück zu informieren bringt nichts. Du mußt spezifische Fragen stellen, mit exakten Anhaltspunkten.

Dann wirst du mit vollständigen Antworten belohnt. Wenn du in einer fremden Stadt den Bahnhof suchst, fragst du ja auch nicht: »Wie komme ich ins Zentrum?«, nur weil sich dort meistens einer befindet. Nein, du fragst direkt und packst den Stier bei den Hörnern: »Wo ist der Bahnhof?«

Deine Überzeugungen sind die Plattform für jede deiner Fragen. Ungenau oder doppelsinnig gestellt, sind sie sinnlos. Erst wenn du mit konzentrierter und kongruenter Überzeugung fragst, spitzt dein Gegenüber die Ohren und strengt sich an, so konkret wie möglich zu antworten.

Frage dein Vorbild konzentriert und mit kongruenter Überzeugung

Frage, bis du bekommst, was du willst! Finde dich nicht mit einer unvollständigen Antwort oder einer Abweisung ab. Durchhalten ist die Parole! Hake nach, bis du das erhältst, was du dir vorgenommen hast. Fragen kostet nichts; nutze das Privileg, Fragender zu sein. Richard Bandler gestand einmal: »Ich empfinde es als großes Kompliment, wenn mir jemand über die Schulter guckt.« Jeder, den du unbedingt modellieren möchtest, fühlt sich wahrscheinlich geschmeichelt. Vielleicht reagiert er irgendwann auch einmal genervt. Du läßt dich davon aber nicht beeindrucken. Denn du bist ein Terrier und beißt dich fest.

»Go for it!«

KÖRPERSPRACHE

Haltung prägt Stimmung

Du brauchst dich nur aufzurichten, dich auszustrecken und hinaufzuschauen und schon fühlst du dich besser. Denn das ist die Haltung von jemandem, der selbstsicher ist und positive Signale ausstrahlt und aufnehmen kann. Unser Körper hat einen direkten Einfluß auf unser Wohlbefinden.

Richte dich auf, strecke die Arme zur Decke, spanne deinen Körper, hol tief Luft und schreie »Jaaa« – das ist die Haltung des Gewinners

Offenbar fällt es den meisten Menschen leichter, sich bei Ermüdung, Langeweile oder einem Rückschlag zu ducken und in dieser Stimmung zu verharren. Die Versuchung ist groß. Wer jedoch aufbegehrt, sein Kreuz durchdrückt und seinem Körper befiehlt, kräftig, glücklich und vermögend zu sein, wird sich gleich viel besser fühlen. Dies ist die schnellste und wirksamste Weise, seine Stimmung zu beeinflussen.

Stehst du rasch und ohne zu zögern auf und nimmst gleich eine erregte, begeisterte und dynamische Haltung an, so ist dein Geist vom ersten Moment an offen für neue Erfahrungen. Du befindest dich in einem Zustand, der nach Aktion verlangt: Sei es die Arbeit, der Feierabend in der Diskothek oder dein sportliches Hobby – Hauptsache, du machst etwas. Wenn du dich körperlich fit fühlst, bist du meist auch geistig wach. Umgekehrt kannst du mit Lachen und einer positiven Lebenseinstellung Krankheiten heilen.

Schau dir einen Menschen an, der unter Depressionen leidet. Sein Körper hat eine bestimmte Haltung: Die Schultern hängen tief herab, der Kopf ist schwer nach vorn gebeugt, der Körper geduckt, die Augen haben keinen Glanz, sind matt, und der Gesichtsausdruck ist sehr traurig. Du kannst sogar an seiner Kleidung und seinem Haar ablesen, daß er sich so fühlt. Er pflegt weder das eine noch das an-

dere. Der depressive Mensch kann dafür keine Energie aufbringen.

Bitte diese Person, für fünf Minuten ihre Arme auszustrekken, die Schultern nach hinten- und den Bauch einzuziehen und schließlich hinaufzuschauen. Nach und nach werden seine Augen wieder strahlen und das Lächeln auf sein Gesicht zurückkehren. Es ist vollkommen ausgeschlossen, daß sich diese Person nun noch in einer negativen Stimmung befindet. Die Ursache ist zwar nicht entfernt worden, und es gibt keine Garantie dafür, daß er nicht nach kurzer Zeit wieder derselben apathischen Stimmung verfällt. Trotzdem fühlt er sich in diesem physiologischen

Zustand viel besser und kann seine Dinge wieder in die Hand nehmen.

Der Feuerlauf.

Im Laufe meiner Seminare bitte ich die Leute für gewöhnlich, sich auszustrecken, die Augen zu schließen und eine stolze Körperhaltung einzunehmen. Ich erkenne dann auf einen Blick, wer ein *Mismatcher* ist und also nicht daran denkt mitzumachen. Viel wichtiger ist mir bei dieser Übung jedoch, daß alle, die mitspielen, sogleich eine vermögende Stimmung annehmen und auch fühlen. Sie stehen dem, was ich von nun an sage und mache, offen gegenüber. Zu Beginn des Seminars schauen die Teilnehmer noch ängstlich und argwöhnisch nach draußen, wo das Feuer hoch aufflackert. Erkundige ich mich nach dieser physiologischen Metamorphose über die Bereitschaft, den Feuerlauf zu wagen, melden sich die, die die Übung mitgemacht haben, meistens ohne zu zögern.

Voraussetzung für den Feuerlauf ist eine vermögende Stimmung

Voraussetzung für den Feuerlauf ist eine vermögende Stimmung. Deine interne Repräsentation muß auf ein vollkommenes Vertrauen eingestellt sein. Diese Stimmung erreichst du, indem du deinen Körper entsprechend anpaßt. Du wirst nie jemanden mit hängendem Kopf die glühenden Kohlen überqueren sehen. Täte er das, würde er sich garantiert seine Füße verbrennen. Das ist allerdings noch nie vorgekommen, denn jeder, der über das Feuer läuft, fühlt sich mit seiner stolzen Körperhaltung stark und vermögend. In dieser Stimmung bist du unverletzlich.

Gerade das, was du nicht wagst, solltest du tun

Der Feuerlauf ist eine Metapher, zum Beispiel, um Ängste zu überwinden. Gerade das, was du nicht wagst, mußt du tun; das ist eine der Voraussetzungen von NLP. Um dich innerlich stärker zu machen, veränderst du einfach deine Körperhaltung. Deine Stimme wird kräftig, dein Augenaufschlag ist nach oben gerichtet, du atmest tief durch, dein

Körper ist gerade und kraftvoll. Niemand kann es mit dir aufnehmen.

Fühle dich mächtig, dann bist du es auch

In dieser stolzen Pose forderst du von deinem Chef eine Gehaltserhöhung. Verweigert er diese, kein Problem: Du wirst ihm beweisen, daß du es wert bist. Du hältst eine Hochzeitsansprache. Stolperst du, kein Problem: Wer wagt das, was du machst? Du willst die Frau deiner Träume auf dich aufmerksam machen, aber sie hat kein Interesse an dir, kein Problem: Gibt es doch mehr Frauen als Kirchtürme im Land. Fühl dich mächtig, dann bist du es auch.

Nimm die Körperhaltung eines Radrennfahrers auf der Alpe d' Huez, der steilsten Etappe der Tour de France, als Vorbild. Glaubst du etwa, daß ein Rennfahrer, der seine Schmerzschwelle überschreitet, eine Rast in Erwägung zieht? Bist du verrückt? Er kämpft um jeden Meter und um jede Sekunde. Sein Körper gehorcht ihm wie eine Maschine. Würde er seinem Verstand folgen, müßte er sofort absteigen. Die Körperhaltung bestimmt seine interne Repräsentation, das Blickfeld und die Stimmung, die beidem folgt. Diese steuert den Grad seiner Einsatzbereitschaft.

Ein Lächeln wirkt wahre Wunder.

Bringe Freude in dein Leben, trage Freude in die Welt – lächle!

Achte mal ganz bewußt auf deinen Gesichtsausdruck! Und schau dir die Mimik von Passanten an. Du kannst in ihren Gesichtern ablesen, wie sie sich fühlen. Das Gleiche gilt auch für dich. Bist du imstande, ein Lächeln auf dein Gesicht zu zaubern, dann lachst du auch innerlich. Das wird dir guttun, denn die Biomechanik reagiert positiv auf solche Reize. Ziehst du hingegen trübsinnige Falten in dein Gesicht, wirst du gehemmt mit deiner Arbeit fortfahren.

Die Folge liegt auf der Hand: Ein Sprichwort sagt, daß die Augen ein Spiegel der Seele sind. Das stimmt jedoch nicht ganz. Deine Augen – genauer, deine Augäpfel – sind unveränderbar, abgesehen von den Pupillen. Sie sind zu einer Gefühlsäußerung nicht in der Lage. Lediglich viele kleine Muskeln in deinem Gesicht machen dein inneres Gefühl nach außen hin sichtbar. Mach ein lachendes Gesicht, schau hinauf und streck dich aus. Du kannst dich in diesem Moment nur noch glücklich fühlen.

Körperbewußtsein.

In den letzten Jahren ist sehr viel über die Wechselwirkung zwischen Körper und Seele herausgefunden worden. Mit deinem Körper pfleglich umzugehen, bedeutet demnach auch, deinen Geist in der richtigen Verfassung zu halten. Körperpflege, das ist nicht nur duschen und eincremen, sondern vor allem sich bewegen und vernünftig ernähren.

Viele Menschen besitzen keinerlei Verantwortungsgefühl ihrem Körper und somit sich selbst gegenüber. Obwohl sie um die schädlichen Folgen des Genusses von zuviel Alkohol und Zigaretten sowie den täglichen Hamburgern und Pommes frites zum Mittagessen wissen, verzichten sie nicht darauf. Würden sie es versuchen, könnten sie sehr schnell spüren, wie gut ihnen das tut. Ihr Leben bekäme einen neuen Glanz.

Körperpflege endet nicht im Badezimmmer; Körperpflege heißt auch, sich zu bewegen und sich vernünftig zu ernähren

Die Körpersprache verrät alles.

Hast du ein bestimmtes Resultat vor Augen und paßt du deine Körperhaltung diesem an, so wirst du es erreichen. Stimmt dein Äußeres, die Haltung, nicht mit deinem Inneren, dem Ziel, überein, so wirst du das Gewünschte nicht erreichen. Kongruenz nimmt man von außen wahr.

Du hast es sicher schon häufig erlebt, daß dir jemand etwas erzählt hat, und du glaubtest kein Wort. Dabei war die Geschichte perfekt und überzeugend. Was deinen Zweifel geweckt hat, war die Inkongruenz, die widersprüchliche Gestik deines Gegenübers. Vielleicht sagte er »ja« und schüttelte zugleich seinen Kopf. Oder er schaute zu Boden, als du eine kritische Zwischenfrage stelltest. Das alles sind ›doppelte‹ Botschaften.

Achte auf die Kongruenz von Körper und Geist

Wenn du dein Kind auf einen Fehler aufmerksam machst, ihm über das Haar streichelst und mit leichter Stimme säuselst: »Das darfst du nicht. Hör auf damit«, werden deine Worte nicht ankommen. Wenn du die gleichen Worte mit fester Stimme und strengem Blick sagst, wird das Kind verstehen, daß es sich in Zukunft anders verhalten muß.

»Können Sie das?« fragt jemand, der dir einen Auftrag erteilen möchte. »Können Sie das wirklich? Sind Sie sicher?« Du sagst »ja«, aber deine Haltung verrät, daß du in Wahrheit zwiegespalten bist. Dann wird sich der Auftraggeber gut überlegen, ob er nicht zu jemandem anderen geht. Er hat zwar deine Worte gehört, aber dein unsicheres Auftreten hat deine innere Zerrissenheit deutlich gemacht.

Körper und Geist spiegeln sich gegenseitig. Ändert sich der Körper, so ändert sich der Geist. Änderst du den Geist, so ändert sich der Körper. Du hast die Wahl, das eine oder das andere, damit aber letztlich beides zu ändern.

Tüchtige, lebensmutige und somit kongruente Menschen erkennst du an ihrem Auftreten

Wenn du bewußt darauf achtest, kannst du kongruente Menschen in deiner Umgebung erkennen. Sie geben ihrem Gehirn deutliche und klare Signale durch eine aufrechte Grundhaltung. Der zögernde und zweifelnde Typ verrät sich spätestens durch herabhängende Arme oder hektische Bewegungen. Tüchtige, lebensmutige und somit kongruente Menschen erkennst du an ihrem Auftreten.

Sieh sie dir genau an und modelliere ihre Körperhaltung. Laß deinen Körper zum Ausdruck bringen, daß du alles unter Kontrolle hast. Sprich, fühle, denke und bewege dich wie ein Gewinner. Dann bist du auch ein Gewinner!

DISSOZIIEREN

Einüben neuer Verhaltensmuster

Wenn du merkst, daß du dich in bestimmten Situationen nicht so verhältst, wie du eigentlich möchtest, dann solltest du das ändern. Nimm von deiner Reaktion auf bestimmte Ereignisse *aktiv* Abstand. Du kannst lernen, die Kluft, die zwischen deiner Einsicht und deinem Handeln besteht, zu überbrükken. Diese Technik heißt in der NLP-Sprache *Dissoziieren.*

Du kannst lernen, die Kluft, die zwischen deiner Einsicht und deinem Handeln besteht, zu überbrücken

Es ist möglich, auch in einer besonders kniffligen Situation alle hinderlichen Gefühle auszuradieren. Du gewöhnst dir deine Hemmungen in unangenehmen Momenten einfach ab. Das geschieht, indem du schlechte Assoziationen durch gute ersetzt.

Übung:
Richard Bandler und John Grinder haben einen Ablauf ausgearbeitet, der aus sechs Schritten besteht. Mit diesem Programm kannst du aus alten Verhaltensmustern ausbrechen und neue etablieren.

1. Definiere das Verhalten, das dich an dir stört und das du ändern möchtest.

Beschreib es so ausführlich wie möglich. Versuche, auch scheinbar unwichtige Einzelheiten mit einzubeziehen; sie sind manchmal der Schlüssel zum Erfolg. Es sollte ein möglichst deutlich erkennbares und immer wiederkehrendes Muster zu Tage treten.

2. Ein unbewußter Teil in dir verursacht dieses Verhalten. Bringe eine Auseinandersetzung mit diesem Teil in Gang, wobei du dich am besten durch Fragen und Antworten annäherst.

Das ist ganz einfach, indem du dich fragst: »Ist der Teil in mir, der dieses Fehlverhalten verursacht, zu einer Unterredung bereit?« Wenn er das ist, wirst du dir deines unerwünschten Verhaltensmusters noch stärker bewußt, du fühlst, wie es in deinem Körper nach oben kommt. Versuch es mal. Wenn es nicht sofort passiert, mußt du noch einmal, aber jetzt in leicht abgewandelter Form, nachfragen.

3. Trenne den Zweck deines Verhaltens von seiner Wirkung.

Zwei Beispiele: Der Zweck von Verlegenheit ist, dich vor einer Blamage zu schützen; die Wirkung ist freilich, daß du stotterst oder rot anläufst. Eifersucht hat den Zweck, dich vor Verlust zu schützen; die Wirkung ist oft, daß du deinem Partner weh tust und eben doch verlierst.

Sei dir stets bewußt, daß alle Teile in dir letztendlich auf dein Wohl aus sind. Wenn du einmal die gute Absicht in ihnen entdeckst, kannst du sie von ihren negativen Auswirkungen trennen. Auf diese Weise behältst du ihre Absicht im Gedächtnis, löst sie jedoch von ihrer Wirkung ab; aus der Einheit ist eine ›Zweiheit‹ geworden. Denn du hast das Negative als das für dich Positive entdeckt.

Verhalte dich gedanklich in einer vergleichbaren Situation anders, aber immer so, daß der Zweck erhalten bleibt.

Sei so kreativ wie möglich, wenn du die gute Absicht dieses Teils deiner Persönlichkeit an ein anderes und besseres Verhalten koppelst. Finde neue Wege zum Ziel, und wenn du einen gefunden hast, verbinde ihn mit der ursprünglichen Absicht. Mindestens drei neue, alternative Verhaltensmöglichkeiten sollten es schon sein.

4. Und jetzt fängst du an, ein neues Muster zu kreieren. Im Beispiel: Du bist verlegen, weil ein Teil in dir dich vor einer Blamage behüten möchte. Verlegenheit ist dein Verhalten, dessen gute Absicht ist das Behüten. Halte nun den Begriff ›Behüten‹ fest und verbinde ihn mit einer neuen Haltung, die Selbstbewußtsein ausstrahlt:

a. Ich lasse meine Stimme kraftvoll klingen.
b. Ich schaue den Leuten in die Augen.
c. Ich stehe und sitze aufrecht.

5. Dann bitte den Teil, der das Fehlverhalten verursacht hat, dein neues Muster zu akzeptieren.

Frag ihn, ob es genauso wirksam ist wie das alte. Bitte ihn dann, die Verantwortung für das alternative Verhaltensmuster zu tragen. Bitte darum am besten laut, deutlich und bewußt! Es erscheint dir vielleicht seltsam, verrückt oder was auch immer, Selbstgespräche zu führen. Sie haben sich aber in der Hypnose schon tausendfach bewährt.

Suche die Auseinandersetzung mit dem Teil in dir, der ein Fehlverhalten verursacht

6. Überprüfe, ob es wirkt.

Bleibe stets aufmerksam für Probleme, die sich mit der Kopplung von ursprünglichem Verhalten und neuen Verhaltensalternativen ergeben könnten. Sobald du Widersprüche bemerkst, hinterfrage das Muster wieder und wieder, bis du sie schließlich aufgedeckt und beseitigt hast.

Vielleicht kannst du dich daran erinnern, das alles früher schon einmal praktiziert zu haben; du nanntest es damals nur nicht *Dissoziieren.* Neuro-linguistische Programmierung ist kein völlig neues Verfahren. Vielmehr ist sie eine Methode, um bewußt mit deinen Möglichkeiten sehr effizient umzugehen. Das Dissoziieren ist dabei ein wichtiges Hilfsmittel. Du hast es schon oft und ohne es zu bemerken angewandt. Dein Gehirn folgt seinen Prinzipien ganz unbewußt.

Keine Angst vor großen Worten: Ein Six-Step-Reframe ist nicht schwierig, du hast es immer schon getan – nur unbewußt

Wenn man so ein ›Six-Step-Reframe‹ liest, kannst du denken: »Das ist mir zu schwierig« oder »So kompliziert, da brauche ich einen Therapeuten.« Aber wach auf, du hast es im Leben schon immer getan.

Zum Beispiel:
a) Du bist in einer Prüfung durchgefallen. Nachdem du diesen schweren Rückschlag verdaut hast, machst du dir klar, daß du nicht noch ein weiteres Jahr verlieren möchtest. Mit diesem Ziel gehst du an die Arbeit und schaffst mit Bravour die Wiederholungsprüfung.

b) Du hast etwas sehr Wertvolles aufgehoben, kannst es nicht mehr finden und ärgerst dich über den Verlust. Nach bestimmter Zeit triffst du die Entscheidung: »Ich höre auf mich zu ärgern, gehe an die Arbeit und verdiene das notwendige Geld, um es neu zu kaufen.«

c) Ein geliebter Mensch ist verstorben. Reue, Schmerzen, Verzweiflung, Trauer plagen dich. Warum mußte es passieren? Nach einiger Zeit aber versöhnst du dich mit dem Tod des geliebten Menschen. Und du sagst zu dir selbst: »Das Leben geht weiter.«

Dies sind alles ›Six-Step-Reframes‹. Nur benötigen sie einen langen Zeitraum. Doch wieviel Zeit möchtest du investieren: sechs Monate oder zwei Stunden?

Aktiv Ängste überwinden.

Aktivität ist grundsätzlich positiv zu bewerten, weil sie uns schließlich dahin bringt, wo wir sein möchten – an den

Platz unserer Träume. Passivität hingegen entfernt uns von unserer Zielsetzung und blockiert unser Vorhaben.

Aktivität bringt dich deinen Zielen näher, Passivität entfernt dich von ihnen

Gibt es eine Sache, von der du absolut überzeugt bist, daß du sie nicht kannst? Bestimmt. Ich litt früher an Höhenangst. Während einer Bergwanderung durch die belgischen Ardennen sagte der Gruppenführer: »Emile, du wirst in der Jägerhütte da oben Ausschau halten.« Zuerst schluckte ich, um dann mit weichen Knien hinaufzusteigen. Die ersten fünf Minuten waren furchtbar, ich hatte schreckliche Angst hinabzustürzen. Als ich aber nicht fiel, begann ich, mich etwas wohler zu fühlen. Nach einer halben Stunde hatte ich mich an die Höhenluft gewöhnt und wagte ein paar Bewegungen. Weitere dreißig Minuten später war mir gar nicht mehr schwindelig. Ich hatte mich an die Realität gewöhnt, konnte ruhig sitzen bleiben und genoß den Blick. Weg war die Höhenangst, es blieb die Freude an der Aussicht.

Werde aktiv und tue das, wovor du Angst hast

Genau dasjenige zu tun, wovor man große Angst hat, zerstört behindernde Überzeugungen bis auf den Grund. Statt dessen erfährst du, es wagen und noch davon profitieren zu können.

Der Blick zurück in die Vergangenheit.

Übung:
Sieh dir im Fotoalbum deine alten Bilder an. Versuche, dich in die früheren Zeiten zurückzuversetzen. Wie warst du vor fünf, zehn oder fünfzehn Jahren? Siehst du Unterschiede zu heute? Ja, bestimmt. Wie dachtest du damals über Politik, Ehe, Kinder, Gesundheit oder Umwelt? Du hast im Laufe deines Lebens sehr viele Gedanken und Meinungen geändert, aber auch viele behindernde Überzeugungen abgestreift. Vielleicht sind auch wieder einige dazugekommen. Wenn du dir dann vor Augen führst, wie du dich verändert hast, weißt du jetzt, wie du das gemacht hast.

Zurückzuschauen bedeutet, Fehler, die du früher gemacht hast, (wieder) zu entdecken. Du erkennst viele Fallstricke auf deinem Lebenspfad, schau sie dir an, und du kannst ihnen heute besser ausweichen. Eigentlich betreibst du schon unbewußt NLP. Aber diese Wissenschaft hebt alles auf eine bewußte Ebene. Du hast während der Jahre viel gelernt und etliche Fortschritte gemacht. Du hast alte Überzeugungen über Bord geworfen und neue angenommen. Wenn du dich jetzt mit dir früher vergleichst, solltest du das noch bewußter und schneller machen. Schau zurück und ziehe deine Lehren! Fehler gibt es nicht, es sind nur Resultate, die du nicht erwartet hast.

Zurückzuschauen bedeutet zu sehen, welche Fortschritte du gemacht hast

Der Blick in die Zukunft.

Übung:

Kennst du Grenouille, die Hauptfigur aus ›Das Parfüm‹ von Patrick Süsskind? Stell dir mal vor, du hättest dich in ihn verwandelt. Du wärest klein, dumm und häßlich, ganz so wie er. Igitt, was für ein Gnom! Ein Ekel in Taschenformat! Bah!

Wie wirst du in zehn Jahren sein, wie wirst du dich dann verhalten?

Stell dir nun vor, in fünf Jahren wärst du immer noch so. Wie würden dich die anderen anschauen? Was würden sie über dich sagen? Was für ein Gefühl weckt das in dir? Du bist Abschaum. Niemand möchte etwas mit dir zu tun haben. Du bist einsam, arm und hilfebedürftig – kein schönes Zukunftsbild. Nach zehn Jahren ist es nur noch schlimmer geworden, und nach fünfzehn Jahren setzt du deinem Leben vielleicht ein Ende, weil du auch noch Alkoholiker geworden bist. Spürst du die Abscheu vor dir selbst?

Was du erlebt hast, war zum Glück nur ein Alptraum. Wie aber sieht die Realität aus? Bist du ein bißchen geizig und mißgönnst anderen den Erfolg? Wie wirst du dann in fünf Jahren sein? Wahrscheinlich ein noch größerer Geizkragen und Neidhammel. Versetze dich mitsamt deinen schlechten Eigenschaften und negativen Überzeugungen in die ferne Zukunft. Dann spürst du die Abscheu vor dir selbst und daß deine Freunde dich allein gelassen haben.

Projiziere deine schlechten Eigenschaften in die Zukunft und ziehe deine Lehren

Wenn du das realisierst, ist das ein guter Grund dafür, sich diese schlechten Eigenschaften abzugewöhnen, sie zu *dissoziieren.* Ohne sie wird deine Zukunft angenehmer aussehen. Du wirst nicht länger durch deine Verlegenheit, deinen Egoismus, deine Unverantwortlichkeit oder Faulheit behindert. Oder gibt es noch etwas anderes, was dir an deinem Wesen nicht gefällt? Blicke einfach in die Zukunft. Sie wird eine Schmerzassoziation in dir hervorrufen, die dich dazu animiert, negative Überzeugungen zu bekämpfen. Vielleicht möchtest du gern anders aussehen oder gewandter sprechen können. Fang jetzt an, dich zu ändern!

Leben vom Tode her.

Übung:
Ich habe dich in einem vorigen Kapitel schon einmal gebeten, dich zwischen die Trauergäste bei deiner Beerdigung zu mischen. Lausche ihren Kommentaren. Was sagen sie über dein Benehmen, deinen Charakter und deine Erfolge? Gibt es Menschen, die dich so innig geliebt haben, daß sie jetzt sehr traurig sind? Oder mußt du zugeben, daß du ein paar fatale Fehler gemacht hast, die dir jetzt – da du nicht mehr da bist – vorgeworfen werden?

Es tut dir leid. Aber viel schlimmer ist es, daß die anderen noch immer darunter zu leiden haben. Und das schlimmste ist, daß du nichts mehr ändern kannst.

Dieses Bedauern schon heute zu erleben bedeutet, daß du die Ursachen noch ausräumen kannst. Sei einmal ganz ehrlich zu dir, und prognostiziere deine gegenwärtigen Schwächen in die Zukunft. Warum nicht dagegen angehen, solange du noch in der Lage dazu bist?

Wenn man jung ist, ist man flexibel und kreativ. Man kann sich leicht ändern. Ist man aber alt, dann fällt es einem schwer sich zu verändern, es tut weh.
Darum mach es jetzt.

Die gute Fee.

Übung:
Was würdest du antworten, wenn dich die gute Fee aus dem Märchen nach deinem größten Wunsch fragen würde? Und was hält dich eigentlich davon ab, auch ohne gute Fee das zu tun, was du am liebsten tun möchtest? Jeder Mensch hat ein Traumziel im Leben. Das braucht kein hochgestecktes Ideal oder langgehegter Wunsch, es kann ganz alltäglich sein. Was hindert dich also daran, das Ziel zu erreichen?

Jeder hat seine eigene Vorstellung. Vielleicht möchtest du viel Geld verdienen, bist aber der Überzeugung, daß Materielles keinen großen Wert hat. Du wünscht dir eine harmonische Beziehung, möchtest aber gleichzeitig eine Geliebte haben. Du willst in einem eigenen Haus wohnen, hast aber gleichzeitig die Überzeugung: Eigentum bereitet nur Sorgen. Durch alle diese Thesen vergewaltigst du den Wunsch nach der Erfüllung deines Traums. Und der Traum wird niemals Wahrheit. Wenn du also festgestellt hast, welche negativen Überzeugungen dich vom Ideal abhalten, verändere sie JETZT.

Das Mehrheitsprinzip hilft.

Was Millionen von Menschen können, kannst du auch

Was andere können, kannst du auch. Die Mehrheit der Menschen steht morgens um sieben Uhr auf und beginnt mit ihrem Tagwerk. Du kannst das auch. Tausende Menschen sind schon über das Feuer gelaufen, also kannst du das auch. Millionen Menschen haben die Strategie ihres Lebens verändert. Du kannst das auch. Massen von Menschen haben aufgehört zu rauchen, also kannst du es auch. Wenn du die behindernde Überzeugung hast, daß du etwas nicht kannst (»Ich habe kein Sprachtalent, deshalb lerne ich keine fremde Sprache«), schau dir einmal genau die an, die es trotzdem gemacht haben. Du wirst die Sprache lernen können, denn andere haben es auch geschafft. Die anderen sind genauso wie du. Sie haben dieselben Möglichkeiten und Schwächen – und sie haben es geschafft.

Du kannst es auch schaffen.

Die Verpflichtung, den Preis zu zahlen.

Ohne deine Bereitschaft, den Preis zu zahlen, wirst du dein Ziel nicht erreichen

Etwas unbedingt zu wollen, ist das eine, den Preis dafür zu zahlen, das andere. Etwas anzustreben, bedeutet selbstverständlich, auf die eine oder andere Weise etwas investieren zu müssen: sei es Geld, sei es Zeit oder Arbeit. Willst du deinen Plan verwirklichen, mußt du dich auch verpflichten, den Preis zu zahlen. Diese Verpflichtung wird dich animieren weiterzumachen.

Übung:
Setze eine Anzeige mit vollem Namen und Adresse in die Zeitung, daß du mit dem Rauchen aufhörst.

Schicke einem ›Freund‹, der dir deinen Erfolg nicht gönnt, einen Brief. In ihm verpflichtest du dich dazu, innerhalb von zwei Jahren über eine Million Mark zu verfügen.

Schreib deinen Kunden, daß von jetzt an deine Firma sich verpflichtet, das Telefon spätestens nach dem dritten Klingelzeichen freundlich anzunehmen.

Schlag dem Supermarktleiter vor: »Hänge ein Schild über die Kasse und schreibe darauf ›Wenn Sie nicht innerhalb von zwei Minuten an der Reihe sind, erhalten Sie die Waren gratis.‹«

Schreib deiner Ehefrau einen Brief, in dem du dich verpflichtest, an jedem Montag und Donnerstag zu einem ganz bestimmten Zeitpunkt zu Hause zu sein.

Oder laß dir etwas anderes einfallen, um dich selbst unter positiven Druck zu setzen, bis du den Erfolg errungen hast.

NEUBEWERTEN

Der positive Weg

Positives Denken heißt: Erkenne in jedem Ereignis die positive Seite. ›*Neubewerten*‹ ist ein noch stärkerer Begriff: Er bedeutet, daß du immer im positiven Sinn konstruktiv denkst, ohne dir dessen bewußt zu sein.

Ein Beispiel: Es regnet in Strömen, und du wolltest eigentlich einen Ausflug machen. Anstatt jetzt in eine schlechte Stimmung zu verfallen, nutzt du den Tag zu etwas anderem: Du kochst dir heißen Tee, setzt dich ans Fenster und schaust dem Regen zu. Du denkst: »Wie schön, endlich bekommen die durstigen Pflanzen wieder Wasser« und: »Wie gemütlich es hier drinnen doch ist.«

Wenn du das Prinzip ›*Neubewerten*‹ einmal verinnerlicht hast, gibt es keine Probleme mehr, sondern nur noch Herausforderungen. Wie von selbst verändert sich deine innere Einstellung. Gib deinen Lebensumständen einfach eine neue Bedeutung!

Niemand kommt gerne in einen Stau. Du sitzt ein, zwei Stunden passiv im Auto und verpaßt einen wichtigen Termin. Dem ersten Ausbruch von Frust und Verärgerung folgt gewöhnlich eine negative Grundstimmung, der du für den Rest des Tages ausgeliefert bleibst. Am Abend bist du unzufrieden mit dir. Hättest du aber die Tatsache, daß du im Stau stehst, neu bewertet und dich dementsprechend verhalten (du kannst zum Beispiel Atemübungen machen, Leute beobachten, jemanden anrufen, dich entspannen oder Musik hören), wärst du dadurch in einer vermögenden Stimmung geblieben.

Es kommt auf den Bezugsrahmen an.

Neubewerten bedeutet: ein unangenehmes Ereignis bzw. einen unangenehmen Zustand positiv zu etikettieren oder ein Erlebnis oder eine Erfahrung in einen anderen Zusammenhang zu setzen. Wenn dir etwas Unangenehmes zustößt, kannst du sagen: »Was bin ich doch für ein Dummkopf! Klar, daß MIR so was passieren muß!« Das wird dich in eine bemitleidenswerte und negative Stimmung bringen. Du kannst auch sagen: »Ich bin froh, das mir das widerfahren ist. Jetzt weiß ich genau, was ich zu tun und zu lassen habe. Ich habe wieder etwas gelernt.«

Überwinde deinen Gram – stelle einen anderen Bezugsrahmen auf

Finde eine Möglichkeit, deinen Gram zu überwinden, indem du einen anderen Bezugsrahmen herstellst. Ein Beispiel: Du fühlst dich tolpatschig. Denke einfach an Charlie Chaplin, seine Tolpatschigkeit hat Millionen zum Lachen gebracht. Neuzubewerten heißt in diesem Fall, daß du wegen der Tolpatschigkeit eines anderen lachen mußt. Die Verbindung zu Charlie Chaplin versetzt dich in eine bessere Stimmung, denn du verwendest den *positiven Anker* des Lachens.

Die Werbung setzt die Technik des Neubewertens ganz bewußt ein. Ich habe noch nie einen Fernsehspot von Becks oder Diebels Bier gesehen, in dem alte, unrasierte Männer rülpsend an der Theke hängen. Es werden immer junge, schöne Menschen in geselliger Atmosphäre gezeigt. Das Trinken von Alkohol wird in einen Bezugsrahmen gerückt, in den sich möglichst viele Zuschauer hineinwünschen.

Ich verlange für meine Seminare 600 Mark pro Person. Manch einer findet das zuviel. Dann frage ich ihn: »Was ist es dir denn wert, Techniken zu erlernen, mit denen du deine Lebensqualität entscheidend verbessern kannst?« Durch diese Frage bewerte ich den Preis neu und rücke ihn in ein neues Licht. Der Fokus des Interessierten wird auf den Nutzen gerichtet. Sein Gehirn kann jetzt nur noch eine positive Antwort geben, denn ich habe sein Blickfeld auf die Qualität seines Lebens gelenkt.

Was ist wichtiger: Geld oder Lebensqualität?

Was, denkst du, findet er wichtiger: Geld oder Lebensqualität? Schau, was ich biete:

Seminaranfang: zehn Uhr morgens; Seminarende: am nächsten Tag um vier Uhr morgens. Das sind 18 Stunden nonstop. Vielleicht wirst du schon müde bei dem Gedanken daran. Wie lange ist es her, daß du 18 Stunden konzentriert an einem Stück gelernt hast?

Das Kostbarste, über das wir verfügen, ist Zeit. Du nutzt in meinem Seminar 75 Prozent eines vollen Tages in deinem Leben für dich selbst. Das sind mal gerade 33 Mark pro Stunde. Bist du dir das wert? Was nimmt der Psychologe für eine Stunde?

Wie wirst du jetzt die 600 Mark bewerten?

Schau auf die schönen Seiten des Lebens und genieße es in vollen Zügen

Das ganze Buch hindurch werden ständig Situationen neu bewertet, so daß unangenehme Themen in ein besseres Licht gerückt werden. Auch du kannst die Technik im Alltag einfach anwenden: Sieh dir zuerst die schöne Seite der Medaille an. Machst du das konsequent, bewertest du automatisch neu und bleibst in einer guten Stimmung. Das beeinflußt dein Verhalten positiv, wodurch der Weg in Richtung Ziel frei wird.

In deinem neuen Bezugsrahmen bekommt alles eine andere Bedeutung. Du hörst, siehst, fühlst, riechst und schmeckst

Deine Realität ist das, was du wahrnimmst, und die Interpretation einer Erfahrung ist deine Wahrheit

im positiven Sinn. Deine Realität ist das, was du wahrnimmst, und die Interpretation einer Erfahrung ist deine Wahrheit. Du bewertest deine Erfahrungen auf der Basis einer früheren Wahrnehmung. Das macht es leichter, einem Ereignis einen Platz im Gedächtnis zuzuweisen. Durch das Neubewerten geben wir allem einen neuen Platz und eine neue Bedeutung, und zwar so, daß wir in eine gute und vermögende Stimmung kommen.

»Die Karte ist nicht die Landschaft.«

Wir sehen die Welt nicht so, wie sie ist. Sie erscheint uns so, wie wir sie uns vorstellen möchten

In NLP wird oft gesagt: »The map is not the territory« oder: »Die Karte ist nicht die Landschaft.« Die Straßenkarte ist lediglich die Abbildung eines bestimmten Gebietes auf dem Papier. Die Wirklichkeit sieht völlig anders aus. Sie ist größer, hat Wälder, ein Relief, Hügel, Täler, Seen und Flüsse. Unser Plan bestimmt, wie wir die Welt wahrnehmen. Wir sehen die Welt nicht so, wie sie ist. Sie erscheint uns so, wie wir sie uns vorstellen möchten. Ein anderer sieht sie ganz anders. Deine Ansichten werden durch deine Karte bestimmt, den Ansichten eines anderen liegt wiederum eine andere Karte zugrunde.

Wenn dich jemand beschimpft, wird dich das wahrscheinlich schmerzen. Menschen verletzen andere Menschen jedoch häufig ohne böse Absicht. Du hast immer zwei Möglichkeiten, so eine Verletzung zu verarbeiten. Entweder du bist beleidigt, oder du bewertest die Bemerkung neu und mißt ihr eine positive Bedeutung zu. Wenn du deinen Blick leicht wandelst, dann überwiegt die Freude darüber, daß jemand ehrlich ist und kein Blatt vor den Mund nimmt. Jetzt weißt du, woran du bist. Oder du sagst: »Er sagt es vielleicht grob, aber er hat in gewisser Hinsicht bestimmt recht. Da muß ich mich ändern.« Schließlich hast du etwas gelernt. Und das gibt ein gutes Gefühl. Hättest du dich für die Verletzung entschieden, bliebe dir nur das schlechte Gefühl. Wähle selbst!

Dein Freund verläßt dich wegen einer anderen. Das ist schlimm. Du hast nun die Wahl, dich mies zu fühlen oder neu zu bewerten: »Jetzt sehe ich endlich, weshalb wir nicht zueinander gepaßt haben. Unsere Werte unterschieden sich zu sehr.« Oder: »Obwohl er mit mir nicht glücklich werden konnte, hoffe ich von ganzem Herzen, daß er mit der anderen glücklich wird.« Oder du blickst auf den Freiraum, den du zurückerhalten hast, um deinem Leben neue Impulse zu geben. Oder du beginnst eine Romanze und freust dich über die Erfahrungen, die du gemacht hast. Oder ... Nun ist von einem positiven Lebensprozeß die Rede – die nächste Beziehung wird nicht lange auf sich warten lassen.

Die Probleme aus der Ferne betrachtet.

Übung:
Bestimmt gibt es in deinem Leben Dinge, die dir nicht gefallen. Denk mal in Ruhe darüber nach und schreib sie auf. Alle Lebensbereiche sollten vertreten sein.

»Ich bin dick« kannst du durch den Zusatz: » – verglichen mit Twiggy« relativieren oder mit der Feststellung: »Dicke Menschen sind gesellig« gänzlich neu bewerten.

»Ich weiß nicht, was ich will« reicherst du um die Erkenntnis an: »Schön, daß ich mir dessen nun bewußt bin. Nun kann ich aufspüren, woher das kommt und danach feststellen, was ich wirklich möchte.«

Du kannst allem einen neuen Bezugsrahmen geben. Dieser neue Rahmen bringt dich von selbst und unmittelbar in eine vermögende Stimmung. Die wiederum ist Voraussetzung für dein positives Handeln.

Der neue Bezugsrahmen bringt dich in eine vermögende Stimmung, die dich wiederum aktiv werden läßt

Du hast die Wahl, dich depressiv machen zu lassen durch eine unangenehme Lebenssituation. Eine Änderung des Bezugsrahmens jedoch würde dich von deiner Trauer befreien. Ein Beispiel: »Ich habe keine Selbstdisziplin, denn ich kann das Rauchen (Trinken, zuviel Essen ...) nicht lassen.« Neubewertet erscheint die Situation in einem anderen Licht: »Auch wenn ich mit einem Laster nicht aufhören kann, so bin ich noch lange kein Schwächling. Ich habe viele starke Seiten.« Das ist der erste Schritt, um das zu ändernde Verhalten neu zu betrachten.

Du bist der Zuschauer deiner eigenen Bühnenvorstellung

Wenn du etwas neu bewertest, nimmst du vom bisherigen Verhalten oder von deiner Lebenssituation Abstand. Die NLPler nennen das ›*Dissoziieren*‹. In deinem Geist entfernst du dich von deinen eingefahrenen Mustern und blickst als objektiver Beobachter zurück. Du bist Zuschauer deiner eigenen Bühnenvorstellung, kappst die emotionale Bindung zu deinem Verhalten und entwickelst völlig neue Assoziationen zu dem Thema. Du bist weit weg. Dadurch erlebst du alles anders. Es ist so, als sähe ich den Verkehrsunfall eines Unbekannten anstatt den meines Sohnes.

In verzwickten Situationen ist es oft besser, bestimmte Aspekte neu zu bewerten, bis du das Ganze in einen anderen Zusammenhang gerückt hast. Letztlich kannst du alle negativen Gefühle ausradieren. An ihre Stelle tritt eine gute Stimmung – die Voraussetzung für jegliche Aktivität.

Menschen sind immer stärker als das, was ihnen passiert.

Im Laufe eines Lebens ereignen sich oft viele schreckliche Geschehnisse; der Verlust von Partnern und Kindern, schwere Krankheiten, Konkursverfahren, Arbeitslosigkeit, Verbrechen und noch mehr. Der Schmerz kann unvorstellbar groß sein.

Übung:

Denk selbst einmal an das Schlimmste, was dir in deinem Leben passiert ist. Womöglich ist das etwas, von dem du damals dachtest: »Darüber werde ich nie und nimmer hinwegkommen.« Anfänglich hast du es unglaublich groß gemacht und gedacht, daß du daran zugrunde gehen würdest. Wenn du dich aber jetzt daran erinnerst, so kannst du feststellen: Du bist darüber hinweg. Du hast es verarbeitet. Du kannst wie vorher weiterleben, auch wenn du vielleicht noch jeden Tag daran denkst.

Letztendlich überlebst du alles und gehst als Sieger hervor

Letztlich bist du stärker als das, was dir widerfahren ist. Wir schreiten und wachsen immer weiter. In dem Maße, in dem wir größer werden, wird das Erlebnis kleiner. »Du wirst lernen, damit zu leben«, gibt diese Tatsache nur unzureichend wieder – es ist noch mehr. Letztendlich überlebst du alles und gehst als Sieger hervor. Darum geht es.

Selbst die schlimmsten Erlebnisse tragen in sich den Keim der Hoffnung.

Martin Grey, der Autor des ergreifenden Buches »Für all die Meinen«, wuchs im Judenghetto von Warschau auf. Er schmuggelte unter Lebensgefahr Brot ins Ghetto, um es dort zu verkaufen. Eines Tages sah er, wie die Nazis seine Mutter und seine Brüder verhafteten und zum Zug brachten. Martin zögerte keine Sekunde, stellte sich freiwillig den Besetzern und kam zusammen mit seiner Familie ins Konzentrationslager Treblinka.

Direkt nach der Ankunft mit dem Zug wurde er von seiner Mutter und den zwei jüngeren Brüdern getrennt. Er war der einzige, der arbeiten konnte. Seine Familie wurde gleich in die Gaskammer geführt. Als Martin das herausgefunden hatte, gab es für ihn nur noch ein Ziel: zu entkommen. Nach einigen Monaten ist ihm das gelungen. Nach dem Krieg emigrierte er in die USA, machte dort eine fabelhafte Karriere als Geschäftsmann. Er heiratete und bekam vier Kinder. Dann schlug das Schicksal noch einmal mit aller Härte zu. Seine geliebte Familie kam bei einem schrecklichen Feuer ums Leben. Er stellte sich die Frage: »Warum ich?« Plötzlich hörte er die Stimme seines Vaters in seinem Kopf: »Alles hat einen Sinn, mein Sohn. Erzähle anderen von deinem Leben, so daß sie davon lernen können.« Sein Buch brachte Millionen Menschen Trost.

Du kannst alles ertragen, solange du Hoffnung hast

Alles, was dir schlimm erscheint und dich unglücklich macht, enthält schon den Ansatz zur Besserung: eine neue Einsicht, mehr Selbstvertrauen oder mehr Rückgrat. Auch wenn du im Moment viele Probleme hast oder von Kummer geplagt wirst – wenn du überzeugt bist, daß sie einen Keim für eine bessere Zukunft in sich tragen, wird dir das helfen, das Jammertal schneller zu durchqueren.

Es ist eine wahre Kunst, dich in eine geistige Verfassung zu bringen, aus der ein produktives Verhalten hervorgeht. Es ist deine Wahl, Opfer oder Akteur in deinem Leben zu sein. Was du wählst ist egal, Hauptsache ist, daß du wählst. Entscheidest du dich für die Opferrolle, ist das in Ordnung. Besser ist freilich, du entscheidest dich dafür, die Zügel in der Hand zu behalten.

Jeder Mensch ist für sein Leben verantwortlich.

Die Überzeugung, daß alles, was mit dir geschieht, du selbst gewählt hast, ist nur schwer zu akzeptieren – zumal wenn dir etwas Schreckliches widerfahren ist. Du wirst von einem Betrunkenen auf dem Zebrastreifen angefahren. Wenn du im Krankenhaus aufwachst und dir sagst, daß du die Straße freiwillig überquert hast, wird dir dein Schicksal jedoch erträglicher.

Auch bei angenehmen Dingen wird der eigene Anteil daran oft heruntergespielt: »Du hast ein wunderschönes Haus!« – »Ach, ich habe es billig aufgetrieben.«
»Was siehst du gut aus!« – »Ach, kommt doch alles aus der Apotheke.«

»Deine Frau sieht gut aus.« – »Weißt du, was das gekostet hat?«

Es geht jedoch auch anders:
»Toll, daß es dir so gutgeht!« – »Danke, ich habe mich selbst dafür entschieden.«
»Du hast ein schönes Buch geschrieben!« – »Ja, danke für das Kompliment.«

Nur keine falsche Scham: Du darfst ruhig stolz sein auf deine hervorragenden Leistungen

Auch Joost Hartog konnte ich davon überzeugen. Er sieht nun seinen Unfall, durch den er querschnittsgelähmt wurde, mit ganz anderen Augen. Für ihn ist er zu einem ganz wichtigen Ereignis in seinem Leben geworden. Zuerst sah er nur seine Behinderung, doch allmählich beginnt er, die Vorteile zu erkennen. Er ist sich mehr denn je seiner geistigen Möglichkeiten bewußt – eine neue Art von Reichtum.

Zu meinen Seminaren für Heroinsüchtige lade ich Joost als Vorbild ein. Er erzählt seine Geschichte, während er im Rollstuhl sitzt. Er lacht, macht Witze, und so hilft er mir, den Fokus dieser Leute zu verändern. Sie sehen sich nicht mehr als Opfer, sie wissen nun, daß sie eine Wahl haben, sie selbst über ihr Leben bestimmen können. Bleiben sie weiterhin an der Nadel, ist es o.k.; gehen sie auf Entzug, ist es auch o.k. – es ist immer ihre eigene Entscheidung.

Wenn du erkennst, daß du für dein Leben selbst verantwortlich bist, dann kannst du auch mit Rückschlägen fertig werden.

Erfahrungen sind der Nährstoff für den Baum des Lebens.

Übung:
Betrachte dich als einen wunderschönen, stattlichen Baum, zum Beispiel eine Eiche oder eine Platane. Deine Wurzeln sind tief in die Erde gewachsen, so daß du nicht einmal

Dein Vorstellungsvermögen und deine Phantasie bestimmen, wie schnell dein geistiger Baum wächst und wie dicht das Blätterdach ist

mehr von einem Orkan entwurzelt werden kannst. Deine Äste und Zweige wiegen sich im Wind. Du bist beweglich. Jeder Ast, jeder Zweig und jedes Blatt steht für eine Erfahrung in deinem Leben. Neue Erfahrungsquellen bilden den Nährboden für dein weiteres Wachstum. Das ist ein immerwährender Prozeß, er setzt sich jeden Tag fort. Damit trägt jede neue Erfahrung – wie traurig oder schmerzhaft sie auch sein mag – zur Stärkung deiner Existenz bei. Dein Vorstellungsvermögen und deine Phantasie bestimmen, wie schnell dein geistiger Baum wächst und wie dicht das Blätterdach ist.

Ein Kind wächst so schnell, weil es – wie ein Schwamm – alle Erfahrungen ohne Hemmungen aufsaugt. Es hat für alles ein offenes Ohr. So erschließt es immer neue Quellen. Je älter das Kind wird, desto selektiver wird es neue Eindrücke festhalten. Dem Kind wird beigebracht, nur eine Sache gleichzeitig machen zu können. Wenn es das weiß, ist es kein Kind mehr, und der Lebensbaum droht zu verkrüppeln.

Dein Leben ist eine Entdeckungsreise. Öffne dich den Erfahrungen und erschließe dir die Quellen. Gib dem Kind in dir die Freiheit.

ANKERN

Glücksgefühl auf Knopfdruck

In jedem Sommer gibt es einen populären Hit, der im Radio rauf- und runtergespielt wird und dich bis in den Urlaub begleitet. Bist du wieder daheim und hörst das Lied im Auto oder in der Küche beim Kartoffelschälen, überkommt dich im Nu die Urlaubsstimmung.

Der Geruch einer Hartfaserplatte läßt dich vielleicht an ein Puppentheater zurückdenken, das du dir als Kind selbst gebaut hast. Pommes frites mit Mixed Pickles erinnern dich an einen Schulausflug nach Antwerpen. Durch Düfte, Bilder, Geschmäcker, Gefühle, Stimmen oder Geräusche können ganz bestimmte Erinnerungen geweckt werden.

Das sind alles Anker. Werbespots versuchen ständig, einen Anker bei dir festzumachen. »Bitte ein Bit« – wenn du häufiger diesen Satz mit einem Bier assoziierst, wirst du bei diesem Satz an ein kühles Bier denken müssen. Sofort bekommst du Lust auf ein ›Bit‹. Anker steuern deine Empfindungen, dauernd und unbemerkt. Wird ein Reiz erst mal ausgelöst, läuft die Reaktion automatisch ab.

Die Technik des Ankerns: Bestimmte Erinnerungen werden an ganz spezifische Sinneseindrücke gekoppelt

Wir können uns diese Erkenntnis zunutze machen. Wenn wir zum Beispiel eine vermögende Stimmung ankern möchten, ist einfach die positive Emotion, in der wir uns gerade befinden, mit einem bestimmten Sinneseindruck zu koppeln. Rufen wir diesen Sinneseindruck ab, dann wird die positive Emotion bei uns auch wieder ausgelöst.

Das Setzen eines Ankers.

Du kannst negative Anker zerstören und positive speichern. Wenn du verstanden hast, wie sie funktionieren, kannst du sie in der Praxis ohne Probleme anwenden. Ob du dich dieses phantastischen Kundendienstes in deinem Gehirn bedienen möchtest oder nicht, mußt du selbst entscheiden. Ich kann es nur empfehlen.

Ein Anker kann nur dann bei einer Person greifen, wenn sie sich völlig kongruent fühlt und ihr Körper mit einbezogen wird

Anker sind mächtige Instrumente. Jede Erfahrung lagert in deinem Gedächtnis. Anker steuern deinen Zugriff auf diese Gedächtnisinhalte. Wenn etwas einmal geankert ist, kannst du es immer wieder zurückrufen. Die meisten Anker sind vollkommen willkürlich gesetzt. So ist z.B. deine Exgattin, mit der du einen schlimmen Streit hattest, zu einem negativen Anker geworden. Begegnest du ihr oder siehst du deine Kontoauszüge mit den gesetzlichen Unterhaltszahlungen, die du Monat für Monat an sie zahlen mußt, gelangst du ganz automatisch wieder in eine streitsüchtige negative Stimmung. Du hast gar keine andere Wahl. Je intensiver die damalige Erfahrung, desto stärker ist die Reaktion heute.

Übung:

Du kannst dich selbst, aber auch andere ankern. Du brauchst überhaupt nicht zu denken dabei, es klappt ganz von selbst. Du setzt einen Anker und – zack – die gute Laune hält Einzug. Halte dich einfach an die folgenden beiden Schritte:

1. Zuerst solltest du den anderen (oder dich selbst) bewußt in die spezifische Stimmung bringen, die du ankern möchtest. Das kann jede beliebige Stimmung sein, sei es eine ekstatische, aufregende oder mutige. Laß die Person tief in die Erinnerung eintauchen und sich ihrer Modalität und der Submodalitäten bewußt werden. Der ganze Körper muß kongruent in die entsprechende Stimmung zurückkehren. Erst dann kannst du den zweiten Schritt ausführen.

2. Löse einen Reiz aus: Kneife oder drücke die Person an einer bestimmten Stelle und begleite das mit einem Wort oder einem anderen Geräusch.

So kannst du zum Beispiel Selbstvertrauen ankern. Bitte jemanden, sich selbstbewußt aufzurichten und ankere ihn durch einen Kniff in den Arm und ein ganz bestimmtes Wort. Daraufhin bittest du ihn zu atmen wie jemand, der ganz fest an sich glaubt. Kneife ihn noch mal in den Arm und wiederhole das Wort. Nun läßt du ihn selbstüberzeugt dreinschauen und setzt nochmals den Anker. Zu guter Letzt soll er mit einer Stimme voller Selbstvertrauen sprechen, worauf du ihn erneut ankerst.

Wie kannst du jetzt überprüfen, ob dein Anker funktioniert? Ganz einfach, versetze die Person in eine Stimmung, die ihr nicht gefällt. Kneife sie in den Arm und spreche das Wort aus (das ist das Ankerziehen). Ist die Person jetzt plötzlich voller Selbstvertrauen, hat es geklappt. Wenn nicht, beginne noch einmal von vorne. Beachte dabei die folgenden Punkte:

1. Ein Anker kann nur dann greifen, wenn die Person sich völlig kongruent fühlt und ihr Körper mit einbezogen wird. Herz und Verstand sollten eine Einheit bilden.

2. Gib den Reiz auf dem Höhepunkt der angestrebten Stimmung. Versetze dich in die Person hinein und beob-

achte sie gut. Dann merkst du, wann die höchste Intensität erreicht ist.

3. Wähle einen einzigartigen Reiz. Die besten sind V.A.K.-Reize, die also vom anderen gesehen, gehört und gefühlt werden. Ein unverwechselbarer Anker wird vom Unterbewußtsein sofort wiedererkannt. (Einfach die Hand zu geben ist kein Anker, die schwitzende Hand aber schon.)

4. Ein Anker wirkt nur, wenn er auf exakt dieselbe Weise gesetzt wird. Nur wenn er genau wie beim ersten Mal geworfen wird, löst er exakt dieselbe Reaktion aus.

Verschiedene Stimmungen ankern.

Wenn du die Kunst des Ankerns beherrschst, hast du eine einzigartige Macht über dich selbst und über andere

Durch Ankern kannst du effektiv Ängste überwinden und dein Verhalten ändern. Es ist eine kraftvolle Methode, um auf eine einfache Weise in eine vermögende Stimmung zu geraten. Erst in einer vermögenden Stimmung kannst du aktiv werden und Resultate erzielen. Ankern ist in NLP von zentraler Bedeutung. Wenn du diese Kunst beherrschst, hast du eine einzigartige Macht über dich selbst und über andere. Besonders in engen und dauerhaften Beziehungen kannst du diese Technik nutzen, da du deine Partner sehr gut kennst und öfter mit ihnen zusammen bist.

Übung:
Nun folgt eine sehr einfache Ankerübung.

1. Richte dich auf und denk an einen Augenblick voller Stolz, an die Komplimente, die du bekommen hast und an das Gefühl, das bei dir ausgelöst wurde. Versetze dich in dieses Gefühl hinein und spüre ihm noch einmal nach, in allen Details. Achte auf deine eigene stolze Haltung. Wenn du denkst, daß dein überwältigend stolzes Gefühl den Höhepunkt erreicht hat, ballst du eine Faust, schaust sie dir an und sagst voller Überzeugung und Kraft: »JA!«

2. Stell dich dann wieder genauso hin, und atme auf dieselbe Weise, in der du geatmet hast, als du in dieser großartigen, vermögenden Stimmung warst. Bist du soweit, dann balle dieselbe Faust, schau sie dir an und sag voller Hingabe, laut und vernehmlich: »JA!«

3. Nimm ein letztes Mal diese Haltung ein und sprich in dem Tonfall von jemandem, der genau weiß, was er will: »Ich weiß, daß ich es will, also kann ich es auch« (Oder andere Worte ähnlichen Inhalts). Mach eine Faust, schau sie dir an, und sag: »JA!«

Der Anker ist nun gelegt. Du kannst das überprüfen, indem du dich in eine neutrale Haltung zurückversetzt und eine Weile später denselben Reiz auslöst: Mach eine Faust, schau sie dir an und sag: »JA!« Übe das ein paarmal. Die Macht der Wiederholung sorgt dafür, daß der Anker immer stärker wird, wodurch du die gewünschte Reaktion verstärkst.

Du kannst auf diese Weise viele verschiedene Stimmungen ankern, ganz gleich ob du ausgelassen, entspannt oder unbeirrbar sein möchtest. Sitzt du in einer schwierigen Verhandlung, dann ankerst du Unbeirrbarkeit auf eine passende Weise, also mit einem möglichst unauffälligen Anker: Drücke zum Beispiel den Nagel deines Daumens auf die Tischplatte, sieh ihn an und rufe in Gedanken »JA!« Das funktioniert wirklich.

Vor schwierigen Verhandlungen, Bewerbungsgesprächen oder auch einem Rendezvous solltest du dich vorher entsprechend ankern

Übung:
Schreib eine Liste mit all den Stimmungen, die du als angenehm empfindest und über die du verfügen möchtest, wann immer du willst. Folge den obigen Anweisungen und nehme für jede Stimmung einen anderen Anker. Du wirst ein Meister deiner Gefühle.

Du kannst auch andere Menschen ankern, ohne daß sie das merken. Das einzige, was du tun mußt: Setze einen Anker auf der Höhe ihrer Stimmung:

- Wenn dein Freund richtig fröhlich ist, dann küsse ihn.
- Wenn dein Kind wirklich glücklich ist, dann klatsch in die Hände.
- Wenn dein Boß vollkommen zufrieden ist, dann schneuz dir die Nase.
- Wenn deine Freundin vergnügt ist, dann stell das Radio laut.

Besonders in Beziehungen ist das Ankern von unschätzbarem Vorteil

Wiederhole den Akt des Ankerns jedesmal, wenn der andere in einer vermögenden Stimmung ist. Hast du das lange und gründlich gemacht, dann genügt ein einziger Anker, um die erwünschte Stimmung hervorzurufen. Du kannst nun mit dieser Technik das Gehirn eines anderen positiv beeinflussen.

- Dein Freund ist traurig, küsse ihn, und er wird wieder fröhlich.
- Dein Kind ist quengelig, klatsch in die Hände, und es wird lachen.
- Bevor du deinen Boß um eine Gehaltserhöhung bittest, schneuz dir die Nase und du bekommst, worauf du ein Anrecht hast.
- Wenn du deine Freundin anrufst und sie ist sauer, stell das Radio an deiner Seite laut, und sie kommt auf dem Rad zu dir.

Negative Anker erzeugen Mißstimmungen.

Die Beerdigung von Freds Vater: Während der Beileidsbezeugung schütteln alle seine Hand und klopfen ihm noch einmal ermutigend auf seine Schulter. Ein Jahr später sitzt Fred in einer Bar. Er fühlt sich gut und hat vor, einmal richtig über die Stränge zu schlagen. Ein alter Bekannter kommt auf ihn zu und klopft ihm auf die Schulter: »Hey, Mann, wie geht es dir?« Fred zuckt zusammen und fühlt sich ganz plötzlich traurig. Er möchte nur noch nach Hause.

Anne hat eine schwierige Jugend hinter sich. Ihr Vater schrie bei jeder Gelegenheit. Wenn er sie mal wieder richtig zusammengestaucht hatte, griff sie zur Keksdose. Sie futterte das Gebäck nur so weg, bis die Dose leer war. Mit 19 Jahren wog sie 85 Kilogramm – verteilt auf 1,63 Meter. Dann zog sie endlich aus, mietete sich ein eigenes Zimmer, fand einen guten Job und nahm ab. Sie begegnet Winfried, einem tüchtigen Jungen, und ist während der ersten Jahre sehr glücklich mit ihm. Allerdings verstehen sie sich nicht immer. Als Anne ihn wieder einmal nicht versteht, fängt Winfried in seiner Verzweiflung an zu schreien. Anne bringt kein Wort mehr heraus und greift zur Keksdose ...

Manchmal wirken bei dir negative Anker, von denen du keine Ahnung hast – du bemerkst sie erst bei einer plötzlichen Mißstimmung

Bea und Klaus streiten oft und stehen sich dabei Auge in Auge gegenüber. Nach zwei Jahren kann ihr Klaus keinen Satz mehr ins Gesicht sagen. Seine Stimme ist erstickt. Sie lassen sich scheiden. Zwei Monate später ruft ihn Elisabeth an. Sie plaudern lebhaft, die Zeit vergeht wie im Flug. Nach zwei Stunden legen sie auf und verabreden, sich bald wiederzusehen. Klaus steht mit Rosen und Pralinen vor ihrer Tür. Sie macht auf, Klaus erblickt ihr Gesicht, und seine Stimme erstickt.

Entfernen von negativen Ankern.

Positive Anker zu setzen ist eine Seite, negative zu entfernen die andere. Das ist mindestens genauso wichtig, denn wer möchte sich unbewußt schlecht fühlen, bloß weil er die falsche Taste gedrückt hat?

Es gibt verschiedene Techniken, um negative Anker zu zerstören. Probiere es mit den folgenden Übungen, und du wirst sehen, es funktioniert.

Übung:
Nimm einen positiven Anker. Hol den besten, schönsten und stärksten aus dem Schrank und ruf dir dann eine der

angenehmsten und kräftigsten Erfahrungen aus deinem Leben zurück. Ankere sie mit allen dazugehörenden Gefühlen in deiner rechten Hand. Dabei sorgst du dafür, daß Geist und Körper buchstäblich miteinander verschmelzen.

Daraufhin wirst du dir der liebevollsten Erfahrung bewußt, die du jemals gemacht hast. Diese Erfahrung verbindest du ebenfalls mit deiner rechten Hand. Nun denkst du an einen der fröhlichsten Augenblicke in deinem Leben, ein Moment, über den du oft hast lachen müssen. Auch diesen Anker legst du in die rechte Hand.

Je besser du visualisieren kannst, desto gründlicher und schneller kannst du den negativen Anker zerstören

Du hast nun eine Sammlung mächtiger und kräftiger Gefühle in deiner Rechten. Sie haben eine bestimmte Farbe. Welche Farbe haben die Anker? Wie sind sie geformt? Welche Töne geben sie von sich? Finde heraus, wie sich die Anker anfühlen. Felsenfest, samtweich oder ganz anders? Benenne die Anker. Welchen Namen gibst du diesen prächtigen Gefühlen? Genieße sie und halte sie in deiner rechten Hand fest, die du ganz nah bei dir hältst.

Nun lenkst du deine Aufmerksamkeit zum negativen Anker, den du vernichten möchtest: Es ist ein Anker, der Schwierigkeiten verursacht, weil er dich böse, traurig oder gar depressiv werden läßt. Er kann dich auch sorgenvoll oder ängstlich machen. Verlege all diese Gefühle in deine linke Hand. Benenne sie und deponiere sie in deinen linken Handteller. Halt diesen so weit wie möglich von deinem Körper entfernt.

Welche Farbe hat der negative Anker? Vielleicht erkennst du sie nicht gleich, dann kannst du ihn mit einer Farbe versehen, von der du denkst, daß sie zu ihm gehört. Überprüfe auch Form, Gewicht und Oberfläche des negativen Ankers. Welche Musik erklingt? Hörst du sie schon?

Wenn du nun beide Hände voll hast – die eine mit negativen, die andere mit positiven Gefühlen –, integrierst du beide Anker. Du näherst deine Hände einander an und spielst mit den *Submodalitäten.* Du kannst mit der Farbe in deiner rechten Hand anfangen. Laß sie wie Öl auf deine linke Hand fließen. Dabei fühlst du dich vergnügt und munter und bringst ein paar Geräusche hervor, die zu deiner gutgelaunten Stimmung passen. Du läßt die Farbe so lange weiterfließen, bis die Farbe in deiner linken Hand die gleiche ist wie die in deiner rechten. Danach bringst du die Musik von der linken zur rechten Hand. Beachte, was die rechte Hand daraus macht. Mit Gefühl und Form wiederholst du das Spiel, und zwar so lange, bis die Submodalitäten in deiner rechten Hand die in deiner linken Hand ersetzt oder entfernt haben.

Schlußendlich legst du beide Hände plötzlich ineinander und achtest auf deren Farbe. Wenn alles stimmt, haben beide Hände zusammen die Farbe deiner Rechten. Nun schaust du auf den negativen Anker in deiner linken Hand. Er ist verschwunden. Sorg dafür, daß du entspannt und ruhig bist. Von dem Augenblick an, an dem du dich beim Betrachten der Linken neutral oder sogar gut fühlst, ist der negative Anker zerstört.

Das alles hört sich vielleicht nach Hokuspokus an, aber diese Technik wirkt. Unsere Erinnerung beruht auf das Speichern und Abrufen von bestimmten Signalen. Wenn diese sich ändern, halten wir das betreffende Ereignis auf eine andere Art und Weise im Gedächtnis fest. Innerhalb von drei Minuten kannst du fast alles, was du als unangenehm empfindest, neutralisieren oder zum Positiven ändern – die Technik des Ankerns macht es möglich.

Innerhalb weniger Minuten kannst du fast alles, was du als unangenehm empfindest, neutralisieren oder zum Positiven ändern

Wenn dich jemand nervt, steckst du dessen Gesicht in deine linke Hand und das Gesicht von jemandem, den du ganz nett findest, in deine rechte. Nun schaust du von links nach rechts und umgekehrt. Immer schneller, ohne zu überprüfen, wer nett ist und wer nicht. Nach einiger Zeit sind die negativen Gefühle dem Gesicht in deiner Linken gegenüber neutralisiert. Denn das gute Gefühl ist immer stärker als das schlechte.

Noch eine Übung:
Versetze dich in eine vermögende Stimmung, indem du an fröhliche und kraftvolle Augenblicke in deinem Leben zurückdenkst. Bring sie zusammen und gib dieser vermögenden Stimmung die deiner Meinung nach passende Farbe und Form, das dazugehörige Geräusch und Gefühl. Daraufhin denkst du dir einen Satz aus, der den vermögenden Charakter deiner Stimmung in Worte kleidet. Es sollte ein Satz sein, der dich noch weiter motiviert und inspiriert. Ein kraftvoller Satz, der dir ein Gefühl der Macht gibt. Wenn du das getan hast, gehe an etwas Unangenehmes, oder an etwas, das dich bedrückt, heran.

Versetze es in dein Gehirn und umgebe es mit dem positiven Gefühl. Fang es sozusagen mit deinem positiven Netz ein. Nimm dann die ausgewählte Farbe und blase sie über die des negativen, wodurch es gänzlich von dieser Farbe umhüllt wird. Daraufhin sagst du den Satz, der für dich Kraft und Macht bedeutet und den Ansatz für die vermögende Stimmung bildet. Du überlegst dir, was du empfindest, wenn du an das ursprünglich Unangenehme denkst. Ich wette hundert zu eins, daß es verschwunden ist.

Auch wenn du die Übungen zunächst idiotisch findest – mache sie, du wirst dich über den Erfolg riesig freuen

Probiere es und merke, daß es wirkt. Vielleicht kommt dir das Vorgehen etwas bizarr vor. Das ist es aber nicht. Beim ersten Mal findest du es noch idiotisch, einige Zeit später machst du es ganz automatisch. Du merkst bald, wie aufgeräumt und ›sauber‹ du dich fühlst, wenn du mit solch einfachen Mitteln den Ballast deines Geistes über Bord geworfen hast. Wenn du die Technik bei dir selbst beherrschst, kannst du sie bald auch bei anderen anwenden.

Ankern ist eine gewaltige Technik. Sie steht dir zur Verfügung. Ziehe einen Vorteil daraus! Warte keine Sekunde länger! Profitiere davon!

RAPPORT

Die Macht der Gleichartigkeit

Wir liegen auf einer Wellenlänge«, sagt dein Gegenüber und sieht dich strahlend an. Soeben habt ihr beide das gleiche im gleichen Moment sagen wollen. Es ist eine gegenseitige Sympathie entstanden. Oft geschieht das schon wenige Minuten nach dem Kennenlernen. Ein Engländer sagt dazu: »We are feathers of the same bird.« Dieses Gefühl ist international. Es entsteht spontan; du weißt nicht, weshalb. Dabei liegt der Auslöser auf der Hand: du bist im *Rapport* mit dem anderen.

Um erfolgreich Rapport zu machen, mußt du in die Modalität deines Gesprächspartners wechseln

Die Anzeichen für Rapport sind offensichtlich: Ihr habt den gleichen Gedanken, das gleiche Gefühl, ihr holt auf die gleiche Weise Luft und ihr habt dieselbe Körperhaltung angenommen. Auf diese Weise entsteht – ganz unbewußt – eine Intimität mit dem anderen, die du als ›dieselbe Wellenlänge‹ interpretierst. Meist wird der mentale Mechanismus des Rapports nicht erkannt. Wenn du ihn aber kennst und weißt, wie er funktioniert, kannst du ihn bewußt anwenden. Mit diesem Wissen kannst du viel leichter Kontakte knüpfen und dich in den anderen einfühlen als vorher.

Es stehen dir eine ganze Anzahl von verschiedenen Techniken zur Verfügung, mit denen du deine Beziehung zu fast allen Menschen verdichten kannst. Das einzige, was du tun mußt, ist: Wechsle von deiner *Modalität* zu der der anderen Person. Je schneller du das schaffst, desto schneller wird eine Beziehung des Vertrauens und der Sympathie aufgebaut. Der andere wird sich wohl fühlen in deiner Nähe. Das ist die beste Voraussetzung für eine gute Kommunikation.

Würdest du jemandem etwas abkaufen, der dir durch und durch unsympathisch erscheint? Könntest du jemandem einen Kuß geben, vor dem du dich ekelst? Sicher nicht! Hingegen wirst du jemanden, der dir ähnlich ist, auf Anhieb nett finden. Es ist eine hohe Kunst, wenn du den Prozeß des Annäherns beschleunigen kannst. Dein Erfolg in der Kommunikation wird steigen.

Im Alltag hast du es immer mit Menschen zu tun. Mit der Fähigkeit, Rapport zu machen, öffnest du ihre Herzen

Letztendlich steht bei fast allen Tätigkeiten des Alltags der Mensch im Mittelpunkt. Was immer du auch machst, du wirst immer mit Menschen zu tun haben. Wenn du nun die Fähigkeit besitzt, Rapport zu machen, kannst du viel eher Beziehungen knüpfen, die für die Erfüllung deines Traums wichtig sind. Du erhältst die Antwort, die du erhalten möchtest. Höflichkeitsfloskeln brauchst du bald nicht mehr. Finden dich die anderen auf Anhieb nett, und sind dir die anderen auch sympathisch, dann bekommst du schneller, was du willst. Der Rapport ist die Strickleiter zu den Höhen menschlicher Beziehungen. Beim Hinaufsteigen wird dir jetzt geholfen.

»Gleich und gleich gesellt sich gern.«

Sieh dich doch einmal um. Alle deine Freunde haben etwas mit dir gemeinsam. Du denkst normalerweise nicht groß darüber nach, aber euer Geschmack, euer Lebensstil, eure politische Überzeugung, eure Interessen und euer Gefühlsleben sind ähnlich. »Gleich zu gleich gesellt sich gern« sagt der Volksmund, und das stimmt auch.

Oft wird auch behauptet, Gegenpole ziehen einander an; besonders, wenn es um verwickelte Liebesbeziehungen geht. Das ist blanker Unsinn. Gegenpole stoßen sich ab, oder sagst du vielleicht: »Was für eine Mißgestalt. Ich habe herrlich mit ihm diskutieren können« oder: »Was für ein wunderbarer Mensch. Er ist immer vollkommen anderer Meinung als ich.« Natürlich nicht. Du bist froh und ausgeglichen bei jemandem, der genauso denkt und fühlt wie du selbst.

Stell dir mal vor, du gehst mit deinem Freund oder deiner Freundin Arm in Arm über die Straße. Wenn ihr eure Schritte asynchron setzt, fühlt ihr euch unbehaglich. Lauft ihr hingegen im gleichen Tempo mit derselben Schrittfrequenz, so stellt ihr Nähe zueinander her. Wenn Menschen sich ähnlich sehen, finden sie sich sympathisch. Der extrovertierte Spaßmacher kann nie ein enger Freund des introvertierten Miesmachers werden.

Rassismus und Gewalt entstehen, wenn kein Rapport hergestellt worden ist. Die Menschen sehen keine Gemeinsamkeit mit dem oder den anderen. Ohne Gemeinsamkeit fehlt die Grundlage für gegenseitigen Respekt. Gibt es aber eine Ähnlichkeit (wir kommen aus dem gleichen Dorf, haben denselben Glauben, denselben Arbeitgeber, sind beide Vegetarier, Gartenzwergfan und Internetsurfer usw.), so ist sie die Basis für Verständnis und Harmonie. Ich bin wie du, und du bist wie ich. Wie wundervoll!

Rassismus und Gewalt entstehen, wenn der Rapport verweigert wird

Deshalb gilt: Suche nach Übereinstimmungen und vergiß die Unterschiede! Wir sind alle Menschen. Das ist die Basisübereinstimmung.

Suche nach Übereinstimmungen und vergiß die Unterschiede

Ein Spiegelbild des anderen.

Rapport zu machen ist ganz leicht. Du brauchst ein waches Auge, etwas Einfühlungsvermögen und Selbstdisziplin. Und schon kannst du wahre Wunder vollbringen. Beachte dabei, was schon an anderen Stellen in diesem Buch betont wurde: Die Körperhaltung ist der wichtigste Informationsträger. Kommunikation besteht zu 7 Prozent aus Worten, zu 38 Prozent aus Intonation und zu 55 Prozent aus Gesten und Körpersprache.

Übung:

Mach einmal den Test. Lies ein paar Zeilen Text in gleichbleibender Tonlage und monotonem Rhythmus laut vor.

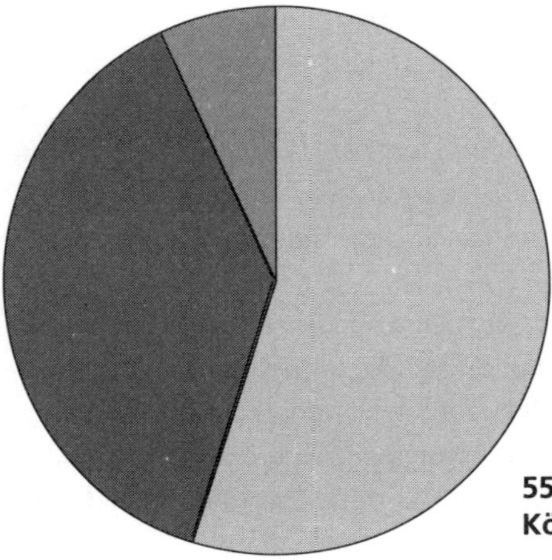

Sei dir dessen bewußt: der Körper ist DAS Medium für deine Kommunikation

Niemand wird dir lange zuhören wollen. Leg dann Betonung, Gefühl und Nachdruck hinein und unterstütze das Ganze durch Gebärden, Augenaufschläge und Mimik. Jetzt wird dem gelauscht, was du sagst.

Wenn ein Polizist bei einer Demonstration von Feministinnen ruft: »Los, Jungs, nach hinten!«, redet er zwar wirres Zeug, aber es gelingt ihm, die Menge in Bewegung zu setzen. Sein Tonfall und seine Handbewegung unterstützen seine Aufforderung nachdrücklich. Schau dir einmal Diktatoren an, wenn sie zum Volk sprechen. Mit ihrer Rede im lauten Stakkato, mit lebhaften Gebärden, einem geraden Rücken und einem strengen Blick (natürlich alles kongruent aufeinander abgestimmt) wird die Masse verführt.

Du induzierst ein Gefühl von Wärme und Vertrautheit bei deinem Gegenüber, indem du dich genauso verhältst wie er

Letztendlich liebt ein jeder sich selbst am meisten. Deine Persönlichkeit ist die Basis, um einen anderen zu lieben. Begegnest du jemandem, in dem du dich wiedererkennst, gibt dir das ein Gefühl der Wärme und Vertrautheit. Eben dieses Gefühl kannst du auch bei anderen hervorrufen, wenn du so sprichst und dich bewegst wie sie. Wenn du sie sozusagen *spiegelst*. Das funktioniert innerhalb von Minuten. Vollkommen Fremde werden dir auf einmal reges Interesse entgegenbringen. Ihr Unterbewußtsein hat gemeldet, daß du ihnen ähnlich bist.

Übung:

Du kannst das gleich einmal ausprobieren. Such dir eine geeignete Testperson aus. Beobachte sie möglichst unauffällig. Und nun spiegele so exakt wie möglich. Vor allem Atmung und Gang sind wichtig. Sogar Muskelspannung und Augenaufschlag kannst du kopieren. Dein Gehirn sendet die gleichen Signale an den Körper wie das der Testperson. Von einem bestimmten Zeitpunkt an kannst du sogar Gedanken lesen.

Beim Spiegeln fängt man immer mit dem Körper an: die Gangart, die Sitzposition, der Augenkontakt, markante Handbewegungen und die Armhaltung.

Beim Spiegeln fängt man immer mit dem Körper an. Dann kommt die Stimme, schließlich die Ernährung

Dann folgt die Stimme: die Tonhöhe, die Klangfarbe, die Sprechgeschwindigkeit und die Lautstärke; aber auch: der Akzent, der Dialekt, die Wortwahl und andere Auffälligkeiten, wie zum Beispiel leichtes Stottern.

Schließlich die Ernährung: Iß und trink und rauche das Gleiche! Du wirst staunen, was das bewirkt.

Vermutlich verstehst du jetzt, daß diese Technik für eine optimale Kommunikation von unschätzbarem Wert ist. Deine Chancen bei einem Vorstellungsgespräch steigen enorm. Auch deine Flirtversuche enden jetzt öfter erfolgreich, und als Verkäufer kannst du deine Kunden eher überzeugen.

Für eine optimale Kommunikation ist die Technik des Rapports von unschätzbarem Wert

Durch das Spiegeln der Körperhaltung gelangst du in dieselbe Modalität wie deine Zielperson. Deshalb ist es wichtig zu erkennen, ob du es mit einem visuellen, einem auditiven oder einem kinästhetischen Menschen zu tun hast. Dieselbe Modalität ist die Basis des Rapports.

Das Vertrauen wächst.

Während meiner Seminare mache ich oft folgenden Test: Ich bitte einen der Teilnehmer, auf einen anderen zu deuten, der ihm unsympathisch ist, was er meist auch ohne langes Zögern macht. Der Betroffene weiß in 99 von 100 Fällen schon vorher, daß es ihn treffen wird: Er kann mit dem, der auf ihn gezeigt hat, auch nichts anfangen. Mit anderen Worten: Ich finde dich doof, du findest mich doof. Zwischen diesen beiden gibt es offenbar überhaupt keine Übereinstimmung.

Nun stelle ich sie einander gegenüber. Zuerst lasse ich alle Anwesenden die äußerlichen Unterschiede aufzählen, die ihnen an den beiden auffallen: Peter trägt einen Schlips, einen ordentlichen Anzug, geht zügig, setzt sich aufrecht hin, artikuliert laut und deutlich, gestikuliert wild, atmet flach und behält seine Umgebung stets im Auge. Karsten

trägt ein offenes Hemd mit Kordhose. Er steckt ohne Sokken in seiner Apostelbereifung. Er läuft langsam, sitzt verkrampft, nuschelt in sich hinein, atmet langsam und blickt im Gespräch meist zu Boden.

Ich frage Karsten, ob er Peter etwas abkaufen würde. Karsten verneint murmelnd.
Frage: »Weshalb nicht?« – Antwort: »Der Typ ist mir zu schnell.«
Dann frage ich Peter, ob er Karsten ein Geheimnis preisgeben würde. Er schüttelt den Kopf.
Frage: »Warum nicht?« – Antwort: »Er macht keinen vertrauenerweckenden Eindruck auf mich.«

Dann bitte ich Peter, seinen Schlips abzunehmen, seine Jacke auszuziehen und sein Hemd zu öffnen. Er soll nun versuchen, Karsten zu spiegeln. Peter kauert sich nieder, schaut hinab, murmelt etwas Unverständliches und verlangsamt seine Atmung. Karstens Bewegungen werden von Peter genau nachgeahmt.

Von der Antipathie zur Sympathie – ein Weg von wenigen Minuten

Nach etwa drei Minuten bitte ich Karsten, Peter zu sagen, was er von ihm kaufen würde. »Eine Krawatte«, murmelt er. Ich frage Peter dann, ob er Karsten gegenüber offen ist, worauf er nickt. Peter spricht langsam, wohlüberlegt und ahmt Karstens Körperhaltung nach. Nach zwei Minuten frage ich Peter: »Vertraust du diesem Mann?« – Er nickt heftig.
»Würdest du ihm ein Geheimnis anvertrauen?« – »Ja, warum denn nicht?«
»Weil du ihm vielleicht mißtraust?« – »Nein, mitnichten.«

Bis hierhin sind nicht einmal sechs Minuten vergangen. Die gegenseitige mißtrauische Antipathie hat sich in eine gegenseitige Zuneigung voller Vertrauen verwandelt.

Was ist geschehen? Wegen mangelnder zusätzlicher Informationen konzentrierten sich beide auf die äußerlichen

Äußerliche Unterschiede verursachen Widerwillen und Mißtrauen

Unterschiede. Das verursachte Widerwillen und Mißtrauen. Als Peter Karsten spiegelte, erkannte dessen Unterbewußtsein die Gemeinsamkeiten mit ihm. Karsten faßte Vertrauen und kaufte die Krawatte.

Während eines anderen Seminars fiel mir zunächst die vollkommen unterschiedliche Körperhaltung zweier Frauen auf. Ich beobachtete, daß die eine wegen der hohen, grellen Stimme der anderen irritiert zu sein schien. Diese wiederum störte sich an der übergroßen Empfindlichkeit der anderen. Ich fragte, ob sie miteinander in Urlaub fahren würden. – Zweimal: »Nein.«

Ich bat die Frau mit der grellen Stimme, einmal wie Hildegard Knef zu sprechen und ruhig sitzen zu bleiben. Das kostete sie sichtbar Mühe. Deshalb versetzte ich sie in eine traurige Stimmung und brachte sie zum Weinen. Sie schluchzte ein bißchen. Ich fragte das sensible Mädchen, ob sie nicht die andere trösten möchte. Auch sie war den Tränen nahe, legte ihren Arm um deren Schulter und sprach ihr Mut zu.

Als sich beide wieder gefaßt hatten, fragte ich sie, ob sie vielleicht etwas gemeinsam hätten. Es zeigte sich, daß beide geschieden und wieder verheiratet waren. Beide hatten keine Kinder und machten Aerobic. Auf einmal konntest du förmlich sehen, wie ihre Sympathien füreinander wuchsen. Ich fragte, ob sie nun miteinander auf Reisen gehen würden. – Zweimal: »Ja.«

Die Macht des Rapports.

Wenn du jemanden spiegelst, weißt du, was er fühlt

Wenn du jemanden spiegelst, weißt du, was er fühlt. Das zu erleben, ist eine wunderbare Erfahrung. Beide fühlen sich wohl dabei – ein gutes Sprungbrett für eine fruchtbare Beziehung. Erfolgreiche Menschen können leicht auf andere Modalitäten umschalten, wenn sie das für richtig halten. Auf diese Weise stellen sie einen Rapport her und gewinnen eine gewisse Macht über die Beziehungen.

Im Rapport hast du alle Fäden in der Hand

Rapport zu machen heißt zunächst einmal zu folgen. Du folgst dem anderen in seiner Gestik und Mimik und stellst eine Vertrauensbasis her. Von diesem Augenblick an hast du die Fäden in der Hand, denn der andere wird sich – ohne, daß er es merkt – auch in dir spiegeln. Nun kannst du ihn viel eher in deine Richtung lenken und auf deine Seite ziehen als vorher.

Jeder Mensch hat eine persönliche Vorzugsmodalität, in der er sich am wohlsten fühlt. Bei allem, was du tust, verfolgst du eine bestimmte Strategie. Eine Modalität überwiegt immer. Wenn du dir von jemandem wünscht, genau das zu tun, was auch du tust, brauchst du dich nur in seine Vorzugsmodalität zu überführen.

Mancher mag empört einwenden: »Das ist Manipulation!« Doch das ist Unsinn, denn dieser Prozeß ist vor allem ein emotionales Bündnis. Du wirst eins mit dem anderen. Wenn du also versuchtest, den anderen zu manipulieren, so würdest du letztlich dich selbst manipulieren. Rapport zu machen zielt freilich in eine ganz andere Richtung: Es ist doch angenehm, sympathisch gefunden zu werden? Es ist doch schön, jemanden zufrieden und glücklich zu machen?

Und das alles gerade zur rechten Zeit. Wenn du einen Kredit brauchst, und du machst mit dem Bankangestellten Rapport, fühlt sich der Angestellte gut, sieht Perspektiven für die Bank und gleichzeitig steigen die Chancen, daß er »Ja« zu deinem Antrag sagt. Wenn du imstande bist, eine Atmosphäre des Vertrauens zu schaffen, dann hast du die Anleihe fast schon sicher, wenn du die Bank betrittst.

Deine kleine Tochter will partout nicht auf die Toilette gehen. Du legst nicht nur ihr, sondern auch dir selbst eine frische Windel an. Ist die Windel vom Kind naß, ziehst du

Rapport zu machen heißt, sich dem anderen anzupassen, sich auf eine Ebene mit ihm zu stellen und daraus eine feste Vertrauensbasis zu entwickeln

es aus und legst ihm eine neue an. Dann ziehst du deine Windel aus, setzt dich aufs Klo und machst dein Häufchen (natürlich nur, wenn du kannst!). Stolz zeigst du deiner Tochter das Ergebnis. Nun ist die Kleine an der Reihe. Der Erfolg ist sicher.

Rapport zu machen heißt, sich dem anderen anzupassen, sich auf eine Ebene mit ihm zu stellen und daraus eine feste Vertrauensbasis zu entwickeln. Hast du diese Technik einmal verinnerlicht, wirst du sie völlig selbstverständlich in allen möglichen Lebenssituationen anwenden. Bald schon ist sie dir in Fleisch und Blut übergegangen.

SCHLUSSWORT

Du bist geboren als Gewinner

Du stehst am Steuer und bestimmst deinen Kurs. Du mußt ständig auf den Kompaß schauen und deine Augen zum Horizont richten.

Du hörst beständig auf deine innere Stimme; sie ist dein Motor auf dem Weg zum Ziel. Du bestimmst selbst, wie du dich fühlst und verhältst. Du bist ein Gewinner, von Geburt an.

Sei ab jetzt der Meister deines Lebens!

Den ersten Schritt in dein neues Leben hast du schon gemacht, indem du dieses Buch gelesen hast – vielleicht sogar von vorne bis hinten! Das ist ein großartiger Anfang. Nun triff die Wahl, ob du das Buch zuschlägst und sagst: »Interessant, ich stelle es gleich zurück ins Regal« oder: »Tsjakkaa! Das ist es! So will ich weiterleben, bewußter und zugleich erfolgreicher!« Sei ab jetzt der Meister deines Lebens! Halte dein Ziel klar vor Augen, und leb deinen eigenen Traum! Du bist dein eigener Guru.

Schließlich möchte ich mich bei dir bedanken, denn du hast die Zeit und die Energie investiert, mein Buch zu lesen. Tu mir diesen einen Gefallen: Mach etwas daraus! Sei ein Schöpfer! Werde aktiv! Und schreibe mir, wie es ist, wenn du auf die Hügel des Erfolgs kletterst.

Nimm die Zügel deines Lebens in die eigene Hand! Sitze fest im Sattel, und sporne dich immer wieder neu an! Ich möchte von dir nur eine Staubwolke sehen und kurz danach einen kleinen Punkt am Horizont …

Lebe mit Leidenschaft. Lebe deine Träume.
Make your life a master piece.

BRIEFE AN EMILE RATELBAND

Kunden werden Freunde

A. F. Reich, Bahlsen

»Sehr geehrte Frau Ratelband,
sehr gern erinnern wir uns alle an die tolle Tagung in Berlin mit dem großartigen Auftritt von Emile Ratelband.
Für alle, die wir dabeisein durften, war es ein unvergeßliches Erlebnis. Nie hätten wir vorher geglaubt, daß sich eine so zierliche Frau wie Frau Schneider diese großen Schlangen um den Hals und auf den Bauch legen läßt, ohne Angst zu verspüren; ebenfalls unsere junge Kollegin, die sich diese schrecklichen Spinnen auf Arm und Gesicht legen ließ und von dem Sprung in die Glasscherben ganz zu schweigen.
Emile Ratelband hatte das erreicht, was er versprochen hatte. Wenn man etwas richtig will, dann kann man es auch! Tsjakkaa!!!«

Zetje Gurman, Zürich, Schweiz

»Lieber Emile,
nur ein kleines Briefchen. Dein Seminar war wunderbar und reizend! Es war erregend, Deine Präsentation mitzumachen. Ich und die Leute, die auch da waren, haben sehr viel gelernt.
Ich habe versucht, Dein Buch ›De Vuurloper‹ zu lesen, aber mein Niederländisch ist nicht so gut. Hoffentlich wird es mal ins Deutsche übersetzt.
Ab heute sage ich morgens nicht mehr ›Ich habe heute keine Lust‹. Nein, wenn ich in den Spiegel sehe, dann rufe ich mir zu: ›Ich liebe dich, ein neuer Tag! Tsjakkaa!!!‹«

Heinz Hollmann, Saas Fee, Schweiz

»Emile!
Reizend! Fabelhaft! Fantastisch!
Ich habe soviel Energie von Dir bekommen! Ich fühle mich wie neugeboren! Wie ist das möglich, dauerte das Seminar doch nur vier Stunden!
Ich habe mit meinen Verwandten und Freunden über dieses umwerfende Erlebnis gesprochen. Wenn Du wieder hier in die Gegend kommst, komme ich bestimmt wieder und bringe meine Freunde mit.
Ich danke Dir für alles, auch im Namen meiner Frau Ilse. Sie hat einen ganz neuen Ehemann bekommen.«

Wolfgang Lang, birkenbihl-media

»Lieber Herr Ratelband,
seit Ihrem Seminar in Den Haag habe ich ein neues Leitmotiv in meinem Leben: ›Auch das Unmögliche ist machbar, wenn ich wirklich daran glaube!‹ Ihr energiegeladenes Seminar und der Feuerlauf haben mir das bewiesen.
Wenn mich jemand vor diesem Tag gefragt hätte, ob ich es für machbar halte, selbst über rotglühende Kohlen barfuß zu gehen, ohne mir die Füße zu verbrennen, hätte ich ›nein‹ gesagt. Doch wie ich nach knapp drei Stunden Power-Seminar vor dieser glühend heißen Kohlenbahn stand, wußte ich genau, das schaffe ich. Ich komme gesund auf der anderen Seite an. Denn das scheinbar Unmachbare ist schaffbar, wenn man daran glaubt und es einfach tut!
Genau das tue ich jetzt seit zwei Monaten mit großem Erfolg. Mit meiner Firma expandiere ich massiv und führte ein neues Kundenbeziehungskonzept ein, das uns viel Lob und Erfolg brach-

te. Privat klärte ich einige lange vor mir hergeschobene Entscheidungen, die mich bedrückten. Es ist genau wie mit dem Feuerlauf, man muß es tun, nur wer den ersten Schritt aufs Feuer wagt, kann das Ziel erreichen. Das Selbstvertrauen und den Mut, das aus meiner Sicht Unmögliche zu schaffen, hat mir dieses Seminar gegeben.
Das Tolle ist auch, daß ich mich seit diesem Seminar wieder kraftvoller fühle. Ich brauche weniger Schlaf und habe Energie in Hülle und Fülle. Es ist wirklich ein tolles Gefühl, als hätte jemand meine Batterien wieder aufgeladen.
Ich danke Ihnen, Herr Ratelband, und wünsche Ihnen weiterhin viel Energie und Power. Ich hoffe, unsere Wege kreuzen sich bald wieder.«

Elisabeth Herder, Frankfurt

»Liebe Frau Ratelband, lieber Emile,
mein Gesamteindruck zu dem Nachmittag allgemein: Ein einmaliges Seminar, das mich bereits durch die Know-Yourself-Seite sehr positiv ansprach. Die lebendige und anschauliche Weise des Moderators Emile, eine kurzweilige, abwechslungsreiche und spannende Veranstaltung zu gestalten; individuell abgestimmt und für jeden, der aufgeschlossen ist, mit wertvollen und lehrreichen Inhalten, die auch im Alltag zur Anwendung kommen können.
Mein Gesamteindruck persönlich: Es war ein großartiges Erlebnis, diese Chance zu bekommen und wahrzunehmen. Begleitet von Angst und Vertrauen begab ich mich auf den Weg in eine Erfahrung und Situation, die mir absolut fremd, neu, faszinierend und herausfordernd war. Dank der Unterstützung und Begleitung von Emile, neben der Freiheit und der Möglichkeit, das An-

gebot abzulehnen oder anzunehmen, habe ich es geschafft, einen kaum für möglich gehaltenen Traum in die Realität umzusetzten. Das grandiose Gefühl danach und der Erfolg, es gewagt und geschafft zu haben, waren überwältigend.
Im anschließenden Alltag rückte die Empfindung in den Hintergrund, und der stille Stolz bekam seinen festen Platz. Geblieben ist eine sehr positive Erfahrung, die Erkenntnis persönlicher Widerstände und die Anleitung sie aufzulösen sowie die Möglichkeit, anders zu reagieren.
Ich hoffe dies auch in Zukunft gegenwärtig zu haben, abwandeln und wiederholen zu können und wünsche jedem, der offen dafür ist, die Chance und die Entscheidungshilfen auf dem Weg zum Erfolg, die ich bei Emiles Training erfahren habe. Herzlichen Dank!«

Eismann

»Die Präsentation von Emile war fabelhaft. Wir verkaufen nun mit noch mehr Wärme unsere Tiefkühlwaren.«

Schöller-Mövenpick Eis

»Wir haben unser Ziel erreicht. Danke.«

Florimex worldwide

»Emile, mein Kompliment! Nichts als positive Nachrichten von den Generalmanagern für Ihre Präsentation am Freitag, 21.6.1996.«

IBM

»An einem Nachmittag 2750 Mitarbeiter so zu begeistern, das ist ein großer Erfolg, das ist Gold.«

Martha Baumgartner, Bregenz, Österreich

»Ich habe eine kurze Präsentation mitgemacht und darf Ihnen wohl sagen, daß Sie meine Augen geöffnet haben und daß mein Leben sich positiv geändert hat.«

H. J. Nickenich und G. Müller, Siemens-Nixdorf

»Unter Ihrer Leitung haben wir gelernt, daß durch NLP alles möglich ist. Wenn man an sein eigenes Produkt, sein Team, seine Kunden und sich selber glaubt, wird ungeahnte Energie freigesetzt.«

R. Sybrandy, Readymix

Anfänglich war unser Vorstand gegen Dein Seminar, denn schließlich ist Readymix schon außerordentlich erfolgreich und warum sollten wir Dich dann um Hilfe bitten?
Während des Seminars jedoch änderte sich die Einstellung. Wir fingen an zu verstehen, warum Readymix so erfolgreich ist. Denn das hat zu tun mit der Leidenschaft und nicht nur mit dem Verstand, wie wir bisher gedacht hatten.
Wir danken Dir dafür und verstehen jetzt, daß dieser Schritt notwendig war, um Readymix und uns selbst noch erfolgreicher zu machen.

Danke, Emile, für diese Einsicht!

DIE NLP-FACHBEGRIFFE

Anker
Ein Anker ist ein ganz spezifischer Stimulus, der, wenn er ausgelöst wird (ankern), eine bestimmte Reaktion hervorruft.

Auditiv (A)
Begriff innerhalb der NLP-Wahrnehmungslehre, der alle internen und externen (analogen) Geräusche und (digitalen) Stimmen umfaßt.

Blickfeld oder Fokus
Blickfeld oder Fokus meint einerseits die Fähigkeit, sich auf eine Sache konzentrieren zu können, andererseits den Bereich, auf den man sich konzentriert.

Extern (E)
Betrifft im Rahmen der Modalitäten alle Sinneswahrnehmungen, die ihren Ursprung außerhalb deines Körpers haben.

Externe Kommunikation
Der Prozeß, bei dem Informationen an ein Gegenüber vermittelt werden.

Folgen und Führen
Ursprünglich Begriffe aus der NLP-Therapie. Sie meinen, daß Verhalten eines anderen anzunehmen (folgen), um ihn dann zu dem Verhalten zu verleiten (führen), das den eigenen Wünschen entspricht.

Olfaktorisch / Geruch (O)
Begriff innerhalb der NLP-Wahrnehmungslehre, der alle internen und externen Gerüche umfaßt.

Gustatorisch / Geschmack (G)
Begriff innerhalb der NLP-Wahrnehmungslehre, der alle internen und externen Geschmäcker umfaßt.

Kinästhetisch (K)
Begriff innerhalb der NLP-Wahrnehmungslehre, der alle internen und externen Gefühle umfaßt.

Kommunikation
Der Prozeß, bei dem Information zwischen Lebewesen übermittelt wird.

Kongruenz
Zustandsbeschreibung einer Person: Alle Persönlichkeiten (alle Teile) in dir haben denselben Wunsch, das absolut selbe Verlangen, dasselbe Ziel, denselben Wert sowie dieselbe Überzeugung.

Intern (I)
Betrifft im Rahmen der Modalitäten alle Sinneswahrnehmungen, die ihren Ursprung innerhalb deines Körpers haben.

Interne Kommunikation
Ein Prozeß, bei dem du dir selbst Informationen vermittelst.

Interne Repräsentation
Die sinnliche Erfahrung eines Gegenstandes, eines Geruchs, eines Tons, eines Geschmacks, eines Gefühls, die du dir im Geist vorführst.

Matchen
Bedeutet, Ähnlichkeiten wahrzunehmen.

Mentale Syntax
Bezeichnet die Abfolge von Modalitäten in den Gedanken einer Person.

Mismatchen
Bedeutet, Unterschiede wahrzunehmen und dein Blickfeld auf Unzulänglichkeiten zu richten.

Modalitäten
Ist ein anderes Wort für unsere Sinne. Es gibt insgesamt fünf Modalitäten: sehen (visuell), hören (audio), fühlen (kinästhetisch), schmecken (ollifactory) und riechen (gestutory).

Modellieren
Bezeichnet das Verhalten, ein Lebewesen ganz spezifisch nachzuahmen. Die Nachahmung erfolgt entsprechend der drei Kategorien: Überzeugung, Körperhaltung und mentale Syntax.

Muster
Bezeichnet die programmierte Reihenfolge interner und/oder externer Handlungen, die du, ohne es zu wissen, also unbewußt, ausführst.

Neubewerten
Meint, ein Ereignis in einen anderen Bezugsrahmen zu stellen, wodurch sich deine Stimmung ändert und du anders handelst.

NLP
Abkürzung für Neuro-linguistische Programmierung. Bedeutet die Programmierung des Gehirns durch Körper und Sprache.

NLP.001
Kfz-Kennzeichen von Emile.

Rapport
Meint das Kreieren von verbalen und nonverbalen Übereinstimmungen mit einem anderen Menschen zwecks Verständnisgewinn. Bedingung für das Folgen und Führen.

Six-Step-Reframe
Sechs-Stufen-Neubewertung. Bezeichnet die sechsstufige Persönlichkeitsveränderung.

Spiegeln
Das Nachahmen des körperlichen und sprachlichen Verhaltens eines anderen.

Stimmung
Die Gefühlslage, in der sich jemand in einem bestimmten Augenblick befindet.

Strategie
Bezeichnet die programmierte Reihenfolge interner und/oder externer Handlungen, die du bewußt ausführst. Eine Strategie ist ein bewußtgewordenes Muster.

Submodalität
Bezeichnet alle Details der Modalitäten. Beispiel: Ich sehe die Farbe Rot. Die Modalität ist visuell (»Ich sehe«), »Rot« ist die Submodalität.

Überzeugung
Das absolut sichere Gefühl in bezug auf die Inhalte deines Denkens.

Verhalten
Die gesamten Tätigkeiten in physiologischer und psychologischer Hinsicht, die ein Lebewesen ausführt.

Visualisieren
Meint, sich in Gedanken ein deutliches, detailliertes Bild vor Augen zu führen.

Visuell (V)
Begriff innerhalb der NLP-Wahrnehmungslehre, der alle internen und externen Bilder umfaßt.

WEITERFÜHRENDE LITERATUR

Andreas, Steve: Gewußt wie: Arbeit mit Submodalitäten und weitere NLP-Interventionen nach Mass. Paderborn 1988.

Bandler, Richard: Der feine Unterschied: NLP-Übungsbuch zu den Submodalitäten. Paderborn 1990.

Bandler, Richard: Metasprache und Psychotherapie. Paderborn 1981.

Bandler, Richard: Mit Familien reden: Gesprächsmuster und therapeutische Veränderungen. München 1978.

Bandler, Richard: Neue Wege der Kurzzeit-Therapie: neurolinguistische Programme. Paderborn 1981.

Bandler, Richard: Reframing: ein ökologischer Ansatz in der Psychotherapie (NLP). Paderborn 1985.

Bandler, Richard: Veränderung des subjektiven Erlebens: fortgeschrittene Methoden des NLP. Paderborn 1987.

Birkenbihl, Vera F.: Kommunikation für Könner schnell trainiert: die hohe Kunst der professionellen Kommunikationstechniken; Weiterbildungsseminar. München 1988.

Buzan, Tony: Use both sides of your brain. New York 1974.

Dilts, Robert B.: Identität, Glaubenssysteme und Gesundheit: höhere Ebenen der NLP-Veränderungsarbeit. Paderborn 1991.

Dilts, Robert B.: Strukturen subjektiver Erfahrung: ihre Erforschung und Veränderung durch NLP. Paderborn 1985.

Erickson, Milton H.: Healing in hypnosis. New York 1983.

Erickson, Milton H.: Hypnose: Induktion – psychotherapeutische Anwendung. München 1978.

Frankl, Viktor E.: Der unbewußte Gott: Psychotherapie und Religion. München 1988.

Grinder, John: Kommunikation und Veränderung. Paderborn 1982.

Grinder, John: Therapie in Trance: Hypnose, Kommunikation mit dem Unbewußten. Stuttgart 1987.

Grinder, Robert E. [Hrsg.]: Studies in adolescence: a book of readings in adolescent development. New York 1975.

Grinder, Robert E.: A history of genetic psychology: the first science of human development. New York [u.a.] 1967.

Grinder, Robert E.: Adolescence. New York [u.a.] 1973.

Maslow, Abraham H.: Die Psychologie der Wissenschaft: neue Wege der Wahrnehmung und des Denkens. München 1977.

Maslow, Abraham H.: Motivation und Persönlichkeit. Olten 1978.

Maslow, Abraham H.: Psychologie des Seins: ein Entwurf. München 1973.

Pribram, Karl H.: Languages of the brain: experimental paradoxes and principles in neuropsychology. Prentice-Hall 1971.

Robbins, Anthony: Grenzenlose Energie – Das Power-Prinzip. München 1993.

Robbins, Anthony: Das Prinzip des geistigen Erfolgs. München (vorauss.) 1997.

Stahl, Thies: Triffst du 'nen Frosch unterwegs ...: NLP für die Praxis. Paderborn 1988.

Vroon, Pieter A.: Intelligence on myths and measurement. North-Holland 1980.

RATELBAND INSTITUT DEUTSCHLAND
Wolfgang Lang
Postfach 10 06 54
51406 Bergisch Gladbach
Telefon: 02202-93 25 47
Fax: 02202-93 25 48

RATELBAND INSTITUUT NEDERLAND
Postfach 282
6860 AG Oosterbeek, NL
Telefon: 0031-26-334 02 04
Fax: 0031-26-333 65 35

RATELBAND INSTITUUT BELGIE
Residence Dikke Mee
Beukenlaan 4-9c bus 6, 2020 Antwerpen, B
Telefon: 0032-3-825 01 73
Fax: 0032-3-825 52 78